壬辰年 來情法

고객의 마음속을
꿰뚫어 봐라

사주 대가가 알기쉽게 풀어 쓴
인생이야기

壬辰年 來情法
고객의 마음속을 꿰뚫어 봐라

초판인쇄	2013년 12월 10일
초판발행	2013년 12월 20일
지은이	한길수
발행인	방은순
펴낸곳	도서출판 프로방스
삽화	서설미
표지&편집 디자인	Design CREO
마케팅	최관호
ADD	경기도 고양시 일산동구 백석2동 1301-2 넥스빌오피스텔 904호
전화	031-925-5366~7
팩스	031-925-5368
이메일	provence70@naver.com
등록번호	제313-제10-1975호
등록	2009년 6월 9일
ISBN	978-89-89239-84-2 13720

정가 35,000원

파본은 구입처나 본사에서 교환해드립니다.

고객의 마음속을
꿰뚫어 봐라

한길수 지음

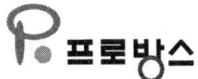

■ 머리말

임진년 래정법은 이렇게 썼다.

필자는,

韓吉洙 四柱學 講義書 第 1 卷 四柱學 基本論,
韓吉洙 四柱學 講義書 第 2 卷 四柱學 基本論,
韓吉洙 四柱學 講義書 第 3 卷 四柱學 氣象論,
韓吉洙 四柱學 講義書 第 4 卷 四柱學 天干・地支와 日主論
韓吉洙 四柱學 講義書 第 5 卷 四柱 通辯術
韓吉洙 四柱學 講義書 第 6 卷 四柱 通辯術
신묘년 래정법(12-1권)에 이어 8번째로, 壬辰年 來情法을 출판하게 되었다.

사람들은 철학원에 상담을 받기 위해서 방문할 때는 드물게는 재미삼아 방문하는 경우도 있지만, 대부분은 마음속에 무엇인가 궁금한 점이 있기 때문에 그 의문을 풀기 위해서 방문하게 되는데,

이때, 손님이 역술인에게 고민사항을 말하기 전에 역술인이 먼저 손님의 고민사항을 알아내는 것을 래정법이라고 하는데, 이 래정법은 래방한 당사자의 사주에 그 해의 운을 대입하여 해석한 이론으로, 진정 잘 맞는 이론이다.

따라서, 공부를 하시고 계시는 도반들에게는 학문적인 이론을 제시하기 위해서 구체적인 논리로 설명했으며, 일반인들도 쉽게 흥미와 관심을 가질 수 있도록 이해하기 쉽게 썼다.

이 세상의 어느 학문도 완전무결한 것이 없듯이 이 래정법도 100% 다 맞는 것은 아니지만, 필자의 방식대로는 대단히 적중율이 높다.

필자는 그동안 손님이 무슨 궁굼증을 가지고 방문했을까 하는 점에 대하여 많은 연구를 한 결과, 적중률이 90% 이상인 이론을 정립하게 되었는데,

이 이론은 필자가 개발한 이론이며, 철저한 검증을 거쳐서 사주학계에서 최초로 발표하게 되었다.

이 책에 씌여있는 사례들은 모두 필자가 직접 상담한 내용을 가지고 사실 그대로를 현실감있게 썼을 뿐 단 하나의 사례도 다른 자료들을 인용했거나 조작한 것이 없으며, 다만, 사례자의 신상정보를 보호해주기 위해서 사는 곳이라든가 직업 같은 것을 약간 변형했을 뿐이며, 사례자분들의 행운을 빈다.

2013. 2. 4. 立春 大吉日
한길수 작명 · 철학원장

목 차

子年生 쥐띠 생 사주

01 언니와 소송중입니다. _ 14
02 남자 몸을 휘감는 꽃뱀사주다. _ 18
03 사업을 접어야 할까요, 계속 해야할까요? _ 22
04 을사(乙巳)일주는 고란살(孤鸞殺)로 혼자산다. _ 26
05 태어난 달의 밑 글자를 충돌하면 이사하고 싶어진다. _ 30
06 여자사주에 남자가 병(病)이므로, 남자와의 연연도 없었고, 결혼할 생각도 없단다. _ 34
07 모든 것이 불만인 이 아이를 어찌하나? _ 38
08 직장문제로 오셨습니까? 남편문제로 오셨습니까? _ 44

丑年生 소띠 생 사주

01 문서운이 왔으므로 이사와 승진문제가 궁금해서 왔다. _ 50
02 손님은 금년에 부도나겠소? _ 54
03 남자사주에 군겁쟁재(群劫爭財)하면 결혼생활하기가 어렵다. _ 58
04 신금(辛金)은 불(火)을 가장 싫어한다. _ 61
05 자신을 나타내는 글자가 木이라서 한복집을 운영한다. _ 64
06 남편하고 그만살고 싶습니다. _ 68
07 임진년(壬辰年)에 부도났다. _ 73
08 일란성 쌍둥이 사주는 어떻게 보는가? _ 78

寅年生 범띠 생 사주

01 공부운이 오므로 유학가려고 한다. _ 82
02 남편문제나 골치아픈 일이 생긴다. _ 87
03 이름을 바꾸려고 합니다. _ 94
04 연예인은 도화살이 있어야 좋다. _ 100
05 인공불로 무쇠를 녹이는 구조이므로 보석상을 한다. _ 105
06 제 사주좀 봐주세요. _ 109
07 사주에 火를 쓰므로 영화관을 운영한다. _ 112
08 여자사주에 자식과 남편이 같이 나타나 있으면 불행하다. _ 115
09 의사였던 남편이 젊은 나이에 사망했단다. _ 122

卯年生
토끼띠 생 사주

01 74세 노인도 남자에 관심을 갖더라. _ 130
02 나이차가 많아도 잘살고 있다는 부부이야기. _ 133
03 결혼생활하기 어려운 사주. _ 138
04 자식글자를 용신으로 쓰므로 자식들이 유능하다. _ 143
05 운영해 오던 가게를 팔고 싶어서 왔다. _ 155
06 다자무자(多者無者, 사주에 너무 많은 것은 없는 것과 같다는 뜻)사주로, 결혼하고 싶은 남자가 없다. _ 160
07 내 맘에 안드는 남편이 내 남편이다. _ 163
08 경제적 어려움 때문에 온 손님이다. _ 167
09 현침살(懸針殺)이 많아서 직업이 간호사다. _ 172
10 남편과 떨어져 생활하는 것이 오히려 편합니다. _ 177
11 여자사주에 식상(食傷)이 병(病)이라도 관(官)을 용신으로 쓰므로 부부관계에 문제가 없단다. _ 180
12 부부궁이 깨져있어서 남편과 떨어져 살고 있다. _ 183
13 이런 사주를 어떻게 봐야하는가? _ 186
14 1만여 종사자를 거느리고 있다는 일본인 여성 사업가가 무슨 문제로 왔는가? _ 190

辰年生
용띠 생 사주

01 배우자궁이 깨졌네요? _ 196
02 자신이 바람기가 있다고 말하는 여인. _ 202
03 큰 재산가 사주. _ 210
04 초 여름(巳月)의 병화(丙火)가 강(强)한 것 같아도 사실은 신약(身弱)한 사주다. _ 216
05 을사(乙巳)일주(고란살)도 부부가 잘살고 있다. _ 220
06 사업가 사주는 본인의 운과 경기의 흐름을 연동시켜서 봐라. _ 225
07 배우자궁이 깨졌는데도 부부사이에 크게 문제가 없다고 한다. _ 229
08 남편의 사주가 어떻습니까? _ 233
09 남편 직장과 아들 공부문제로 왔습니다. _ 237
10 사주가 나빠 보여도 대운이 좋으면, 부자로 산다. _ 244

巳年生
뱀띠 생 사주

01 공인중개사 사무실을 개업해도 되겠습니까? _ 250
02 손님은 관재(官災) 진행형입니다. _ 254
03 직업운을 보려고 래방했다. _ 259
04 이사운이 궁금해서 왔습니다. _ 265
05 내 팔자 때문에 이혼할 유부남과 인연이 된다. _ 271
06 사업을 해볼까 하는데요? _ 276
07 사윗감이 접객업소 보이로 보였단다. _ 283
08 결혼을 언제하면 좋겠습니까? _ 289
09 三合을 깨면 대흉이 발생한다. _ 293
10 사주에 火를 쓰므로 영화관을 운영한다. _ 296
11 돈 문제로 왔습니다. _ 299
12 의사였던 남편이 젊은 나이에 사망했단다. _ 302
13 상담료 떼어먹고 도망간 사주. _ 307

午年生
말띠 생 사주

01 의사가 무슨 일로 래방했나? _ 310
02 의사부인이 직업을 가져볼까 해서 왔다. _ 314
03 직장에 사표를 내고 사업을 하려고 합니다. _ 318
04 사주가 약해도 불(火)가 와야 발전한다. _ 324
05 의료기관을 경영하고 있다. _ 330
06 남편과 아들이 싸워서 따로 살고 있습니다. _ 333
07 남편이 성불구자 입니다. _ 348
08 신약하다고 水를 용신으로 보면 안된다. _ 342
09 헤지펀드 운용사업을 한단다. _ 345

未年生
양띠 생 사주

01 언제 결혼할 수 있겠습니까? _ 350
02 자식운이라서 애들 학교문제가 고민이다. _ 353
03 자식궁이 비어있으므로 남의 자식들을 키워주는 어린이 집을 운영하고 있다. _ 362
04 자식 글자(食神)와 남편 글자(官星)가 한 기둥을 이루면 셋이서 결혼한다. _ 368
05 남자로 인한 구설수와 진로문제로 왔다. _ 371
06 남편한테 잘 못해줘서 양심의 가책을 느낍니다. _ 376
07 약한사주지만, 용신(用神, 사주에서 가장 필요한 글자)이 火다. _ 384
08 남자(결혼)문제와 직업문제로 왔다. _ 387
09 명문대학을 나왔지만, 놀고먹는다. _ 391
10 목다화식(木多火熄) 사주라서 답답한 사람이다. _ 394

申年生
원숭이띠 생 사주

01 삼수생이라서 걱정인데, 올해 운이 어떻습니까? _ 398
02 꿩 대신 닭이라도 잡아야 겠습니다. _ 402
03 남편과 이혼을 해야할까요, 살까요? _ 406
04 이 여인은 부동산 중개업을 하고 싶어서 왔다. _ 410
05 재다신약(財多身弱)사주로, 육친관계에 특이점이 있다. _ 413
06 사주에 木局(나무다발)이 있어도 육친관계에 특이점이 없다. _ 416
07 충북 단양에서 왔는데, 사주 좀 잘 봐주세요. _ 420
08 상관운이 왔으므로 손자 이름도 짓고, 사업확장 문제도 궁금하단다. _ 424
09 살(殺)이 많아서 종살격이 되면 수재이고, 살(殺)이 지나치게 많으면, 도라이다. _ 429
10 이 사주가 신약사주인가, 종격 사주인가? _ 436

酉年生
닭띠 생 사주

01 문서운이 왔으므로 중개사시험에 응시하려고 한다. _ 442
02 아무 것도 되는 것이 없단다. _ 449
03 암 투병중에 치료를 중단해도 괜찮겠습니까? _ 454
04 직장 이직운을 보려고 왔는데, 제 사주를 야자시로 봐야합니까, 조자시로 봐야합니까? _ 458
05 사주에 병(病)이 깊으면 몸에도 질병이 있다. _ 462
06 사주에 아버지를 나타내는 글자가 깨져서 부친이 일찍 사망했다. _ 466
07 魁과 魁을 만난 것 같지만 좋은 궁합이라서 행복하단다. _ 470

戌年生
개띠 생 사주

01 자기운명에 맞는 짝을 골랐다. _ 476
02 새로운 사업문제가 궁금해서 왔다. _ 483
03 연로하신 노인이 골치아픈 일이 있어서 왔단다. _ 488
04 중년이후에 운이 들어와야 부자가 된다. _ 492
05 궁합은 내 사주 속에 들어있다. _ 499
06 성씨를 바꾸고 싶다는 여인. _ 506
07 아버지가 바람을 피워서 어머니가 여러 명이란다. _ 513
08 소송에 져서 거지가 되었단다. _ 516
09 일본교포로 자식문제를 상담하려고 왔습니다. _ 520

亥年生
돼지띠 생 사주

01 수백억원 대 소송중입니다. _ 528
02 아호를 지어주세요. _ 534
03 올해 사업 부도나겠습니다. _ 537
04 11살 아래 노총각을 사랑한 42살 노처녀. _ 540

부록
각종 도표

01 용어해설 _ 546
02 出生 干支 照見表(출생간지 조견표) _ 547
03 出生時間 早見表(출생시간 조견표) _ 548
04 육친(六親)관계 _ 549
05 절기 및 일출과 일몰 _ 550
06 12운성 조견표 _ 551
07 썸머타임(일광 절약 시간제)일람표 _ 552
08 공망(空亡)표 _ 553
09 많이 쓰는 신살(神殺) _ 554
10 12신살 조견표 _ 556
11 현행 표준시와 지방의 시차표 _ 557
12 12띠와 계절의 변화 _ 558
13 오행의 상생상극 _ 559

子年生
쥐띠 생 사주

01 언니와 소송중입니다.
02 남자 몸을 휘감는 꽃뱀사주다.
03 사업을 접어야 할까요, 계속 해야할까요?
04 을사(乙巳)일주는 고란살(孤鸞殺)로 혼자산다.
05 태어난 달의 밑 글자를 충돌하면 이사하고 싶어진다.
06 여자사주에 남자가 병(病)이므로, 남자와의 연연도 없었고, 결혼할 생각도 없단다.
07 모든 것이 불만인 이 아이를 어찌하나?
08 직장문제로 오셨습니까? 남편문제로 오셨습니까?

壬辰女年 來情法
고객의 마음을 꿰뚫어 봐라

01 | 언니와 소송중입니다.
(신사동에 사는 손님)

67	57	**47**	37	27	17	7		時柱	日柱	月柱	年柱	
壬	辛	**庚**	己	戊	丁	丙	大	乙	丁	乙	庚	여
辰	卯	**寅**	丑	子	亥	戌	運	巳	未	酉	子	자

天干 : 甲(갑) 乙(을) 丙(병) 丁(정) 戊(무) 己(기) 庚(경) 辛(신) 壬(임) 癸(계)
地支 : 子(자) 丑(축) 寅(인) 卯(묘) 辰(진) 巳(사) 午(오) 未(미) 申(신) 酉(유) 戌(술) 亥(해)

사주의 구조 및 핵심사항

임진년(壬辰年) 초봄에 온 50대 초반의 여자 사주다.

사주의 구조는, 쥐띠 해 한가을에 자신을 나타내는 글자를 인공 火에 비유해서 해석하는 정화(丁火)로 태어났는데, 자신의 힘이 약하므로 火가 용신이고, 木이 길신이며, 水가 病神이고, 金이 흉신이며, 未土는 길신이 다.

사주 밑 글자에는 남편을 나타내는 자수(子水)와 일지(日支) 배우자궁의 미토(未土)가 만나면 서로 미워하고 원망하는 자미원진살(子未怨嗔殺)을 구성하고, 자수(子水)와 유금(酉金)이 만나면 정신적인 문제를 일으키는 자유귀문살(子酉鬼門殺)도 있어서 부부궁이 나쁘다.

필자 | 손님은 성품이 고우시네요?

손님 | 감사합니다.

필자 | 손님 사주는 자신인 火가 약하지 않고, 木도 있어서 화생목(火生木, 목이 화를 생해줌)으로 힘이 강할 것 같지만, 사실은 태어난 계절이 한가을(仲春)이고, 을목(乙木)의 生을 받는데, 乙木은 습목(濕木, 습기를 많이 가진 목)이라서 목생화(木生火, 목이 화를 생함)하는 능력이 떨어지고, 乙木 2개중 하나는 경금(庚金)과 을경합(乙庚合, 을목과 경금이 합을 함)을 해서 金으로 변했고, 지지(地支, 사주의 밑 글자)에서 유금(酉金)과 사화(巳火)가 巳酉合을 하려 하기 때문에 火가 약해져서 신약사주로 봐야합니다. 그러나, 인성(印星)이 엄마에 해당하는데, 엄마의 덕은 있다고 봅니다.

손님 | 예, 부모님의 유산을 많이 받았습니다.

필자 | 손님은 남편덕이 없는 팔자이고, 기축(己丑)대운 30대 후반에서 40대 중반 사이에 남편궁을 깨졌는데, 남편이 계십니까?

손님 | 그 때 이혼했습니다.

필자 | 손님은 금년에 관재 또는 남자문제가 생길 운인데, 그 일로 오셨습니까?

손님 | 금년에 남자문제가 생겼는데, 잘 정리를 했습니다.

그런데, 언니와 부모님 유산 상속과 관련해서 돈 때문에 소송이 붙었습니다.

필자 | 돈 액수가 큽니까?

손님 | 그다지 크지는 않습니다.

필자 | 손님 사주로 봐서는 금년에 불리하기 때문에 인정할 것은 인정하시는 것이 옳다고 봅니다.
그래서, 대화를 해보시는 것이 어떻습니까?

손님 | 언니 얼굴 보기도 싫습니다.
판사 앞에 가서 이야기하려고 합니다.
그러면, 언니 사주도 봐주세요.

언니 사주								時柱	日柱	月柱	年柱
66	56	46	36	26	16	6					
辛	庚	己	戊	丁	丙	乙	大	乙	丁	甲	癸	坤
酉	申	未	午	巳	辰	卯	運	巳	酉	寅	巳	命

사주의 구조 및 핵심사항

임진년(壬辰年) 초봄에 동생이 가지고 온 60에 접어든 언니 사주다.

사주의 구조는, 뱀띠 해 초봄에 자신을 나타내는 글자를 인공 火에 비유해서 해석하는 정화(丁火)로 태어났는데, 자신의 힘이 강하게 보이지만, 태어난 계절이 초봄인데다가, 사주 밑 글자에 있는 酉金과 巳火가 사유합금(巳酉合金, 사화와 유금이 만나 금이 됨)을 하므로 화(火)의 기운이 약해졌고, 또, 水의 生을 받은 木이 너무 많아서 오히려 火의 입장에서는 길러야 할 木이 너무 많기 때문에 힘이 더욱 약해졌으므로 힘을 더 강하게 해주는 火가 용신이고, 水가 病이며, 金은 흉신이고, 木중에서 갑인목(甲寅木)은 길신이지만, 乙木은 흉신이다.

사주 밑 글자에는 日支 배우자궁의 유금(酉金)과 인목(寅木)이 만나면서 서로 미워하고 원망하는 인유원진살(寅酉怨嗔殺)이 형성되어 부부궁이 나쁘다.

필자 | 언니도 부부궁이 나쁜데, 2004년이나, 2005년경에 이혼하지 않았습니까?

손님 | 그 때쯤 이혼했습니다.

필자 | 언니는 초, 중년까지는 잘살아왔습니다만, 56 경신(庚申)대운이후 부터는 운이 기울었습니다.

손님 | 언니가 이혼하고부터는 일이 안됩니다.

필자 | 언니도 금년에 남자문제나 관재가 생기네요.

손님 | 언니는 연하의 남자를 만나서 어려움을 겪은 것 같고, 저한테 소송을 걸어왔는데, 좋을리가 있겠습니까?

필자 | 형제끼리니까 잘 타협해 보세요.

壬辰女年 來情法
고객의 마음을 꿰뚫어 봐라

02 | 남자 몸을 휘감는 꽃뱀사주다.
(용산에서 온 손님)

65	55	**45**	35	25	15	5		時柱	日柱	月柱	年柱	
丙	丁	**戊**	己	庚	辛	壬	大	壬	辛	癸	庚	여
子	丑	**寅**	卯	辰	巳	午	運	辰	亥	未	子	자

天干 : 甲(갑) 乙(을) 丙(병) 丁(정) 戊(무) 己(기) 庚(경) 辛(신) 壬(임) 癸(계)
地支 : 子(자) 丑(축) 寅(인) 卯(묘) 辰(진) 巳(사) 午(오) 未(미) 申(신) 酉(유) 戌(술) 亥(해)

사주의 구조 및 핵심사항

임진년(壬辰年) 중춘에 온 50대 초반의 여자 사주다.

사주의 구조는, 쥐띠 해의 늦여름에 자신을 나타내는 글자를 보석 金에 비유해서 해석하는 신금(辛金)으로 태어나 자신의 힘이 세므로, 水가 용신이고, 金이 길신이며, 土가 病神이다.

사주 밑 글자에 진토(辰土)와 해수(亥水)가 만나면 서로 미워하고 원망 하는 진해원진살(辰亥怨辰殺)과 정신적인 악영향을 끼치는 귀문살(鬼門殺)이 동시에 작용하고 있어서 우울증이 쉽게 올 수 있다.

남편을 나타내는 글자가 미토(未土)속에 숨어있는 정화(丁火)라서 보잘것 없는 남편이고, 여자사주에서 자식과 표현력을 나타내는 식상(食傷)을 가장 필요한 인자(용신)로 쓰는 사람들은 필히 남편 덕이 없어서 재혼 또는 3혼을 하거나, 혼자 살고, 거기다가 운마저 나쁘면, 돈 때문에 남자 몸을 휘감고 사는 꽃뱀생활을 한다.

신해(辛亥) 일주(日主, 자기를 나타내는 글자)는 외롭게 밤을 지샌다는 고란살(孤鸞殺)이다.
참고로, 고란살(孤鸞殺)은 갑인(甲寅), 을사(乙巳), 정사(丁巳), 무신(戊申), 신해(辛亥)일주로, 여자에게만 해당한다.

필자 | 손님은 어디에서 오셨습니까?

손님 | 용산에 살고 있습니다.

필자 | 제 사무실은 어떻게 알고 오셨습니까?

손님 | 아는 언니가 대치동에 사는데, 하도 잘 보신다고 해서 오게 되었습니다.

필자 | 손님은 자신의 사주에 대해서 자세히 듣기를 원하십니까, 아니면, 당면문제만 듣고 싶으십니까?

손님 | 이왕 왔으니까 자세히 듣고 싶습니다.

필자 | 사주를 보다보면, 듣고 싶은 좋은 소리도 있지만, 듣기 싫은 나쁜 소리도 듣게 되는데, 이해할 수 있겠습니까?
(이 말의 **속 뜻**은, 이 사주가 안 좋기 때문에 듣기 거북한 말을 할 수도 있으니까 양해를 해 달라는 의미를 담고 있다.)

손님 | 나온대로 말씀해 주세요.

필자 | 그러면, 지금부터 설명을 하겠습니다.
손님은 인물이 잘 생겼고, 마음씨가 고운 것 같지만, 본인과 코드가 맞는 사람한테는 잘 대해주는데, 그렇지 않는 사람들한테는 쳐다보지도 않으려고 하는 성격이시겠네요?

손님 | 예, 제가 좀 낯 갈이를 하는 편입니다.
그리고, 잘 나서지 않는 성격입니다.

필자 | 손님은 배우자궁인 일지(日支, 자기 밑 글자)에 있는 해수(亥水)와 태어난 시간의 밑 글자인 진토(辰土)가 만나면 서로 미워하고 원망하는 원진살(怨嗔殺)과 주로 정신적인 작용을 하는 귀문살(鬼門殺)이 있어서 남편과 살 수가 없고, 우울증도 있을 것인데요?

손님 | 우울증도 아주 심해서 죽고 싶을 때가 많습니다.

필자 | 손님 사주는 남편과 살 수가 없는데, 부부관계는 어떠하십니까?

손님 | 결혼을 일찍 했는데, 몇 년 전부터 갈등이 심해져서 이혼을 하려고 합니다.

필자 | 손님 사주에는 가깝게는 09(기축년, 己丑年)부터 갈등이 심해졌고, 멀리는 2001(신사년, 辛巳年)에 헤어질 운이 왔었는데요?

손님 | 사실은 아이 둘을 낳고, 남편하고 성격이 안맞아서 10여년 전에 헤어지고 재혼을 했는데, 재혼한 남편과도 안 맞아서 이혼을 하려고 합니다.

필자 | 손님은 남편하고 이혼하면 생계수단은 세워두셨습니까?

손님 | 특별한 제주는 없고요, 카페라도 해볼 생각입니다.

필자 | 차라리 그 장사가 좋겠습니다.
어차피 남편 복은 없고, 여러 남자들의 도움을 받고 살아야 하기 때문입니다.

손님 | 금년운은 어떻습니까?

필자 | 손님은 금년운이 남자한테 실증이 나는 해운이고, 사주에서 가장 필요로 한 글자인 水가 진토(辰土, 진토는 水를 가두는 무덤과 같은 기능 함)속 무덤에 들어가는 운이라서 몸이 아파서 병원에 가거나, 또는, 다른 일로 갖히게 되는 운이니까 매사 조심하셔야 합니다.
(이 말처럼 갖힌다는 의미에는, 아파서 병원에 누어있어도 갖힌 것이고, 죄를 저질러서 숨어있는 것도 갖힌 것이고, 감옥는 것도 갖힌것인데, 너무 심하게만 말을 할 수가 없기 때문에 아픈 것만 이야기한 것이다.)

손님 | 잘 알겠습니다.

壬辰女年 來情法
고객의 마음을 꿰뚫어 봐라

03 | 사업을 접어야 할까요, 계속 해야할까요?
(방배동에서 온 손님)

65	55	45	**35**	25	15	5		時柱	日柱	月柱	年柱	
丙	丁	戊	己	庚	辛	壬	大	壬	丙	癸	壬	여
午	未	申	酉	戌	亥	子	運	辰	辰	丑	子	자

天干 : 甲(갑) 乙(을) 丙(병) 丁(정) 戊(무) 己(기) 庚(경) 辛(신) 壬(임) 癸(계)
地支 : 子(자) 丑(축) 寅(인) 卯(묘) 辰(진) 巳(사) 午(오) 未(미) 申(신) 酉(유) 戌(술) 亥(해)

사주의 구조 및 핵심사항

임진년(壬辰年) 중춘에 온 40대 초반의 여자 사주다.

사주의 구조는, 쥐띠 해의 늦 겨울에 자신을 나타내는 글자를 강물에 비유해서 해석하는 병화(丙火)로 태어나 자신을 도와주는 세력이 전혀없어서 주체성을 확보할 수 없으므로, 이런 경우는, 이 사주에서 세력이 가장 강한 쪽으로 따라가게 되는데, 이 사주에서는 가장 강한 세력을 형성하고 있는 水로 따라갔기 때문에 이를 전문용어로 종살격(從殺格)이라 한다.

종살격이란 말의 뜻은 병화(丙火)의 입장에서 보면, 水가 火를 공격하는 殺(나쁜 뜻으로 쓰인다는 의미임)로 작용하는데, 병화(丙火)가 자신을 버리고 水로 변신을 했다는 의미다.

이렇게, 종살격이 되면, 총명하고, 두뇌가 좋으며, 공직 또는 조직성 직장에 인연이다.

이 사주의 용신은 水가 주체이므로 水가 용신이고, 金이 길신이며, 火가 흉신이고, 축토(丑土)와 진토(辰土)는 흉신이지만, 운의 변화에 따라서 길신역할을 해줄 때도 있다.

사주 밑 글자에는 자수(子水)와 축토(丑土)가 합(자축합, 子丑合)을 해서 土가 되고, 진토(辰土)와 자수(子水)가 만나면 물바다를 이루는 진자수국(辰子水局)을 이루면서, 진토(辰土)와 진토(辰土)가 만나면 서로 미워하고 원망하는 진진자형살(辰辰自刑殺)을 이루고 있어서 남편과 불화를 나타내고 있고, 주체인 임수(壬水)의 뿌리인 자수(子水)가 축토(丑土) 남자와 합(자축합, 子丑合)을 하고, 또, 다른 남자인 진토(辰土)와도 합(진자합, 辰子合)을 하고 있는데, 이를 추리해석하면, 본 남편과는 불화를 겪고, 다른 남자와는 合을 하는 형상을 하고 있는데, 본인이 시인을 하지 않았으므로 진실은 알 수 없다.

필자 | 손님 사주는 원래 태양으로 태어났으나, 도와주는 세력이 전혀 없어서 水로 따라 갔기 때문에 이런 사주를 일반인의 용어로 변했다고 하는데, 이런 사주로 태어나면, 총명하고, 한자리 해먹을 수 있는 자질을 갖고 태어나셨기 때문에 공무원이나, 대기업 같은 직장에 인연이고, 더러는 큰 사업을 하는 사람들도 있는데, 무슨 직업을 가졌습니까?

손님 | 사회에 처음 진출해서는 대기업에 근무를 하다가 지금은 사업을 하고 있습니다.

필자 | 이 사주에 맞는 사업은 물과 관련된 사업이나, 해외와 관련된 사업이 잘 맞겠는데, 구체적으로는 무슨 사업입니까?

손님 | 해외와 관련된 사업입니다.

필자 | 손님 사주는 물(水)인데, 물의 특성은 끊임없이 흐르는 것이 본성이라서 멈추지 않고 흘러야 되는데, 금년 운에서 오는 진토(辰土)가 물(水)을 가두는 물창고라서 물(水)의 흐름을 막아서 꼼짝을 못하게 만들기 때문에 어려움이 닥칠 수 있겠는데, 그 일로 오셨지요?
(여기서, 水가 주체이면서 용신이고, 가장 강한 세력을 형성하고 있는데, 이런 중요한 인자가 묶이게 되면, 부도가 나서 활동을 못하게 될 수도 있고, 몸이 심하게 아파서 활동을 못하게 될 수도 있으며, 심하면 감옥에 갖혀서 활동을 못하게 되는 수도 있는데, 이런 말을 당사자에게는 할 수 없기 때문에 생략한 것이다.)

손님 | 사실은, 제가 지금 하고 있는 사업이 전반적으로 극심한 불경기를 맞고 있어서 사업을 접어야 할 것이냐, 말아야할 것이냐를 놓고 고민을 하고 있습니다. 그래서 선생님을 찾아왔습니다.

필자 | 그럴 것입니다.
그 사업(사례자의 정보보호를 위해서 사업내용을 구체적으로 나타내지 않았음.)은 사양산업이 되었다고 판단합니다.
그래서, 이왕에 해외와 관련된 사업이니까, 여행관련 사업을 전환하시는 것이 좋을 듯 싶습니다.

손님 | 저도 지금하고 있는 사업이 사양산업이라고 생각하

고 있어서 사업전환을 모색중입니다.
저의 부부관계는 어떻습니까?

필자 | 이런 사주는 원래 병화(丙火)의 입장에서 보면, 水가 남편을 나타내는 글자인데, 水로 따라갔기 때문에 대부분은 훌륭한 남편을 만나게 되는데, 손님 사주는 남편궁에 있는 진토(辰土)가 태어난 시간의 밑 글자에 있는 또 다른 진토(辰土)와 만나면 서로 미워하고 원망하는 진진자형살(辰辰自刑殺)을 만들기 때문에 남편과의 갈등을 예고하고 있어서 늘 눈에 안차는 남편이 내 남편이고, 손님은 다른 남자들한테 관심을 갖게 되는 사주입니다.

손님 | 우리 남편은 너무 약합니다.
그래서, 재미가 없습니다.
그러면, 저는 언제 돈을 벌겠습니까?

필자 | 내년(2013, 癸巳年)부터 2014 갑오년(甲午年), 2015 을미년(乙未年)까지는 火운이 오므로 어렵겠고, 2016 병신년(丙申年)부터 좋아지겠습니다.

손님 | 운이 너무 늦게 오네요.

壬辰女年 來情法
고객의 마음을 꿰뚫어 봐라

04 | 을사(乙巳)일주는 고란살(孤鸞殺)로 혼자 산다.
(청파동에서 온 손님)

62	52	42	32	22	12	2		時柱	日柱	月柱	年柱	
己	庚	辛	壬	癸	甲	乙	大	己	乙	丙	甲	坤
巳	午	未	申	酉	戌	亥	運	卯	巳	子	午	命

天干: 甲(갑) 乙(을) 丙(병) 丁(정) 戊(무) 己(기) 庚(경) 辛(신) 壬(임) 癸(계)
地支: 子(자) 丑(축) 寅(인) 卯(묘) 辰(진) 巳(사) 午(오) 未(미) 申(신) 酉(유) 戌(술) 亥(해)

사주의 구조 및 핵심사항

임진년(壬辰年) 중춘에 온 50대 말의 여자 사주다.

사주의 구조는, 말띠 해의 한 겨울에 자신을 나타내는 글자를 꽃 나무에 비유해서 해석하는 을목(乙木)으로 태어나 춥고, 자신의 힘이 강하므로, 따뜻하게 해주면서 자신의 힘을 분산시켜주는 火가 용신이고, 水가 흉신이며, 기토(己土)는 길신이다.

자신을 나타내는 글자가 을사(乙巳)일주인데, 乙巳일주는 전문용어로 고란살(孤鸞殺)이라고 하는데, 이 살(殺)의 뜻은, 밤을 외롭게 지샌다는 의미를 갖고 있기 때문에 혼자 살 팔자인데, 더군다나, 여자 사주에 金이 남편인데, 金을 공격하는 성분인 火를 용신으로 쓰는 사람들은 더욱 남편덕이 없다.

사주 밑 글자에 태어난 年의 밑 글자에 있는 오화(午火)와 태어난 月의 밑 글자에 있는 자수(子水)가 충돌(자오충, 子午沖)을 하고 있어서 육친 관계의 변화여부를 확인하였으나, 자식을 실패하지도 않았다고 하고, 어머니를 일찍 여의지도 않았다는 답을 했다.

필자 | 손님 사주는 겨울에 태어난 꽃나무인데, 火를 봐서 꽃이 활짝 피었으므로 향기가 진동하는 아름다운 꽃이네요?

손님 | 감사합니다.

필자 | 손님은 10년간씩 구분해서 보는 대운(大運)에서 보면, 22세이후부터 41살까지의 운이 나빴고, 42살 이후부터 운이 좋아졌읍니다만, 본인이 느끼기에는 운이 좋아졌다는 것을 전혀 느끼지 못하고 계시네요?

손님 | 운이 졌는데도 왜 못느깁니까?

필자 | 본인 사주에 을사일주(乙巳日主)는 고란살이라서 혼자 살 팔자이고, 남편을 나타내는 글자가 金인데, 사주에 나타나 있지 않으며, 남편 글자는 일지 배우자궁에 있는 사화(巳火)속에 들어있는데, 이 金은 火에 녹기 때문에 남편이 힘을 쓸 수가 없으므로, 결국, 이혼하거나, 그렇지 않으면, 죽는 경우도 생기는데, 본인 사주에는 火가 가장 좋은 기능을 해주지만, 정작 火운이 오면, 남편인 金이 화극금(火克金, 화가 금을 녹임)을 당하기 때문에 남편과 살지 못하게 되므로 본인 운이 좋아지면서 남편과의 사이가 나빠지기

때문입니다.

손님 | 저는 남편 덕이 없다고 생각하고 있습니다.

필자 | 남편하고 헤어진 해가 2006(병술년, 丙戌年)이나, 2007(정해년, 丁亥年)쯤입니까?
(여기서, 2006년(丙戌年)이었느냐고 물어본 비유는, 태어난 年의 밑 글자인 오화(午火)와 운에서 온 술토(戌土)가 만나면 불바다를 만들어 일지(日支) 배우자궁에 있는 사화(巳火)속에 들어있는 金을 공격하기 때문이고, 2007년(丁亥年)이었느냐고 물어본 이유는, 일지 배우자궁에 있는 글자인 사화(巳火)를 운에서 온 해수(亥水)가 충돌(사해충, 巳亥沖)해서 깼기 때문이다.)

손님 | 2007년에 헤어졌습니다.

필자 | 손님은 금년(壬辰年)에 온 임수(壬水)가 문서운이고, 진토(辰土)는 돈이라서 돈과 문서가 움직이는 운인데, 부동산 계약서를 쓸 계획으로 오셨겠네요?

손님 | 제가 금년에 장사를 해볼까 하는데, 운이 어떤지 궁금해서 왔습니다.
해도 되겠습니까?

필자 | 금년에 가게 계약서를 쓸 운입니다만, 돈은 내년부

터 들어올 것입니다.
왜냐하면, 내년부터 손님한테 필요한 火운이 들어오기 때문입니다.

손님 | 저는 무슨 장사를 하면 좋겠습니까?

필자 | 손님 사주는 본인을 나타내는 글자가 을목(乙木)인데, 을목은 실로 해석을 하기 때문에 옷장사를 하면 좋을 것 같습니다.
본인은 무슨 장사를 하려고 합니까?

손님 | 아직 정하지는 않았습니다.
저한테 더 하실 말씀이 있읍니까?

필자 | 도전해 보세요.

壬辰女年 來情法
고객의 마음을 꿰뚫어 봐라

05 | 태어난 달의 밑 글자를 충돌하면 이사하고 싶어진다.

(양재동에서 온 손님)

남편 사주								時柱	日柱	月柱	年柱	
66	56	46	36	26	16	6						
己	戊	丁	丙	乙	甲	癸	大	甲	己	壬	戊	남
巳	辰	卯	寅	丑	子	亥	運	戌	卯	戌	子	자

天干: 甲(갑) 乙(을) 丙(병) 丁(정) 戊(무) 己(기) 庚(경) 辛(신) 壬(임) 癸(계)
地支: 子(자) 丑(축) 寅(인) 卯(묘) 辰(진) 巳(사) 午(오) 未(미) 申(신) 酉(유) 戌(술) 亥(해)

사주의 구조 및 핵심사항

임진년(壬辰年) 중춘에 부인이 갖고 온 60대 중반의 남자 사주다.

사주의 구조는, 쥐띠 해의 늦가을에 자신을 나타내는 글자를 야산의 土에 비유해서 해석하는 기토(己土)로 태어나 자신의 힘이 세므로 木이 약신(藥神)겸 용신이고, 水가 길신이며, 土가 병신(病神)이다.

필자 | 남편사주는 늦가을에 태어난 土로, 나무를 기르고 있는 구조인데, 나무가 성장하는데 필요한 물도 있어서 좋은 사주네요.
사주가 이렇게 생기면, 초년에는 직장생활을 하다가 곧 사업을 하게 됩니다.

손님 | 초년부터 사업도 했고, 직장생활도 하다가, 지금은 사업을 하고 있습니다.

필자 | 남편 사주에는 태어난 年의 밑 글자인 자수(子水)와 일지(日支) 배우자궁에 있는 묘목(卯木)이 도화살(桃花殺)이며, 도화살이 두 개나 있는데, 사주가 이렇게 생기면, 이성간의 문제가 자주 생기거나, 혹은, 이성을 많이 상대하는 직업을 갖게 되는데, 무슨 직업을 가졌습니까?

손님 | 초년부터 화장품 회사에서도 근무를 했고, 또, 화장품장사도 하다가 지금은 화장품을 만드는 일을 하고 있습니다.

필자 | 그것 참 잘 맞는 직업을 선택하셨네요.
남편 사주에서 10년씩 구분해서 보는 대운(大運)을 보면, 36세 이후부터는 본격적으로 사업을 했을 것으로 보이는데, 몇 살부터 사업을 본격적으로 시작했습니까?

손님 | 선생님 말씀대로 30대 후반부터 사업을 시작했는데, 그 년도는 정확히 기억이 나지 않습니다.

필자 | 남편 사주가 좋아서 그동안 잘 살아오셨겠네요?

손님 | 예, 잘 살아왔습니다.

필자 | 남편 사주는 금년에 돈이 움직이는 운이고, 태어난 月의 밑 글자를 충돌(진술충, 辰戌沖)하기 때문에 이사

수가 생겼는데, 그 일로 오셨겠네요?

손님 | 사실은, 올해 이사를 해볼까 하는데, 운이 어떤가해서 왔습니다.

필자 | 금년에 운이 옮길운이고, 운도 좋으니까 이사를 하시는 것이 좋겠습니다.
그런데, 운으로 보면, 지금보다 더 큰집으로 이사를 하시겠네요?

손님 | 아무래도 더 큰 집으로 가려고 생각중입니다.

필자 | 손님은 참 행복한 분이십니다.
왜냐하면, 남편사주는 정직하고, 착한 분이시고, 운이 좋아서 돈도 잘 벌어오실 것이기 때문입니다.

손님 | 제 사주가 더 좋아서 잘 사는 것 아닙니까?
그러면, 제 사주도 봐주세요.

본인 사주								時柱	日柱	月柱	年柱
61	51	41	31	21	11	1					
戊	己	庚	戊	壬	癸	甲	大	辛	乙	乙	壬	여
戌	亥	子	午	寅	卯	辰	運	巳	卯	巳	辰	자

사주의 구조 및 핵심사항   임진년(壬辰年) 중춘에 온 60대 초반의 여자 사주다.

사주의 구조는, 용띠 해의 초 여름에 자신을 나타내는 글자를 꽃나무에 비유해서 해석하는 을목(乙木)으로 태어나 자신의 힘이 약하므로, 水가 용신이고, 木이 길신이며, 金이 흉신이고, 火도 흉신이고, 진토(辰土)는 길신이다.

남편을 나타내는 글자인 신금(辛金)이 火(불)위에 뿌리도 없이 나타나 있어서 좌불안석이다.

필자 | 손님의 성품은 근본이 착하시고, 인정이 많지만, 남편한테는 큰소리 치시겠네요?

손님 | 예, 저는 식구들한테 큰소리 치고 삽니다.

필자 | 손님 사주도 사주도 좋고, 흐르는 운도 좋아서 잘 살아오셨겠네요?

손님 | 잘 살아왔습니다.

필자 | 손님 사주에도 금년(壬辰年)운에서 오는 임수(壬水)는 문서에 해당하고, 진토(辰土)는 돈에 해당하기 때문에 종합해서 보면, 돈과 문서가 움직이는 운이라서 이사수가 맞네요? 부부가 모두 운이 일치히고, 운도 좋기 때문에 올해 이사를 하시면 좋겠습니다.

손님 | 고맙습니다.

壬辰女年 來情法
고객의 마음을 꿰뚫어 봐라

여자사주에 남자가 병(病)이므로, 남자와의 연연도 없었고, 결혼할 생각도 없단다.
(강동구에 사는 손님)

62	52	42	32	22	12	2		時柱	日柱	月柱	年柱	
甲	乙	丙	丁	戊	己	庚	大	辛	丁	辛	壬	여
辰	巳	午	未	申	酉	戌	運	亥	未	亥	子	자

天干 : 甲(갑) 乙(을) 丙(병) 丁(정) 戊(무) 己(기) 庚(경) 辛(신) 壬(임) 癸(계)
地支 : 子(자) 丑(축) 寅(인) 卯(묘) 辰(진) 巳(사) 午(오) 未(미) 申(신) 酉(유) 戌(술) 亥(해)

사주의 구조 및 핵심사항

임진년(壬辰年) 늦 여름에 온 40대 초반의 여자 사주다.

사주의 구조는, 쥐띠 해의 초겨울에 자신을 나타내는 글자를 인공 火에 비유해서 해석하는 정화(丁火)로 태어나 水가 지나치게 많아서 자신의 힘이 매우 약하므로 도와주는 火가 용신이고, 운에서 오는 木이 길신이며, 水가 병신(病神)이고, 金이 흉신이며, 土(미토)가 약신(藥神)이다.

사주 밑 글자에는 남편을 나타내는 글자인 해수(亥水)와 자식을 나타내는 글자인 미토(未土)가 만나서 나무 다발을 이루는 해미목국(亥未木局)을 두 번하고 있다.

필자 | 손님은 겨울에 태어난 인공불인데, 水가 너무 많아서 마치 드넓은 태평양 위에 떠 있는 갸날픈 촛불과

같아서 무척 연약합니다.
그래서, 덩치와는 다르게 감성적이고 예민한 성격을 가지셨겠네요?

손님 | 예, 제가 성격이 예민합니다.

필자 | 손님은 사주에서 남자를 나타내는 글자가 병신(病神)이므로 마음에 드는 남자가 안나타나겠고, 혹시, 내가 좋아하는 남자가 있으면, 남자쪽에서 싫어하기 때문에 결혼을 안했을 것 같은데, 실제는 어떻습니까?

손님 | 아직 결혼을 안했습니다.

필자 | 결혼할 생각이 없습니까?

손님 | 지금 이 나이에 결혼을 할 수 있겠습니까?

필자 | 다행히도 흐르는 운이 좋아서 충분히 결혼할 수 있습니다.
또, 자식을 나타내는 글자인 土가 약신이므로 결혼해서 자식을 낳으면 운이 더 좋아 지겠습니다.

손님 | 어떤 남자가 좋겠습니까?

필자 | 나이 40살을 넘겼어도 운이 좋은 노처녀들은 많습

니만, 나이 40살을 넘긴 노총각은 극히 찾기가 어렵습니다.
만약, 총각이 있다면, 직업이 없거나, 어디가 성치 않습니다.

손님 | 입양을 하면 어떻습니까?

필자 | 그것도 한가기 방법이 될 수도 있겠습니만, 사주에서의 인연을 보면, 해수(亥水)와 미토(未土)가 두 번에 걸쳐서 해미합목(亥未合木)을 하고 있어서 자식 딸린 남자와 결혼을 할 가능성이 더 큽니다.
그런 남자를 찾아보세요.

손님 | 그러면, 언제 결혼하면 좋겠습니끼까?

필자 | 내년(2013년, 癸巳年)부터 2015(乙未年)년까지 사이에 했으면 좋겠습니다

손님 | 저의 건강을 어떻습니까?

필자 | 손님은 겨울에 태어난데다가 사주에 찬성분인 水가 너무 많아서 몸이 냉해서 우선 손과 발이 찰 수 있겠고, 혈액순환에 문제가 올 수 있겠습니만, 흐르는 운이 좋기 때문에 큰 문제는 없겠습니다.

손님 | 다행입니다.

필자 | 손님 사주에는 형침살(懸針殺)이 3개가 있어서 의료 분야와 인연인데, 고등학교 다닐 때의 운도 좋았기 때문에 공부를 잘했겠네요?

손님 | 예, 공부를 잘했었습니다.
그래서, 간호대학을 나와서 공무원으로 근무를 하고 있습니다.

필자 | 적성에 잘 맞는 분야라서 좋겠습니다.

손님 | 감사합니다.

壬辰女年 來情法
고객의 마음을 꿰뚫어 봐라

07 모든 것이 불만인 이 아이를 어찌하나?
(분당에 사는 손님)

68	58	48	38	28	18	8		時柱	日柱	月柱	年柱
乙	丙	丁	戊	己	庚	辛	大	甲	乙	壬	庚	坤
酉	戌	亥	子	丑	寅	卯	運	申	未	辰	子	命

天干 : 甲(갑) 乙(을) 丙(병) 丁(정) 戊(무) 己(기) 庚(경) 辛(신) 壬(임) 癸(계)
地支 : 子(자) 丑(축) 寅(인) 卯(묘) 辰(진) 巳(사) 午(오) 未(미) 申(신) 酉(유) 戌(술) 亥(해)

사주의 구조 및 핵심사항

임진년(壬辰年) 한 여름에 온 17세 여자 사주다.

사주의 구조는, 쥐띠 해의 늦 봄에 자신을 나타내는 글자를 꽃나무에 비유해서 해석하는 을목(乙木)으로 태어나 자신의 힘이 강하고, 봄 나무는 꽃이 피어야 아름다우므로 火가 용신이고, 木이 길신이며, 水가 병신(病神)이고, 金이 흉신이며, 진토(辰土)는 흉신이나, 미토(未土)는 길신이다.

사주 밑 글자에는 신금(申金)과 자수(子水)와 진토(辰土)가 모여 물바다인 신자진수국(申子辰水局)을 이루고 있다.

17살임에도 함께 온 친구들은 짙은 화장을 하고 있었으며, 정서가 매우 불안해서 밖으로 내보내고 싶었지만, 꾹 참고 상담을 했다.

필자 | 학생은 17살인데, 학생인가요?

손님 | 예, 고등학교 1학년입니다.

필자 | 금년은 임진년(壬辰年)인데, 학생한테는 금년운에서 오는 임수(壬水)가 공부에 해당하는데, 이 사주에서 임수(壬水)는 나쁜 영향을 끼치기 때문에 공부가 안 될텐데, 공부 때문에 왔나요?

손님 | 아닙니다.
왜, 이렇게 살아야 하는지가 궁금해서 왔습니다.

필자 | 학생이 공부가 궁금하지 않고, 사주가 궁금하다고 하니까 이해가 잘 안가는데, 무슨 문제인가요?
중학교 2학년 때인 작년부터 공부가 안됐을 것인데요?

손님 | 공부를 잘하고 있습니다.

필자 | 손님 사주는 자신을 나타내는 글자가 꽃나무인데, 초록이 왕성한 늦 봄의 꽃나무인데다가 병화(丙火)꽃을 피웠기 때문에 향기가 짙어서 몸놀림도 가벼울 것이기 때문에 예술성이 있을 것 같은데, 혹시, 음악이나 무용에 취미가 있나요?

손님 | 예, 저는 피아노를 공부하고 있습니다.

| 필자 | 잘 맞겠네요?
그런데, 피아노를 공부하면, 교수가 되지 않는 한 성공하기가 매우 어려울 것인데요?

| 손님 | 그것은 저도 알고 있습니다.

| 필자 | 성공을 하기 위해서는 공부를 잘해야 할텐데, 학생은 작년(辛卯年)부터 지금까지 공부를 안했겠는데요?

| 손님 | 작년에 학교를 그만두었습니다.

| 필자 | 아니, 학교를 안다닌다고요?
아까, 공부를 잘하고 있다고 했잖아요?

| 손님 | 검정고시를 준비하고 있는데, 금년에 합격하겠습니까?

| 필자 | 금년은 어려울 것 같고, 내년 이후라야 되겠네요?
그런데, 왜 학교를 안 다니나요?

| 손님 | 그냥요.

| 필자 | (손님 사주에 수가 엄마인데, 물바다를 이루는 신자진수국(申子辰水局)을 형성하고 있으므로), 손님 사주를 보니까 어머님이 두 분이거나 배다른 형제가 있을 것 같은데, 엄마의 배다른 형제가 있습니까?

손님 | 없습니다.

필자 | 그러면, 엄마가 두 분입니까?

손님 | 사실은 아빠가 작년부터 바람이 나서 집을 나가고, 엄마는 엄마대로 따로 살고, 저는 언니와 같이 엄마와도 따로 살고 있습니다.

필자 | 그래서, 작년에 학교를 그만두었어요?

손님 | 네.
그런데, 언니하고의 관계는 어떻겠습니까?

필자 | 언니가 싫을 것입니다.
(이 사주에는 水의 힘이 세력이 강해서 수생목을 해주기 때문에 木의 힘이 강한데다가 자신을 나타내는 글자는 키 작은 꽃나무인 을목(乙木)인데, 키가 큰 나무인 갑목(甲木)이 바로 옆에서 태양을 가리므로 언니인 갑목(甲木)이 미운 것이다. 흔히, 등라계갑이라고 해서 꽃나무이면서 덩쿨나무인 을목(乙木) 옆에 거목인 갑목(甲木)이 있을 경우, 을목(乙木)이 갑목(甲木)을 감고 올라가서 태양을 먼저 본다고 알고 있으나, 이 사주의 경우는 木의 힘이 강하기 때문에 등라계갑의 이론이 적용되지 않는다. 따라서, 본 필자는 일간(日干, 자신을 나타냄)의 힘이 강한 사주에 있어서는 등라계갑의 이론을 따르지 않는다. 왜냐하면, 갑목(甲木)이 겁재(내 돈을 빼앗는다는 뜻)의 작용을 하기 때문이다.)

손님 | 언니가 굉장히 싫습니다.
아빠하고의 관계는 어떻습니까?

필자 | 아빠가 바람을 피워서 가정이 파탄이 났는데, 학생이 아빠를 좋아할 리가 있겠어요?
그것은 사주학 이전에 상식적인 문제지요.

손님 | 엄마하고는 어떻습니까?

필자 | 손님 사주에는 水가 엄마인데, 너무 많아서 이 사주에서 가장 필요한 火를 끄기 때문에 학생이 듣기에는 엄마의 말씀이 잔소리로만 들릴 것인데, 엄마하고 사이가 좋을 리 있겠어요?

손님 | 엄마도 싫습니다.

필자 | 그러면 누가 좋은가요?

손님 | ………..

필자 | 앞으로 멋있는 남자친구도 사귀고 해야 하는데, 그럴려면 열심히 공부를 해서 성공을 해야 할 것 아니예요?

손님 | 남자친구가 잘 나가는데요?

필자 | 남자친구 있어요?

손님 | 그럼요?

필자 | ("잘나가는 남자가 학교도 안 다니고 중퇴한 여자를 좋아한단 말인가요?" 라고 말을 하고 싶은 충동이 굴뚝같은데도 꾹 참고서,)
아니예요. 지금은 그럴지몰라도 나이가 들면 그렇지 않아요.
공부를 하세요.

- 상담을 끝내고 퇴근을 하려고 밖을 나가자 벌써 친구들끼리 담배를 입에 물고 있었다.

壬辰女年 來情法
고객의 마음을 꿰뚫어 봐라

08 | 직장문제로 오셨습니까?
남편문제로 오셨습니까?
(서초구에 사는 손님)

64	54	**44**	34	24	14	4		時柱	日柱	月柱	年柱
乙	丙	丁	戊	己	庚	辛	大	戊	丙	壬	庚	여
亥	子	丑	寅	卯	辰	巳	運	戌	子	午	子	자

天干: 甲(갑) 乙(을) 丙(병) 丁(정) 戊(무) 己(기) 庚(경) 辛(신) 壬(임) 癸(계)
地支: 子(자) 丑(축) 寅(인) 卯(묘) 辰(진) 巳(사) 午(오) 未(미) 申(신) 酉(유) 戌(술) 亥(해)

사주의 구조 및 핵심사항

임진년(壬辰年) 한 가을에 온 50대 초반의 여자 사주다.

사주의 구조는, 쥐띠 해의 한 여름에 자신을 나타내는 글자를 태양에 비유해서 해석하는 병화(丙火)로 태어나 水가 많아서 자신의 힘이 매우 약하므로 도와주는 火가 용신이고, 木이 길신이며, 水가 병신(病神)이고, 土가 약신(藥神)이며, 金은 흉신이다.

사주 맨 글자에 오화(午火)를 사이에 두고 자수(子水)가 양쪽에서 자오충(子午沖)하고 있는데, 水가 남편을 나타내는 글자이므로 남편 덕이 없는 사주며, 자식글자인 土가 남편 글자인 水를 막아주는 약신역할을 하므로 자식을 남편삼아 사는 여자다.

필자 | 손님 사주에 금년에 남편글자이면서 직업을 나타내는 글자인 水운이 왔는데, 남편문제로 오셨습니까? 아니면, 직업문제로 오셨습니까?

손님 | 직업문제로 왔습니다.

필자 | 손님은 한 여름에 태어난 병화(丙火)라서 자존심이 매우 강하고, 총명한 리더격으로 태어났기 때문에 자존심이 강하고 체면을 중시하는 분이시네요?

손님 | 예, 저는 자존심이 강한편입니다.

필자 | 손님사주에는 남편이 병(病)에 해당한데다가 자신과 충돌을 하고 있어서 남편과 살 수가 없어서 재혼하거나, 그렇지 않으면, 남남처럼 살아야 하는데, 실상은 어떻습니까?

손님 | 남편과 잘 살고 있는데요?

필자 | 남편과 잘 살고 있다고요?

손님 | 예.

필자 | 제가 보기에는 그렇게 보이지 않습니다.
2008년(무자년)에 남편과 헤어졌을 것이고, 직장도 그만두었을 것인데, 맞습니까?

손님 | 예, 그 때 정말 여러가지로 어려워서 모든 것을 정리하고 포기하고싶습니다.
(남편과 헤어지고 혼자 산다는 말을 하기가 싫은 모양이다.)

저는 무슨 직업을 갖는 것이 좋겠습니까?

필자 | 손님은 병화(丙火)와 무토(戊土)를 써 먹는데, 사주에서는 어떤 글자를 써 먹느냐에 따라서 직업이나 진로가 결정됩니다.
따라서, 병화(丙火)는 말이라서 말하는 직업에 해당하고 교육에도 해당하며, 또, 土를 써 먹는데, 土는 영업에 해당하기 때문에 이를 종합해 보면, 영업직에 잘 맞는데, 구체적으로는 무슨 직업을 가지셨습니까?

손님 | 부동산중개사 사무실에서 근무를 하고 있습니다.

필자 | 참, 잘 선택하셨습니다.
손님은 2010년(庚寅年)에 새로운 직장을 구하지 않았습니까?

손님 | 예, 그 해에 부동산 중개사시험에 합격해서 부동산 사무실에서 근무를 해오고 있는데, 금년에 독립을 하기 위해서 왔습니다.

필자 | 내년(2013년, 癸巳年)부터 3년간은 火운이 오므로 운이 좋아지기 때문에 독립을 하셔도 괜찮겠습니다만, 근본적으로 돈이 많은 사주는 아니고, 2016(丙申年)년부터 운이 다시 나빠지기 때문에 너무 크게 시작하는 것은 좋지 않고, 실속위주로 사업을 하는 것이

좋겠습니다.
그런데, 어디에다가 내실생각이십니까?

손님 | 송파구에다 낼 생각입니다.

丑年生
소띠 생 사주

01 문서운이 왔으므로 이사와 승진문제가 궁금해서 왔다
02 손님은 금년에 부도나겠소?
03 남자사주에 군겁쟁재(群劫爭財)하면 결혼생활하기가 어렵다.
04 신금(辛金)은 불(火)를 가장 싫어한다.
05 자신을 나타내는 글자가 木이라서 한복집을 운영한다.
06 남편하고 그만살고 싶습니다.
07 임진년(壬辰年)에 부도났다.
08 일란성 쌍둥이 사주는 어떻게 보는가?

壬辰女年 來情法
고객의 마음을 꿰뚫어 봐라

 01 | 문서운이 왔으므로 이사와 승진문제가 궁금해서 왔다.
(서초구에 사는 손님)

68	58	48	38	28	18	8		時柱	日柱	月柱	年柱
丁	戊	己	庚	辛	壬	癸	大	丙	甲	甲	辛	乾
亥	子	丑	寅	卯	辰	巳	運	寅	午	午	丑	命

天干 : 甲(갑) 乙(을) 丙(병) 丁(정) 戊(무) 己(기) 庚(경) 辛(신) 壬(임) 癸(계)
地支 : 子(자) 丑(축) 寅(인) 卯(묘) 辰(진) 巳(사) 午(오) 未(미) 申(신) 酉(유) 戌(술) 亥(해)

사주의 구조 및 핵심사항

임진년(壬辰年) 늦봄에 온 50대 초반의 남자 사주다.

사주의 구조는, 소띠 해의 한 여름에 자신을 나타내는 글자를 큰 나무에 비유해서 해석하는 갑목(甲木)으로 태어나 물(水)이 없어서 심하게 갈증을 느끼고 있고, 힘이 약하므로 축토(丑土)속에 들어있는 水가 용신이고, 숲이 길신이며, 火가 병신(病神)이고, 木이 흉신이며, 축토(丑土)는 水(물)를 품고 있어서 길신이다.

사주 밑 글자에는 주로 정신적인 작용을 하는 丑午鬼門殺이 있다.

필자 | 자신을 나타내는 글자가 갑목(甲木)으로 태어난 사람들은 리더격으로 태어났기 때문에 집에서 장남역할을 할 것인데, 맞습니까?

| 손님 | 제가 장남입니다.

| 필자 | 이런 사주는 주로 직장인이 많은데, 직업이 무엇입니까?

| 손님 | 연구원으로 일하고 있습니다.

| 필자 | 직업 선택을 참 잘하셨습니다.
만약, 손님께서 일반회사 근무를 해왔다면, 운이 안 좋았기 때문에 직장 변동이 많았을 것으로 보이기 때문입니다.

| 손님 | 제 운은 어떻습니까?

| 필자 | 사주는 원래가 자연의 이치가 그러하듯 오행이 조화와 균형이 맞아야 좋은데, 손님은 火가 너무 많아서 한여름에 가뭄이 들어서 애타게 비를 기다리고 있는 나무와 같은데, 10년간씩 구분해서 보는 대운(大運)이 반대반향으로 흘러서 운이 약했습니다만, 2007년(丁亥年)부터는 운이 들어왔으나 사주 기본 틀에서 물(水)이 약하기 아직도 갈증을 많이 느끼고 있는 형상입니다.

| 손님 | 금년운은 어떻습니까?

| 필자 | 금년은 壬辰年(임진년)으로 水운인데, 水는 문서에

해당하기 때문에 이사문제나 승진문제가 생기는데, 무슨 문제로 오셨습니까?

손님 | 사실은 곧 금년에 이사를 하려고 하는데, 이사를 해도 좋은지가 궁금하고, 또, 금년에 승진 할 수 있을지 궁금해서 왔습니다.

필자 | 이사를 어디에서 어디로 가려고 합니까?

손님 | 서초구에서 서초구로 갈려고 하는데 어떻겠습니까.

필자 | 아무 문제없습니다.
걱정하지 마시고 가세요.
이사방향 같은 것을 볼 수도 있습니다만, 그것에 너무 집착하지 마시고 금년운이 좋으니까 편안한 마음으로 가세요.
그리고, 승진문제는 금년운이 좋은 기회가 왔으니까 노력해보세요.

손님 | 내년은 승진운이 어떻습니까?

필자 | 내년은 火운이 오기 때문에 안 좋습니다만, 사주학적으로는 내년 2월 초까지는 기회가 있습니다.

손님 | 돈복과 처복은 어떻습니까?

필자 | 손님은 돈 글자인 축토(丑土)속에 이 사주에 가장 필요한 水가 들어있어서 재복과 처복은 있습니다만, 사주에서는 부(富)의 크기를 보기 위해서는 10년간씩 구분해서 보는 운인 대운(大運)을 참작해서 판단해야 하는데, 대운(大運)이 안좋아서 큰 돈은 없겠고, 처복은 처를 나타내는 축토(丑土)는 좋은 역할을 하지만, 처궁인 자기의 밑글자인 일지(日支)에 흉신작용을 하는 火가 자리 잡고 있어서 부인과 성격이 안 맞겠습니다.

손님 | 마누라와 성격이 안 맞습니다.

壬辰女年 來情法
고객의 마음을 꿰뚫어 봐라

02 | 손님은 금년에 부도나겠소?
(송파구에서 온 손님)

61	51	41	31	21	11	1		時柱	日柱	月柱	年柱	
癸	甲	乙	丙	丁	戊	己	大	丁	庚	庚	辛	남
未	申	酉	戌	亥	子	丑	運	丑	午	寅	丑	자

天干: 甲(갑) 乙(을) 丙(병) 丁(정) 戊(무) 己(기) 庚(경) 辛(신) 壬(임) 癸(계)
地支: 子(자) 丑(축) 寅(인) 卯(묘) 辰(진) 巳(사) 午(오) 未(미) 申(신) 酉(유) 戌(술) 亥(해)

사주의 구조 및 핵심사항

임진년(壬辰年) 늦 여름에 온 50대 초반의 남자 사주다.

사주의 구조는, 소띠 해의 초봄에 자신을 나타내는 글자를 무쇠에 비유해서 해석하는 경금(庚金)으로 태어나 金氣가 많아서 자신의 힘이 매우 강한데, 무쇠는 용광로 불에 녹여주는 것을 좋아하므로 火가 용신이고, 木이 길신이며, 金과 土가 흉신이다.

사주 밑 글자에 축토(丑土)와 오화(午火)가 있으면 축오귀문살(丑午鬼門殺)이 형성되는데, 이 귀문살(鬼門殺)이 두 번에 형성되므로 그 작용력이 강하다는 것을 의한다.

필자 | 손님은 무쇠로 태어났으므로 카리스마도 있고 의리도 있으며, 이 무쇠를 불이 녹여주고 있는 구조이기 때문에 점잖으시네요?

손님 | 예, 저는 의리로 삽니다.

필자 | 원래가 무쇠 金은 생명체를 나타내는 木을 자르기도 하고, 가지치기도 하기 때문에 사회를 규율하는 작용력도 하기 때문에 지도자적인 인물인데, 무쇠는 거의 대부분 불을 봐야 자기의 가치가 상승하는 법이라서 불(火)이 약하면, 지도자가 되지 못합니다.
그런데, 손님 사주는 불이 있고, 그 불의 화력을 강화시켜주는 나무(木)도 있어서 좋습니다만, 10년간씩 구분해서 보는 운에서 가을 찬바람이 부는 계절을 만나서 그 능력을 발휘하지 못하고 있네요?

손님 | 그러면 어떻게 하면 좋습니까?

필자 | 차근 차근 진단해 드리겠습니다.
손님의 운은 초년이 어려워서 나빴고, 고등학교 때도 운이 나빠서 본인이 원하는 대학에 가지 못했거나 지방대학을 갔거나, 그렇지 않으면, 원하던 학과가 아닌 진로를 선택하게 되었을 것인데, 어땠습니까?

손님 | 지방 대학을 나왔습니다.

필자 | 손님은 화(火)와 관련된 직업을 선택해야 하는데, 화가 의미하는 직업군은 조직성 직장인이니까 공무원이나, 전기전자관련학과인데, 무슨 공부를 했었나

요?

손님 | 원래 법학을 공부하려고 했었는데, 공부를 제대로 안해서 전자공학을 공부했습니다.

필자 | 그 것도 사주와 맞습니다.
초년운은 약했지만, 다행히도 31세부터는 운이 좋아서 직장에서 능력을 인정받았겠는데요

손님 | 예, 맞습니다.
그 때는 잘나갔습니다.

필자 | 그런데, 41세 이후부터 해메고 계시는데, 특히, 지난 2004년(甲申年)이후부터 어렵게 지내시네요?

손님 | 맞습니다.
그 무렵부터 사업을 시작했는데, 어렵게 지내고 있습니다.

필자 | 손님은 금년에 부도나겠는데, 회사를 정리하시는게 나을 것 같습니다.
이 문제로 오셨지요?

손님 | 사실은 사업이 안돼서 사업을 정리하고 새로운 일을 해볼까 하는데요?

손님 | 왜, 부도난다고 보신겁니까?

필자 | 손님은 사주에서 정화(丁火)라는 인공불을 사용해서 자신인 무쇠 金을 녹이고 있는데, 금년(壬辰年) 운에서 온 임수(壬水)가 정화(丁火)를 정임합(丁壬合)으로 묶어서 활동을 못하게 정지시키고 있고, 또, 밑 글자에는 진토(辰土)를 달고 와서 오화(午火)의 화기(火氣)를 흡수해버리기 때문에 火가 힘이 없어지기 때문입니다.

손님 | 그러면, 어떻게 해야 좋습니까?

필자 | 일단 비용지출을 최소한으로 막아야 하기 때문에 큰 것을 정리하시는 것이 좋겠고, 아직 운이 들어오지 않았으니까 큰 자본투자가 아닌 몸으로 때우는 일을 했으면 좋겠습니다.

손님 | 아직 정하지를 못했습니다.
그러면, 언제부터 좋아집니까?

필자 | 내년부터 3년간은 火운이 오기 때문에 좋아지긴 합니다만, 아직 본격적인 운이 들어오지 않아서 운이 약합니다만, 61세 이후부터는 운이 크게 들어오니까 장래에 대한 희망을 가지셔도 좋겠습니다. 잠시 나쁠 뿐입니다.

壬辰女年 來情法
고객의 마음을 꿰뚫어 봐라

03 남자사주에 군겁쟁재(群劫爭財)하면 결혼생활하기가 어렵다.
(광진구에 사는 손님)

68	58	48	38	28	18	8		時柱	日柱	月柱	年柱
壬	癸	甲	乙	丙	丁	戊	大	丁	己	己	癸	남
子	丑	寅	卯	辰	巳	午	運	卯	巳	未	丑	자

天干 : 甲(갑) 乙(을) 丙(병) 丁(정) 戊(무) 己(기) 庚(경) 辛(신) 壬(임) 癸(계)
地支 : 子(자) 丑(축) 寅(인) 卯(묘) 辰(진) 巳(사) 午(오) 未(미) 申(신) 酉(유) 戌(술) 亥(해)

사주의 구조 및 핵심사항

임진년(壬辰年) 늦 여름에 온 40대 남자 사주로, 사귀는 애인이 가지고 왔다.

사주의 구조는, 소띠 해의 늦 여름에 자신을 나타내는 글자를 야산의 土에 비유해서 해석하는 기토(己土)로 태어나 火와 土가 지나치게 많아서 자신의 힘이 매우 강하고, 건조하므로 흙(土)을 기름지게 해줘야 나무(卯木)을 기를 수 있으므로 水가 용신이고, 운에서 오는 金이 길신이며, 土가 병신(病神)이고, 木이 약신이다.

사주 밑 글자에는 축토(丑土)와 미토(未土)가 충동을 일으키는 축미충(丑未沖)이 있고,

이 사주에서 마누라와 돈을 나타내는 계수(癸水) 하나를 놓고 많은 기토(己土)들이 서로 차지하려고 하는 군겁쟁재(群劫爭財)를 하고 있어서 마누라를 보존하기가 어려우므로 결혼생활에 풍파가 많다.

특히, 기토(己土)가 군겁쟁재(群劫爭財)를 하고 있어서 경쟁심리가 강하고, 기토(己土)는 달리기를 잘하는 특성이 있는데, 이 사주의 주인도 달리기를 아주 잘한다고 한다.

필자 | 이 사주의 주인과 어떤 관계인가요?

손님 | 사귄지 얼마 안된 남자입니다.

필자 | 이 남자는 결혼생활하기가 매우 어려운 사주라서 이혼한 남자일 것 같은데, 사실은 어떠한가요?

손님 | 맞습니다.
두 번 이혼했다고 합니다.

필자 | 이 남자와 결혼을 하면 여자를 나타내는 水(물) 하나를 놓고 서로 차지하려고 아귀다툼을 벌이기 때문에 여자가 스트레스를 많이 받아서 살 수가 없어서 살기 위해서 도망을 가버리기 때문에 결혼생활을 하기가 매우 어렵습니다.
이 사주에 올해 여자가 나타날 운인데, 올해 만났습니까?

손님 | 예, 만난지 얼마 안되었습니다.
그런데, 저한테 아주 잘해주십니다.

필자 | 이 남자는 여자(水)가 절실히 필요하기 때문에 연애

할 때는 잘해줄 것입니다만, 막상 결혼을 하고 난 다음에는 자신을 나타내는 여러개의 土가 하나 밖에 없는 水(물)를 서로 공격하기 때문에 살 수가 없게 됩니다.
따라서, 결혼할 것인지의 여부는 신중하게 생각을 해야 합니다.

손님 | 잘 알겠습니다.

필자 | 이 남자는 사주가 강해서 붙이는 힘이 대단할 것이고, 경쟁심리가 강하며, 또, 달리기를 잘할 것인데, 맞습니까?

손님 | 맞습니다.
추진력이 강하고요, 자기는 달리기를 해서 1등을 못해본 경험이 없다고 합니다.
참, 신기하네요.

壬辰女年 來情法
고객의 마음을 꿰뚫어 봐라

04 | 신금(辛金)은 불(火)를 가장 싫어한다.
(분당에서 온 손님)

61	51	41	31	**21**	11	1		時柱	日柱	月柱	年柱
丁	戊	己	庚	**辛**	壬	癸	大	辛	辛	甲	乙	남
丑	寅	卯	辰	**巳**	午	未	運	卯	巳	申	乙	자

天干 : 甲(갑) 乙(을) 丙(병) 丁(정) 戊(무) 己(기) 庚(경) 辛(신) 壬(임) 癸(계)
地支 : 子(자) 丑(축) 寅(인) 卯(묘) 辰(진) 巳(사) 午(오) 未(미) 申(신) 酉(유) 戌(술) 亥(해)

사주의 구조 및 핵심사항

임진년(壬辰年) 초 가을에 온 20대 후반의 남자 사주다.

사주의 구조는, 소띠 해의 가을에 자신을 나타내는 글자를 보석에 비유해서 해석하는 신금(辛金)으로 태어났는데, 자신의 힘이 강하고, 보석은 水(물)를 가장 좋아하지만 나타난 水가 없고, 신금(申金) 속에 들어있는 임수(壬水)가 용신이고, 金이 길신이며, 火가 병신(病神)이고, 습토인 축토(丑土)도 나쁘지 않으며, 木은 木生火를 하므로 흉신작용을 한다.

사주 밑 글자에 있는 신금(申金)이 이 사주의 병신(病神)인 사화(巳火)를 사신합(巳申合)으로 묶어주므로 친구나 형제 또는 주변사람들이 도움이 되며, 묘목(卯木)과 신금(申金)이 만나면 정신적인 나쁜 작용을 하는 귀문살(鬼門殺)이 만들어지므로 흉하다.

필자 | 손님은 가을보석으로 태어나서 인물이 잘생겼으며,

정확하나, 까칠한 성격을 지녔겠습니다.

손님 | 예, 제가 좀 그렇습니다.

필자 | 손님은 사주에 돈과 여자를 나타내는 글자가 여러개라서 여자한테 인기가 있겠네요?

손님 | 말없이 웃기만 했다.

필자 | 손님은 재작년에 돈을 나타내는 글자인 인목(寅木)과 사주에 있는 신금(申金)이 인신충(寅申冲)으로 부딛쳐서 돈이 깨졌겠고, 작년에도 자신인 신금(申金)과 운에서 온 돈을 나타내는 글자인 을목(乙木)이 을신충(乙辛冲)으로 부딪쳐서 돈이 깨졌겠네요?
그래서, 올해 새로운 진로를 모색하기 위해서 왔겠는데, 정확히 무슨 일로 오셨습니까?

손님 | 사실은 제가 외국에서 사업을 하다가 재작년과 작년에 다 까먹고 다른 사업을 해볼까 해서 선생님을 찾아왔습니다.

필자 | 운대로 맞네요.
손님은 물장사(음식장사)나 옷 또는 신발류를 취급하시면 좋을 것 같은데, 무슨 장사를 하려고 합니까.

손님 | 그렇지 않아도 옷이나 잡화류를 취급하려고 합니다.

필자 | 금년운은 좋습니다만, 내년부터 3년간이 운이 약하니까 크게 벌이지 말고 조그맣게 시작하시는 것이 좋을 것 같습니다.

손님 | 그렇게 해볼 생각입니다.

필자 | 손님은 초년운이 약했었고, 특히, 중, 고등학교 시절인 학운기가 98 戊寅年, 99 己卯年, 2000 庚辰年, 2001 辛巳年, 2002 壬午年, 2003 癸未年으로 木운에서 火운으로 흘렀기 때문에 당연히 공부는 안했겠고, 청개구리마냥 반대로 행동했을 것이고, 심지어는 신경정신과 치료를 받았어야 했는데, 어땠습니까?

손님 | 그렇게 나옵니까?
제가 고등학교 때 신경정신과 치료를 받았었습니다.
정말 신기하네요.
저는 돈을 벌수 있겠습니까?

필자 | 2016(병신년)부터는 돈을 많이 벌겠습니다.
열심히 하세요.

壬辰女年 來情法
고객의 마음을 꿰뚫어 봐라

 05 | 자신을 나타내는 글자가 木이라서 한복집을 운영한다.
(종로구에 사는 손님)

67	57	47	37	27	17	7		時柱	日柱	月柱	年柱	
乙	甲	癸	壬	辛	庚	己	大	戊	甲	戊	己	여
亥	戌	酉	申	未	午	巳	運	辰	戌	辰	丑	자

天干: 甲(갑) 乙(을) 丙(병) 丁(정) 戊(무) 己(기) 庚(경) 辛(신) 壬(임) 癸(계)
地支: 子(자) 丑(축) 寅(인) 卯(묘) 辰(진) 巳(사) 午(오) 未(미) 申(신) 酉(유) 戌(술) 亥(해)

사주의 구조 및 핵심사항

임진년(壬辰年) 초 가을에 온 60대 중반의 여자 사주다.

사주의 구조는, 소띠 해의 가을에 자신을 나타내는 글자를 큰 나무에 비유해서 해석하는 갑목(甲木)으로 태어났는데, 土가 지나치게 많아서 자신의 힘이 매우 약하므로 木이 약신(藥神)과 용신을 겸하고, 水가 길신이며, 土가 병신(病神)이다.

남편은 축토(丑土)와 술토(戌土)속에 들어있는 신금(辛金)이 남편인데, 이 辛金(신금)은 나타나있지 않고 土속에 들어있어서 내놓을 수 없는 남편인데다가 축토(丑土)와 술토(戌土)사이에 진토(辰土)가 끼어있지만 돌아가는 운에서 술토(戌土)운이 오면 축술형(丑戌刑)이 되어 흔들리고, 또, 미토(未土)가 오면, 축미충(丑未沖)해서 깨지며, 술토(戌土)속에 들어있는 남편 신금(辛金)은 술토(戌土) 양쪽에 있는 진토(辰土)와 진술충(辰戌沖)을 해서 깨지기 때문에 정상적인 부부 생활을 못하거나 남편이 일찍 사망하게 되는데, 이 사주의 경우는 비교적 젊은 나이에 남편이 먼저 세상을 떠났다.

필자 | 손님은 자신을 나타내는 글자가 갑목(甲木)이라서 심지가 굳고 성실하며, 마음씨가 착하시네요?

손님 | 감사합니다.

필자 | 손님 사주는 독특한 구조를 가지고 있는데, 사주에 土가 너무 많고, 남편과 살 수가 없었는데, 어떻게 사셨습니까?

손님 | 제가 벌어서 그냥 살아왔습니다.

필자 | 이런 사주를 가지면 남편 덕이 없기 때문에 남편과 같이 못살거나, 그렇지 않으면, 일찍 돌아가시거나 했을 것인데, 어땠습니까?

손님 | 남편이 사업을 했었는데, 돈을 벌지 못해서 제가 벌어서 먹고 살아왔는데, 한 7~8년 전에 남편이 돌아가셨습니다.

필자 | 그랬었네요.
안타깝습니다.

손님 | 다 내 팔자라고 생각하고 살고 있습니다.

필자 | 손님은 남편 덕이 없기 때문에 본인이 벌어야 먹고 살수가 있는데, 손님 사주에서 자신을 나타내는 글

자가 갑목(甲木)이고, 하나 밖에 없어서 자신을 스스로를 써먹어야 하는데, 木은 실이라서 옷과 인연인데, 혹시 옷가게를 하시지는 않았습니까?

손님 | 제가 한복집을 운영하고 있습니다.

필자 | 운을 보니까 돈은 많이 벌지 못하셨겠네요?

손님 | 예, 돈은 못벌었습니다.

필자 | 50대 후반부터 돈이 나가는 운세인데, 2009년(己丑年)이나, 올해인 2012년(壬辰年)에도 돈이 나가는 운인데, 어땠습니까?

손님 | 아이구!
올해도 돈이 많이 없어졌습니다.
저는 언제부터 좋은 운이 옵니까?

필자 | 67세이후부터는 水운이 오니까 운이 좋아집니다.
한복 일이 친구려니 생각하시고 쉬엄쉬엄 일을 하세요.

손님 | 이제는 쉬고 싶은데요?

필자 | 노는것 보다는 일을 하시는 것이 행복일겁니다.
손을 놓으면 우울증이 올 수 있으니까 아까 말씀드

　　　　　　린대로 쉬엄쉬엄 하세요.

손님 ｜　　네, 갑사합니다.

壬辰女年 來情法
고객의 마음을 꿰뚫어 봐라

06 남편하고 그만살고 싶습니다.
(송파구에 사는 손님)

65	55	**45**	35	25	15	5		時柱	日柱	月柱	年柱
丁	丙	乙	甲	癸	壬	辛	大	甲	壬	庚	辛	여
酉	申	未	午	巳	辰	卯	運	辰	午	寅	卯	자

天干 : 甲(갑) 乙(을) 丙(병) 丁(정) 戊(무) 己(기) 庚(경) 辛(신) 壬(임) 癸(계)
地支 : 子(자) 丑(축) 寅(인) 卯(묘) 辰(진) 巳(사) 午(오) 未(미) 申(신) 酉(유) 戌(술) 亥(해)

사주의 구조 및 핵심사항

임진년(壬辰年) 늦 가을에 온 50대 초반의 여자 사주다.

사주의 구조는, 소띠 해의 초봄에 자신을 나타내는 글자를 강물에 비유해서 해석하는 임수(壬水)로 태어나 자신의 힘이 다소 약하지만, 날씨가 차므로 따뜻하게 해주는 火가 용신이고, 木이 길신이며, 水가 병신(病神)이고, 숲이 흉신이며, 습기를 가진 축토(丑土)와 진토(辰土)는 흉신이다.

필자 | 손님은 초봄에 태아나 생명체인 나무를 기르고 있어서 바쁘고, 인정이 많으시겠네요?

손님 | 예, 바쁘게 삽니다.

필자 | 손님사주에는 土가 남편인데, 그 土가 습기를 가진

土라서 남편덕이 약합니다만, 남편궁에 가장 필요한 火가 자리를 잡고 있어서 다행입니다.
손님은 금년에 본인을 나타내는 글자인 임수(壬水)가 등장했고, 남편 글자인 진토(辰土)가 나타났기 때문에 돈 손재수가 생기겠고, 남편문제가 생겼을 것인데, 무슨 일로 오셨습니까?

손님 | 예, 돈 때문에 쪼들리고, 남편과 성격이 안맞아서 따로 살아볼까 해서 왔습니다.

필자 | 손님은 사주에 남자 두 명인데, 두 명 모두 마음에 안드는 남자입니다.
그렇지만, 남편궁에 좋은 글자를 갖고 있어서 이혼은 어렵겠는데요?

손님 | 지금 당장 이혼은 안하더라도 따로 살았으면 합니다.

필자 | 손님의 운을 보면 잘살아왔겠는데, 무슨 이유로 그렇게 생각하십니까?

손님 | 제 개인적으로는 아무 문제가 없습니다만, 남편이 투자만 하고 돈을 벌어오지 않습니다.

필자 | 남편이 사업을 하십니까?

손님 | 그렇습니다.

필자 | 남편 사주는 봐야 알겠고, 손님이 돈 감각이 있겠네요?

손님 | 예, 제가 처녀 때 학원사업을 해서 돈을 많이 벌었습니다만, 지금은 교직에 근무하고 있습니다.
앞으로의 운은 어떻습니까?

필자 | 내년부터 2015(乙未)년까지는 火운이 오니까 좋습니다만, 2016년부터는 운이 약해집니다.

손님 | 그렇습니까?
힘이 빠지네요.

필자 | 이 세상에서 일생동안 좋은 운만 오는 사람은 아무도 없습니다.
모든 사람이 좋을 때도 있고, 약할 때도 있습니다.

손님 | 그러면, 남편 사주를 봐주세요?

남편 사주										
67	57	47	37	27	17	7	時柱	日柱	月柱	年柱
乙	丙	丁	戊	己	庚	辛	丁	癸	壬	丁	여
巳	午	未	申	酉	戌	亥	巳	酉	子	酉	자
						運				

天干 : 甲(갑) 乙(을) 丙(병) 丁(정) 戊(무) 己(기) 庚(경) 辛(신) 壬(임) 癸(계)
地支 : 子(자) 丑(축) 寅(인) 卯(묘) 辰(진) 巳(사) 午(오) 未(미) 申(신) 酉(유) 戌(술) 亥(해)

사주의 구조 및 핵심사항

임진년(壬辰年) 늦 가을에 부인이 가지고 온 50대 중반의 남자 사주다.

사주의 구조는, 닭띠 해의 한겨울에 자신을 나타내는 글자를 빗물에 비유해서 해석하는 계수(癸水)로 태어나 水가 지나치게 많아서 자신의 힘이 매우 강해서 아주 차므로 따뜻하게 해주는 火가 용신이고, 水가 병신(病神)이며, 金이 흉신이다.

태어난 年의 윗 글자에 있는 정화(丁火)와 태어난 月의 윗 글자에 임수(壬水)가 정임합(丁壬合)을 하고 있는데, 이런 구조를 가지면, 약 70% 정도가 이 사주의 주인의 조부가 바람을 피워서 두 번 장가를 갔거나, 혹은, 조모와 사별을 해서 두 번 장가를 간 경우가 있는데, 이 사주는 조모가 사망을 해서 조부가 두번 결혼을 했다고 한다.

이 사주는 水와 火가 싸우는 수화상전(水火相戰)을 하고 있어서 부부가 결혼생활을 하기가 매우 어려운 나쁜 사주다.

필자 | 남편 사주를 보니까 부부생활을 하기가 매우 어려웠었겠는데, 어떻게 사셨어요?

손님 | 말씀도 마십시오
제가 거의 너무 예민해져서 잠을 거의 못잡니다.
그래서, 남편하고 떨어져 살 생각으로 외국으로 갈까하는데요?

필자 | 혼자 외국가면 생활 대책이 있습니까?

손님 | 뚜렷하게 준비된 것은 없습니다.

필자 | 그렇다면, 생활이 우선인데, 어떻게 하시게요?
제 판단으로는 손님의 운이 앞으로 약해지기 때문에 직장생활을 계속하시다가 정년퇴직하시는 것이 좋을 것 같습니다.
남편은 사업을 하실 것 같은데, 구체적으로 무슨 일을 하십니까?

손님 | 결혼할 당시에 고급공무원으로 근무를 하다가 97년경에 사표를 내고, 배터리 사업을 하고 있는데, 계속해서 투자만하고 수확이 없기 때문에 이제는 한계에 도달해서 포기하고 싶습니다.

필자 | 본인의 운과 남편의 운을 봐서는 내년부터 좋은 일이 있을 것 같습니다.
인내를 해보세요.

손님 | 감사합니다.

壬辰女年 來情法
고객의 마음을 꿰뚫어 봐라

07 | 임진년(壬辰年)에 부도났다.
(송파구에 사는 손님)

63	53	43	33	23	13	3	大		時柱	日柱	月柱	年柱	
己	庚	辛	壬	癸	甲	乙	運		丙	乙	丙	己	남
未	申	酉	戌	亥	子	丑			戌	亥	寅	丑	자

天干 : 甲(갑) 乙(을) 丙(병) 丁(정) 戊(무) 己(기) 庚(경) 辛(신) 壬(임) 癸(계)
地支 : 子(자) 丑(축) 寅(인) 卯(묘) 辰(진) 巳(사) 午(오) 未(미) 申(신) 酉(유) 戌(술) 亥(해)

사주의 구조 및 핵심사항

임진년(壬辰年) 초겨울에 부인이 가지고 온 60세 중반의 남자 사주다.

사주의 구조는, 소띠 해의 초봄에 자신을 나타내는 글자를 꽃나무에 비유해서 해석하는 을목(乙木)으로 태어나 火와 土가 지나치게 많아서 자신의 힘이 약하지만, 초봄에 태어나 날이 차므로 따뜻하게 해주는 火가 용신이고, 木이 길신이며, 水가 병신(病神)이므로 마른 土는 약신(藥神)이나, 습기를 가진 축토(丑土)는 흉신이다.

사주 밑 글자에 돈 창고인 술토(戌土)를 갖고 있어서 알뜰하고, 돈을 가질 수 있는 운을 가졌으나, 돈 창고인 술토(戌土)가 깨지면, 돈이 없어진다.

傷官(상관, 활동성을 나타냄)을 용신으로 쓰므로 총명하며, 부지런하다.

| 필자 | 남편분은 봄에 꽃나무로 태어나 꽃이 활짝피었으므로 인물이 잘났고, 부지런하시겠습니다.

| 손님 | 맞습니다.
키도 크고 인물이 잘생겼습니다.

| 필자 | 남편분은 여자가 여러명이고, 인물도 잘났으며, 더군다나 자신의 힘을 배출하는 성분인 상관(傷官)을 용신으로 쓰므로 쾌락을 즐기기 때문에 여자가 많을 것 같습니다.

| 손님 | 말씀도 마세요.
여자가 한 두명이 아닙니다.
핸드폰에 맨날 여자들 한테서 문자가 옵니다.

| 필자 | 남편분은 공무원 같은 조직성 직장과는 인연이 멀겠고, 사업이 더 맞겠는데, 무슨 직업을 가졌습니까?

| 손님 | 건설업을 하고 있습니다.

| 필자 | 남편사주에 돈 창고가 있고, 40세를 전후해서 운에서 돈운이 들어왔으므로 일찍부터 돈을 벌었겠습니다만, 결국 50대 말인 2007년(丁亥年)부터 운이 기울기 시작해서 2009년 己丑년(기축년)에도 돈 창고인 술토(술토)가 충격을 받아서 열렸기 때문에 돈이 나갔을 것이고, 63대운이 기미대운(己未大運)들어서 丑

축술미삼형(戌未三刑)살이 작용하여 또 돈 창고를 흔드는데다가, 2012년 임진년(壬辰年)들어서 진술충(辰戌沖)으로 또 다시 돈 창고를 충돌하므로 올해 부도가 나겠는데 어떻습니까?

손님 | 그렇게 나옵니까?
그동안 가지고 있던 회사 건물 수백억짜리가 빚 때문에 올해 넘어갔습니다.
다시 재기 할 수 있겠습니까?

필자 | 다행히도 2013년(癸巳年)부터 다시 일어설 수 있으니 용기를 내세요.
선생님 제 사주도 봐주세요?

부인 사주								時柱	日柱	月柱	年柱
63	53	43	33	23	13	3		甲	癸	癸	癸	여
庚午	己巳	戊辰	丁卯	丙寅	乙丑	甲子	大運	寅	未	亥	巳	자

天干 : 甲(갑) 乙(을) 丙(병) 丁(정) 戊(무) 己(기) 庚(경) 辛(신) 壬(임) 癸(계)
地支 : 子(자) 丑(축) 寅(인) 卯(묘) 辰(진) 巳(사) 午(오) 未(미) 申(신) 酉(유) 戌(술) 亥(해)

사주의 구조 및 핵심사항

임진년(壬辰年) 초겨울에 온 60대 여자 사주다.

사주의 구조는, 뱀띠 해의 초겨울에 자신을 나타내는 글자를 빗물에 비유해서 해석하는 계수(癸水)로 태어나 水가 지나치게 많아서 자신의 힘이 매우 강하고, 차므로 따뜻하게 해주는 火가 용신이고, 木이 길신이며, 水가 병신(病神)이고, 土가 약신(藥神)이다.

사주 밑 글자에 정 남편인 무토(戊土)를 품고 있으면서 아버지를 나타내는 글자인 사화(巳火)가 해수(亥水)와 사해충(巳亥沖)으로 충돌을 해서 깨졌으므로 아버지가 일찍 돌아가셨거나 그렇지 않으면, 남편과 이별 혹은 사별이 있다.

필자 | 손님은 겨울에 태어난 빗물이라서 차기 때문에 쓸모가 많지 않지만, 다행히도 火를 가지고 있어서 태어나서 쓸 수 있는 물이 되어 좋습니다.
또, 사주에 자신의 힘이 강한 사람들은 밀어붙이는 힘이 강하고, 자식글자이면서 표현력을 나타태는 갑인목(甲寅木)이 상관(傷官)인데, 이 글자가 발달해서 개성이 강하시네요?

손님 | 예, 저는 한다면 하는 성격입니다.

필자 | 여자 팔자에 자식을 나타내는 글자가 발달한 사람들은 거의 남편과 갈등이 많게 사는데, 그것은 남편을 하시하는 경향이 있기 때문이기도 합니다.
손님은 어떻습니까?

손님 | 저는 남편을 좋아할 때도 있지만, 마음에 안들면 하시할 때가 많습니다.

필자 | 초년운이 아주 나쁘셨네요?

손님 | 예, 어렸을 때 고생을 많이 했습니다.

필자 | 손님은 부친이 일찍 돌아가셨거나, 남편과 일찍 헤어질 운인데, 어떠셨어요?

손님 | 30대 후반에 본 남편과 사별하고 지금 남편은 재혼한 남편입니다.

필자 | 현재의 남편이 마음에 안들 때도 있겠지만, 대체로 외조를 잘해주는 남편일 것으로 보입니다.

손님 | 예, 남편과 그런대로 행복하게 살아왔습니다.

壬辰女年 來情法
고객의 마음을 꿰뚫어 봐라

08 일란성 쌍둥이 사주는 어떻게 보는가
(서초구에서 사는 손님)

쌍둥이 중 형 사주(08:45분 출생)

70	60	50	40	30	20	10		時柱	日柱	月柱	年柱
辛	壬	癸	甲	乙	丙	丁	大	壬	辛	戊	丁	남
丑	寅	卯	辰	巳	午	未	運	辰	亥	申	丑	자

쌍둥이 중 동생 사주(08:46분 출생)

70	60	50	40	30	20	10		時柱	日柱	月柱	年柱
辛	壬	癸	甲	乙	丙	丁	大	壬	辛	戊	丁	남
丑	寅	卯	辰	巳	午	未	運	辰	亥	申	丑	자

天干 : 甲(갑) 乙(을) 丙(병) 丁(정) 戊(무) 己(기) 庚(경) 辛(신) 壬(임) 癸(계)
地支 : 子(자) 丑(축) 寅(인) 卯(묘) 辰(진) 巳(사) 午(오) 未(미) 申(신) 酉(유) 戌(술) 亥(해)

사주의 구조 및 핵심사항

임진년(壬辰年) 초겨울에 엄마가 가지고 온 10대 중반의 남자 쌍둥이 사주다.

사주의 구조는, 소띠 해의 초가을에 자신을 나타내는 글자를 보석에 비유해서 해석하는 신금(辛金)으로 태어나 자신의 힘이 강하므로 힘을 빼주면서 보석을 씻어주는 水가 용신이고, 金이 길신이며, 火가 병신(病神)이고, 土가 흉신이며, 습기를 가진 진토(辰土)는 흉신이나 크게 나쁘지는 않다.

동생의 사주 밑 글자에 해수(亥水)와 사화(巳火)가 충돌해서 깨졌다.

쌍둥이 사주의 경우에, 같은 시간대에 태어났기 때문에 똑 같은 사주로 봐야한다는 이론도 있고, 동생의 출생시간대를 형의 시간대의 다음시간대로 봐야 한다는 이론도 있는데, 필자는 동생의 출생시간대를 늦춰서 보는 이론을 택해서 봤고, 그 내용을 정확히 하기 위해서 사실대로 이 책에 실었다.

또한, 위 쌍둥이 사주를 가지고 온 엄마가 현직 대학 교수로 재직 중이므로 그 신빙성을 확실하게 믿을 수 있다.

필자 | 쌍둥이 성격이 서로 다르지요?

손님 | 많이 다릅니다.

필자 | 어떻게 다릅니까?

손님 | 형제의 성격이 예민한 것은 서로 비슷하고, 큰 애는 개성이 강한 듯 하지만, 총명하고, 차분한 성격이고요, 동생은 형보다 더 예민하고 어수선하고 역동적입니다.
같은 시간대에 태어났는데, 성격이 다른 이유가 무엇입니까?

필자 | 쌍둥이는 1분 간격으로 태어났기 때문에 일반인들의 개념으로는 같은 시간으로 사주를 봐야하지만,

사주이론대로는 형과 동생의 출생 시간대를 달리해서 봐야 하는데, 동생의 경우, 역마살(役馬殺) 해수(亥水)와 사화(巳火)가 충돌을 하고 있어서 심리가 불안정하고, 또, 보석 金인 신금(辛金)은 火를 가장 싫어하는데, 동생한데 사화(巳火)가 있어서 예민함이 더합니다.

손님 | 그러면 형제중 누구 사주가 더 좋습니까?

필자 | 그야 당연히 큰 애 사주가 더 좋습니다.
동생은 부부궁이 충돌을 해서 깨졌을 뿐만 아니라 싫어하는 글자인 사화(巳火)를 갖고 있기 때문에 더 나쁩니다.
공부를 형이 동생보다 더 잘할 것인데, 어떻습니까?

손님 | 맞습니다.
형이 더 잘합니다.

寅年生
범띠 생 사주

01 공부운이 오므로 유학가려고 한다.
02 남편문제나 골치아픈 일이 생긴다.
03 이름을 바꾸려고 합니다.
04 연예인은 도화살이 있어야 좋다.
05 인공불로 무쇠를 녹이는 구조이므로 보석상을 한다.
06 제 사주좀 봐주세요.
07 사주에 火를 쓰므로 영화관을 운영한다.
08 여자사주에 자식과 남편이 같이 나타나 있으면 불행하다.
09 의사였던 남편이 젊은 나이에 사망했단다.

壬辰女年 來情法
고객의 마음을 꿰뚫어 봐라

01 공부운이 오므로 유학가려고 한다.
(분당에서 온 손님)

65	55	45	35	**25**	15	5	大	時柱	日柱	月柱	年柱	
辛	壬	癸	甲	乙	丙	丁		乙	辛	戊	丙	여
卯	辰	巳	午	未	申	酉	運	未	丑	戌	寅	자

天干 : 甲(갑) 乙(을) 丙(병) 丁(정) 戊(무) 己(기) 庚(경) 辛(신) 壬(임) 癸(계)
地支 : 子(자) 丑(축) 寅(인) 卯(묘) 辰(진) 巳(사) 午(오) 未(미) 申(신) 酉(유) 戌(술) 亥(해)

사주의 구조 및 핵심사항

임진년(壬辰年) 초봄에 온 20대 후반의 여자 사주다.

사주의 구조는, 범띠 해 늦가을에 자신을 나타내는 글자를 보석 金에 비유해서 해석하는 신금(辛金)으로 태어났는데, 火氣를 가진 土는 토생금(토가 금을 생해줌)이 안되기 때문에 일간(日干, 자신을 뜻함)의 힘이 약하지만 辛金은 씻어주는 것을 가장 좋아하는데, 씻어주는 水가 없으므로 자신인 金이 용신이고, 습한 土인 축토(丑土)가 길신이며, 신금(辛金)은 火를 가장 싫어하므로 火가 病神이고, 열기를 가진 未土와 戌土도 흉신이다.

사주 밑 글자에 있는 축술미삼형살(丑戌未三刑殺)은 축토(丑土)와 술토(戌土)와 미토(未土)가 만나면 서로에게 상처를 주는데, 그 중에서 일지 배우자궁에 있는 축토(丑土)를 가운데 두고 양쪽에서 삼형살(三刑殺)이 작용하므로 부부궁이 매우 불안하다.

필자 | 손님 사주는 신금(辛金)이라는 보석으로 태어났는데,

이 보석은 무쇠 金을 가공해서 만든 물건으로 해석하므로 예쁘고, 아름답지만 성격이 깔끔하고 가칠해서 친구도 아무나 사귀지 않습니다.

손님 | 예, 저의 성격이 좀 그렇다고들 합니다.

필자 | 자신을 나타내는 보석은 水를 가장 좋아하는데, 사주에 없기 때문에 아쉽습니다.
그런데 초년운이 좋아서 유복하게 생활했을 것으로 생각되는데, 어떠했습니까?

손님 | 사업을 하시는 부모 덕으로 어려서부터 미국에 유학을 가서 편히 살았고, 법학을 공부했습니다.

필자 | 손님은 금년에 공부운과 사랑을 하는 운이 동시에 왔는데, 무슨 일이 궁금하세요?

손님 | 예, 선생님 말씀대로 내년에 미국으로 유학을 가려고 준비중에 있고요, 제 나이도 있고 해서 미국에 갈 때 남자친구와 같이 갔으면 해서 왔습니다.

필자 | 손님은 미국에서 언제 귀국했나요?

손님 | 2010년(경인년, 庚寅年)에 한국에 귀국했는데, 내년(신사년, 辛巳年)에 다시 미국으로 가려고 하는데, 금년에 대학원 시험을 보려고 하는데 운이 어떻습니

01 범띠 생(寅年生)사주
공부운이 오므로 유학가려고 한다.

| 필자 | 까?
금년은 壬辰年으로 水운이라서 합격할 것입니다. |
손님	제 사주에 남편 덕이 있습니까?
필자	손님 사주를 보면, 보석 金이라서 성격이 만만치 않은데다가, 일지 배우자궁에 있는 丑土를 가운데 두고 양쪽에서 축토(丑土)와 술토(戌土)와 미토(未土)가 만나면 서로에게 상처를 주는 축술미삼형살(丑戌未三刑殺)이 작용해서 부부궁이 매우 불안하기 때문에 많은 인내를 하지 않으면 부부관계를 유지하기가 어렵습니다.
손님	제 사주가 그렇습니까?
필자	그렇습니다.
손님	그러면, 남자친구 사주를 봐주세요?

사귀고 있는 남자 친구

67	57	47	37	**27**	17	7		時柱	日柱	月柱	年柱
丁	戊	己	庚	**辛**	壬	癸	大	己	甲	甲	癸	乾
未	申	酉	戌	**亥**	子	丑	運	巳	申	寅	亥	命

天干 : 甲(갑) 乙(을) 丙(병) 丁(정) 戊(무) 己(기) 庚(경) 辛(신) 壬(임) 癸(계)
地支 : 子(자) 丑(축) 寅(인) 卯(묘) 辰(진) 巳(사) 午(오) 未(미) 申(신) 酉(유) 戌(술) 亥(해)

사주의 구조 및 핵심사항   임진년(壬辰年) 초봄에 사귀고 있는 여자 친구가 가지고 온 30세 남자 사주다.

사주의 구조는, 돼지 띠 초 봄에 자신을 나타내는 글자를 큰 나무에 비유해서 해석하는 갑목(甲木)으로 태어났는데, 木이 여러개가 있고, 水도 돕고 있어서 힘이 강하므로, 寅木속에 들어있는 丙火가 용신이고, 木이 길신이며, 인목(寅木)을 충돌하는 신금(申金)이 病神이고, 水가 흉신이며, 무토(戊土)는 水를 막아주므로 길신이지만, 辰土는 습한 土라서 흉신이다.

사주 밑 글자의 일지 배우자궁에 병신(病神)인 신금(申金)이 있고, 용신이 들어있는 인목(寅木)과 신금(申金)이 충돌(인신충, 寅申沖)하기 때문에 이혼하기 쉽다.

필자 | 봄에 木으로 태어났기 때문에 사람은 착합니다만, 운의 흐름이 어려서부터 水운에서 金운으로 흘러가므로 운이 너무 없는데, 초년 대운(10년씩 끊어서 보는 운)도 나쁘고, 고등학교 때의 운이 기묘(己卯), 경진(庚辰), 신사년(辛巳년)으로 별로였기 때문에 공부하는데 애로가 있었겠습니다.

손님 | 공부는 안하고 운동을 해서 특기생으로 대학을 나왔습니다.

필자 | 다행입니다.
이 남자친구하고 결혼을 할 예정인가요?

01 범띠 생(寅年生)사주
공부운이 오므로 유학가려고 한다.

손님 ｜ 아직 확정은 안했습니다만, 같이 미국에 가서 공부하고 가능하면 결혼을 할까 생각중입니다.

필자 ｜ 아까 본인사주 에서도 설명했듯이 원만한 결혼생활을 하려면 많은 인내가 필요할 것이라고 했었는데, 이 남자친구의 사주에도 보면, 부부궁이 충돌(인신충, 寅申沖)을 일으켜서 깨져서 이혼수가 있기 때문에 결혼을 권장하지는 않겠습니다만, 그렇다고 하지말라고 하지도 않겠습니다.
(마음 같아서는 하지말라고 했으면 좋겠지만, 차마 말을 할 수가 없었다. 자기 운명이기도 하기 때문이다.)

壬辰女年 來情法
고객의 마음을 꿰뚫어 봐라

02 남편문제나 골치아픈 일이 생긴다.
(강동구 사는 손님)

65	55	**45**	35	25	15	5		時柱	日柱	月柱	年柱
甲	乙	**丙**	丁	戊	己	庚	**大**	戊	丙	辛	壬	**여**
辰	巳	**午**	未	申	酉	戌	**運**	子	寅	亥	寅	**자**

天干 : 甲(갑) 乙(을) 丙(병) 丁(정) 戊(무) 己(기) 庚(경) 辛(신) 壬(임) 癸(계)
地支 : 子(자) 丑(축) 寅(인) 卯(묘) 辰(진) 巳(사) 午(오) 未(미) 申(신) 酉(유) 戌(술) 亥(해)

사주의 구조 및 핵심사항

임진년(壬辰年) 중춘에 온 50대 초반의 여자 사주다.

사주의 구조는, 범띠 해의 초 겨울에 자신을 나타내는 글자를 태양 火에 비유해서 해석하는 병화(丙火)로 태어났는데, 水(물)의 세력이 너무 강해서 자신의 힘이 약하므로, 도와주는 火가 용신이고, 木이 길신이며, 水가 病神이고, 金이 흉신이며, 土가 藥神이다.

사주 밑 글자에는 인목(寅木)과 해수(亥水)가 합(인해합, 寅亥合)을 하고 있는데, 이런 구조에서는, 인목(寅木)속에 들어있는 병화(丙火)가 해수(亥水)속에 들어있는 임수(壬水)한테 공격을 받기 때문에 병화(丙火)가 힘을 쓰지 못하게 되고, 병화(丙火)가 힘을 쓰지 못하면, 인목(寅木)속에 들어있던 무토(戊土)가 병화(丙火)의 도움을 받지 못하기 때문에 덩달아서 힘을 쓰지 못하게 되어 용신인 병화(丙火)와 약신(藥神)인 무토(戊土)도 힘이 약할 수 밖에 없다.

필자 | 손님은 금년(임진년, 壬辰年)에 남편문제나, 골치아픈 일이 생기게 되는데, 그 일로 오셨지요?

손님 | 예, 부부문제는 아니고요, 남편의 하는 일이 잘 안된다고 해서 고민스러워서 왔습니다.

필자 | 우선, 손님의 사주를 살펴본 다음에 남편의 문제를 풀어보도록 하겠습니다.

손님 | 그렇게 해주세요.

필자 | 손님은 자신을 나타내는 글자를 태양에 비유해서 해석하는 병화(丙火)로 태어났는데, 이 丙火의 특성은 똑똑하고, 직선적인 성격이며, 체면을 중시하는 스타일이십니다.
그런데, 자신의 에너지가 약하기 때문에 에너지 발산을 못하고 살겠네요?

손님 | 성격이 올바르긴 하지만, 그렇게 똑똑한 것은 아닙니다.

필자 | 손님은 남편을 나타내는 글자인 水가 너무 많아서 병신(病神)에 해당하기 때문에 남편하고의 관계가 썩 좋은 편은 아니라고 보입니다만, 다행인 것은 남편궁인 일지(日支)에 좋은 작용을 해주는 인목(寅木)이 자리를 잡고 있어서 남편과 큰 불화를 막아주고 있

어서 관계가 원만하시리라고 보입니다.

손님 | 예, 그냥 보통사람들과 별 다름없이 삽니다.

필자 | 손님은 10년씩 구분해서 보는 대운에서 볼 때 초년 대운이 안좋았지만, 고등학교 때의 운인 79 기미(己未), 80 경신(庚申), 81 신유(辛酉)년의 운이 안좋았기 때문에 대학을 가는데 애로가 있었겠습니다.

손님 | 지방에서 대학을 나왔습니다.

필자 | 손님은 35세 이후부터 운이 풀려서 잘 살아오셨네요?

손님 | 예, 편하게 살아왔습니다.
자식덕이 있겠습까?

필자 | 자식 덕의 유무를 보기 위해서는 자식궁에 있는 글자가 무슨 글자가 있으며, 본인의 말년운이 좋은가 나쁜가를 보고 판단하게 되는데, 손님의 자식궁에는 좋은 역할을 하는 약신(藥神)과 나쁜 작용을 하는 병신(病神)이 있어서 반반으로 보입니다만, 말년운이 좋기 때문에 결론적으로 말하면, 자식 덕을 보겠습니다.

남편 사주				
67 57 **47** 37 27 17 7		時柱	日柱 月柱 年柱	
癸 甲 乙 丙 丁 戊 己 **大**		甲	甲 庚 癸	남
丑 寅 卯 辰 巳 午 未 **運**		戌	辰 申 卯	자

天干 : 甲(갑) 乙(을) 丙(병) 丁(정) 戊(무) 己(기) 庚(경) 辛(신) 壬(임) 癸(계)
地支 : 子(자) 丑(축) 寅(인) 卯(묘) 辰(진) 巳(사) 午(오) 未(미) 申(신) 酉(유) 戌(술) 亥(해)

사주의 구조 및 핵심사항

임진년(壬辰年) 중춘에 부인이 갖고 온 50대 초반의 남자 사주다.

사주의 구조는, 토끼띠 해의 초 가을에 자신을 나타내는 글자를 큰 나무에 비유해서 해석하는 갑목(甲木)으로 태어나, 土와 金의 성분이 많아서 자신의 힘이 약하므로 木이 용신이고, 자신(木)을 공격하는 金을 막아야 하고, 따뜻하게 해줘야 하므로 火가 약신 겸 길신이며, 金이 病神이고, 水는 金과 木 사이에서 다리역할을 해주므로 길신이며, 술토(戌土)는 그 속에 火를 품고 있어서 길신이고, 진토(辰土)는 병신(病神)인 金을 도와 주므로 흉신이다.

사주 밑 글자에는 묘목(卯木)과 신금(申金)이 만나서 정신적인 문제를 일으키는 묘신귀문살(卯申鬼門殺)이 있고, 배우자궁인 일지(日支)에 진토(辰土)와 태어난 시간의 밑 글자에 술토(戌土)가 충돌(진술충, 辰戌沖)을 하고 있어서 부부관계가 나쁘거나, 그렇지 않으면, 돈이 깨져서 없어지게된다.

필자 | 남편사주는 큰 나무로 해석하는 갑목(甲木)으로 태어났기 때문에 인성이 좋고, 듬직하지만, 바로 옆에 있는 金의 공격을 받고 있어서 다소 예민하며, 보수적

인 성격을 가지셨네요?

손님 | 예, 우리 남편이 좀 보수적입니다.

필자 | (이 질문은 사주에 있는 묘신귀문살(卯申鬼門殺)의 작용을 확인하기 위해서 물어본 것이다.)
남편한테 고민거리가 생기면, 지나치게 고민을 한다거나, 비관적인 생각을 하시던가요?

손님 | 그런 것은 잘 모르겠습니다.

필자 | (이 질문은 사주에 있는 진토와 술토가 충돌(진술충, 辰戌沖) 작용을 확인하기 위해서 물어본 것이다.)
일반적으로, 배우자궁인 일지(日支)가 깨진 사주들은 경제적인 활동을 하는 남편이 주로 외국으로의 장기출장이나, 국내 장기출장, 아니면, 주말부부 생활을 해야 부부관계를 유지할 수가 있는데, 손님 부부는 어떻습니까?

손님 | 우리 남편은 출장을 많이 가는 것도 아니고, 주말부부도 아닙니다.

필자 | 지금까지 제 경험으로는 일지(日支) 배우자궁이 깨진 사주치고 정상적인 부부생활을 하는 경우를 못봤고, 더군다나, 남자 사주에서 처를 나타내는 글자인 土가 깨졌기 때문에 부부관계가 나쁠 것인데, 그렇지

않다는 것이 이상합니다.
그렇다면, 남편 사주에서 진토(辰土)와 술토(戌土)는 돈에 해당하는 글자들이고, 더군다나, 술토(戌土)는 돈을 보관하는 창고에 해당하는데, 두 글자가 충돌(진술충, 辰戌沖)해서 깨졌기 때문에 돈 손실이 크게 날 사주입니다.
또, 남편 사주에서 금년(임진년, 壬辰年)에 충돌(진술충, 辰戌沖)이 생기는 해운이기 때문에 금년에 그런 일이 일어날 것입니다.

손님 | 사실은, 아까도 말씀드린 것처럼, 남편이 사업을 하고 있는데, 공장을 옮겨서 새로 기계를 설치했는데, 검증이 되지않는 기계를 설치하는 바람에 제품생산을 할 수가 없어서 철거를 해야 하기 때문에 큰 손해를 보게 생겼습니다.
어떻게 하면 좋겠습니까?

필자 | 남편 사주에서 금년운이 그러지만, 다행히도, 내년부터 운이 좋아지니까 앞으로 만회를 할 수 있겠습니다.

손님 | 이럴 때 제가 남편한테 도움이 되주는 사람입니까?

필자 | 그럼요.
도움이 돼줄 수 있고 말고요.
용기를 갖도록 격려를 해주세요.

손님 | 고맙습니다.

필자 | 남편은 무슨 사업을 하고 계세요?

손님 | 금속관련 제조업을 하고 있습니다.

壬辰女年 來情法
고객의 마음을 꿰뚫어 봐라

03 이름을 바꾸려고 합니다.
(강동구에 사는 손님)

69	59	49	**39**	29	19	9		時柱	日柱	月柱	年柱	
丙	丁	戊	己	庚	辛	壬	大	癸	己	癸	甲	坤
寅	卯	辰	巳	午	未	申	運	酉	卯	酉	寅	命

天干 : 甲(갑) 乙(을) 丙(병) 丁(정) 戊(무) 己(기) 庚(경) 辛(신) 壬(임) 癸(계)
地支 : 子(자) 丑(축) 寅(인) 卯(묘) 辰(진) 巳(사) 午(오) 未(미) 申(신) 酉(유) 戌(술) 亥(해)

사주의 구조 및 핵심사항

임진년(壬辰年) 한 여름에 온 30대 말의 여자 사주다.

사주의 구조는, 범띠 해의 한 가을에 자신을 나타내는 글자를 야산의 土에 비유해서 해석하는 기토(己土)로 태어나 자신의 힘이 너무 미약하므로 기토(己土)로서의 주체성을 확보하지 못하기 때문에 큰 세력을 가지고 있는 쪽으로 따라가야 하는데, 태어난 계절이 유월(酉月)이고 또 다른 유금(酉金)도 있어서 금기(金氣)가 강한데, 한편으로는 갑인(甲寅) 木이 있고, 묘목(卯木)도 있으며, 두개의 계수(癸水)가 수생목(水生木)을 하므로 목기(木氣)가 강 한데다가, 갑기합(甲己合)을 하므로, 결국 갑목(甲木)으로 변한 사주다.

이와 같은 사주를 전문용어로 종살격(從殺格)이라고 하는데, 종살격이란 말뜻은 원래의 일간(日干, 자신을 의미함)에서 볼 때, 갑목(甲木)은 土를 공격하는 인자이므로, 살(殺)이 되는데, 그 살(殺)로 변했다는 말이다.

이렇게, 기토(己土)가 살(殺)인 갑목(甲木)으로 변했기 때문에 이 사주의 주체는 기토(己土)가 아닌 갑목(甲木)이 되었으므로, 木이 용신이고, 한가을이라서 날씨가 추워지기 때문에 水를 길신으로 쓰지 않고, 火가 길신인데, 金이 병신(病神)이 되므로 火는 약신(藥神)도 겸하며, 水는 흉신이다.

사주 밑 글자에는 인목(寅木)과 유금(酉金)이 만나면 서로 미워하고 원망하는 인유원진살(寅酉怨嗔殺)이 형성되고, 묘목(卯木)을 가운데 두고, 양쪽에 있는 유금(酉金)이 충돌하는 묘유충(卯酉沖)을 해서 남편을 나타내는 유금(酉金)이 깨졌다.

필자 | 손님의 태어난 시간을 정확하게 아세요?

손님 | 어머님께서 말씀하시기를 저를 낳을 때 해가 질 무렵이라고 하셨습니다.
그 시간이 신시(15:30~17:30)입니까?

필자 | 그 당시의 절기표를 보니까, 해가 지는 시간이 18:29분경으로, 유시(17:30~19:30)맞을 것 같습니다. 또 한 가지, 제가 유시(酉時)라고 본 이유는, 손님을 처음 보긴했지만, 예약 시간을 정확하게 지킬 뿐만 아니라, 사전에 문자로 지금 지하철로 어디를 통과하고 있는데, 몇 분쯤 철학원에 도착할 수 있을 것이라고 알려주는 등의 행동으로 볼 때, 매우 정확한 성격을 가진분이라서 더욱 유시(酉時)가 맞다고 봅니다.

손님 | 예, 저는 약속을 잘 지키는 것을 매우 중요하게 생각

합니다.

필자 | 그럴 것입니다.
또, 갑목(甲木)이 주체가 되었으므로, 성격도 갑목(甲木)의 성격을 나타내게 되는데, 갑목(甲木)은 거목이라서 바람에 흔들리지 않고, 꿋꿋하기 때문에 리더의 기질을 가졌고, 다소 유교적이고 보수적인 성격도 겸하셨겠네요?

손님 | 선생님, 저의 성격이 좀 그렇습니다.

필자 | 손님은 남편한테나, 윗분들한테 아양을 떨지않는 성격이시겠네요?

손님 | 그것도 맞습니다.

필자 | 손님은 금년에 문서를 쥘 운인데, 이사를 할 계획입니까?
아니면, 또 다른 계획이 있읍니까?

손님 | 이사도 해야겠고, 저의 이름도 바꾸려고 합니다.
좋은 이름으로 지어주세요.

필자 | 손님의 이름을 감명해보니까 사주나 성명학을 모르는 분이 지은 것으로 보입니다.

| 손님 | 아버님이 그냥 지으셨다고 합니다.

| 필자 | 알겠습니다.
예쁘고, 좋은 이름으로 지어드리겠습니다.
손님의 지금 나이가 30대 말이고, 또, 이런 사주로 태어나면, 남자들이 따르는 형이라서 결혼을 하셨을 것 같은데, 결혼을 했다면, 2005(乙酉年)부터 남편과 별거하거나, 생사이별할 사주인데, 어떻습니까?

| 손님 | 2000년(庚辰年)에 결혼을 했는데, 결혼생활하는 동안 마음이 편치 않게 살다가, 사실은 금년(壬辰年)들어서 남편이 病으로 돌아가셨습니다.

| 필자 | 안타깝네요?
얼마나 마음이 아프세요?
손님의 사주에는 금년(壬辰年)보다는 작년(辛卯年)에 남편을 나타내는 글자인 유금(酉金)과 작년에 오는 묘목(卯木)이 묘유충(卯酉沖)을 했기 때문에 작년에 남편이 돌아가셨을 것 같은데요?

| 손님 | 저도 남편의 병세가 위중해서 작년에 돌아가실 것이라고 생각했는데 의술이 좋아서 그런지 금년에 돌아가셨습니다.

| 필자 | 이런 사연 때문에 더욱 이름을 바꾸려고 하시겠네요?

03 범띠 생(寅年生)사주
이름을 바꾸려고 합니다.

손님 | 그동안 이름을 바꾸려고 몇군데서 받아봤는데, 마음에 안들어서 고민을 하던 중에 아는 분이 선생님한테 사주도 보고 이름도 지었다고 알려줘서 오게 되었습니다.

필자 | 손님 사주를 풀기가 쉽지않는데, 다른 철학원에서는 어떻게 풀던가요?

손님 | 이렇게 자세하게 설명을 해주지 않았고, 이름도 마음에 들지 않았습니다.
(이 때 핸드백 속에서 강남구 도곡동에 있는 모 철학원의 명함을 꺼내 보이면서 설명을 했다.)

필자 | 그곳에서 지은 이름을 보니까 제 작명법과는 맞지 않습니다.
이 사주에는 오행상 金이 병(病)이기 때문에 金을 써서는 안되는데, 金을 썼네요?
이 사주에는 반드시 木과 火를 써야 합니다.
제가 예쁘고, 아름답고 좋은 이름으로 지어드리겠습니다.
그리고, 남편이 돌아가신지가 얼마 안돼서 아직 이르기는 합니다만, 재혼을 해야 할 팔자인데, 본인의 생각은 어떠세요?

손님 | 글쎄요. 아직까지는 아무 생각도 없는데요, 재혼을 할 수 있을까요?

필자 | 사주를 보면, 태어난 시간의 밑 글자에 남자를 나타내는 글자인 유금(酉金)이 있기 때문에 그 남자를 만나야 합니다.
그런데, 재혼을 하더라도 총각과 결혼하려고 생각하지 마세요?
이혼을 한 남자이거나, 사별한 남자를 만나야 합니다.
왜냐하면, 돌아가신 남편글자와 나중에 올 남편글자가 유금(酉金)으로 똑 같기 때문에 또 다시 실패할 수 있으니까요?

손님 | 잘 알겠습니다.
늦은 시간까지 상담해주셔서 감사합니다.

壬辰女年 來情法
고객의 마음을 꿰뚫어 봐라

04 연예인은 도화살이 있어야 좋다.
(양천구에 사는 손님)

67	57	47	37	27	17	7	大		時柱	日柱	月柱	年柱	
乙	甲	癸	壬	辛	庚	己	運		庚	丙	戊	甲	남
亥	戌	酉	申	未	午	巳			寅	戌	辰	寅	자

天干: 甲(갑) 乙(을) 丙(병) 丁(정) 戊(무) 己(기) 庚(경) 辛(신) 壬(임) 癸(계)
地支: 子(자) 丑(축) 寅(인) 卯(묘) 辰(진) 巳(사) 午(오) 未(미) 申(신) 酉(유) 戌(술) 亥(해)

사주의 구조 및 핵심사항

임진년(壬辰年) 늦 여름에 온 30대 말반의 남자 사주다.

사주의 구조는, 범띠 해의 늦봄에 자신을 나타내는 글자를 태양 火에 비유해서 해석하는 丙火(병화)로 태어나 土가 많아서 자신의 힘이 약간 약하므로 도와주는 火가 용신이고, 木이 길신이며, 金과 土는 흉신이지만, 열기를 가진 土인 戌土(술토)만은 길신이다.

사주 밑 글자에 辰土(진토)와 戌土(술토)가 만나면 충돌하는 辰戌沖(진술충)이 있어서 부부관계가 특히 나쁘다.

필자 | 손님은 늦봄에 자신을 나타내는 글자가 태양인데, 원래 태양은 똑똑하고, 자존심이 강하여, 체면을 중시하는 리더격으로 태어나서 좋은사주이지만, 그동안의 운이 좋지 않아서 리더의 역할을 못하고 있네요?

| 손님 | 좋은 말씀만은 하지마시고 있는 그대로를 말씀해주세요.

| 필자 | 손님사주는 태양이라는 프레미엄이 있어서 어려서 총명했고, 이 태양의 하는 일은 사주에 있는 큰 나무인 갑목(甲木)을 기르고 있어서 포부가 크신데, 태양이 나무를 잘 기르기 위해서는 열의 양이 충분 해야 하기 때문에 운에서 火운을 만나야 공부를 제대로 했을 것인데, 고등학교 3학년때의 운이 93 임신년(壬申年)으로 가을 찬바람을 불어서 태양의 열량이 제대로 나지 않았기 때문에 본인이 원하던 대학에 진학 할 수 없었거나, 그렇지 않으면 원치않던 전공과목을 선택하게 되었을 것인데, 어땠었습니까?

| 손님 | 특히, 고등학교 때 공부를 제대로 못해서 원하지 않던 학과를 선택해서 공부를 하게 되었습니다.

| 필자 | 손님은 방송 등 미디어 분야나, 어학관련 분야에 인연인데, 전공이 무었이었나요?

| 손님 | 제가 의도하던 학과와는 전혀 다른 공부를 하게 되었습니다.

| 필자 | 그렇다면, 직업이라도 앞에서 말한 직업군과 인연인데, 무슨 직업을 가지셨습니까?

| 손님 | 직업은 탤런트입니다. |

| 필자 | 그렇네요.
손님은 초년운이 좋아서 초년에는 활발한 활동을 보였겠습니다만, 10년간씩으로 구분해서 보는 운인 대운(大運)으로 보면, 37세부터 나빠졌겠는데, 이를 다시 세분화해서 그해운인 세운(歲運)으로 보면 2007년(정해년) 하반기부터 일이 안돼서 금년까지 힘들게 지내시고 계신 것으로 판단하는데, 어떻습니까?

| 손님 | 맞습니다.
지금 굉장히 어렵습니다.

| 필자 | 손님은 금년에 직장문제 그렇지 않으면 진로변경문제로 상담오신 것 같은데, 구체적으로 무엇입니까?

| 손님 | 맞습니다.
그동안 일이 잘 안돼서 올해에 다른 일을 시작해볼까 하는데, 운이 어떨지가 궁금해서 왔습니다.

| 필자 | 금년까지는 운이 나빠서 어렵습니다만, 그렇다고 해서 놀고 있을 수만은 없는 노릇이고, 돈은 투자하지 않고 몸으로 때우는 일을 했으면 합니다.

| 손님 | 그러니까 유명하신 감독님께서 일을 같이 해보자는 제의가 왔는데, 일이 잘되겠습니까?

필자 | 우선 내년부터는 운이 들어오니까 희망적이지만, 금년운이 약하기 때문에 개런티라든가 요구조건을 대폭 낮춰서 추진하시는 게 좋겠습니다.
원래, 손님 사주는 자신을 나타내는 글자가 태양 火라서 자존심이 강하신 분인데, 지금은 그 자존심을 지나치게 내세우면 일이 어렵게 될 수도 있기 때문에 자존심을 일부 버리세요.
그래야 성사가 쉽습니다.

손님 | 감사합니다.
그럼, 저는 운이 언제부터 좋아집니까?

필자 | 본격적으로 좋아질려면 57세까지 기다려야 합니다.
그렇지만 노력을 하세요.

손님 | 제 직업이 제 사주와 맞습니까?

필자 | 일단 방송이라는 큰 주제와는 맞습니다만, 다만, 아쉬운 것은 연예인은 사람들의 인기를 먹고 사는 도화살(桃花殺)이란 게 있어야 좋은데, 아쉽게도 손님 사주에는 도화살이 없습니다.
그리고, 손님은 부부궁이 약하기 때문에 결혼이 늦어야 할 사주인데, 결혼을 했습니까?

손님 | 아직 안했습니다.

필자 | 작년에 여자를 만날 운이었지만, 올해 깨지는 운이라서 헤어졌을 것으로 보이는데, 사실은 어떻했습니까?

손님 | 선생님 말씀대로. 작년에 여자친구를 만났는데, 올해 헤어졌습니다.
그러면, 언제쯤 결혼하겠습니까?

필자 | 내년이나 내후년(계사년이나, 갑오년)이 몸 값이 올라갈테니까 그 때 결혼하시는 것이 좋겠습니다.
더 궁금한 것이 있습니까?

손님 | 안 물어본 것도 다 말씀해주셔서 궁금한 것이 없습니다.

壬辰女年 來情法
고객의 마음을 꿰뚫어 봐라

05 인공불로 무쇠를 녹이는 구조이므로 보석상을 한다.

(종로구에 사는 손님)

62	52	42	32	22	12	2		時柱	日柱	月柱	年柱	
癸	甲	乙	丙	丁	戊	己	大	壬	丁	庚	壬	여
卯	辰	巳	午	未	申	酉	運	寅	亥	戌	寅	자

天干 : 甲(갑) 乙(을) 丙(병) 丁(정) 戊(무) 己(기) 庚(경) 辛(신) 壬(임) 癸(계)
地支 : 子(자) 丑(축) 寅(인) 卯(묘) 辰(진) 巳(사) 午(오) 未(미) 申(신) 酉(유) 戌(술) 亥(해)

사주의 구조 및 핵심사항

임진년(壬辰年) 초 가을에 온 50대 초반의 여자 사주다.

사주의 구조는, 호랑이띠 해의 늦가을에 자신을 나타내는 글자를 인공 火에 비유해서 해석하는 정화(丁火)로 태어났는데, 늦가을은 날씨가 점점 차지기 시작하는 계절이고, 곡식을 익혀야 하며, 수확한 곡식을 말려야 하므로 화기가 충분해야 함에도 이 사주에는 水가 많아서 자신의 힘이 다소 약하므로 도와주는 火가 용신이고, 木이 길신이며, 水가 병신(病神)이고, 金이 흉신이며, 술토(戌土)는 길신이다.

사주 밑 글자에 인목(寅木)과 술토(戌土)가 만나서 불덩어리를 만드는 인술화국(寅戌火局)을 만들고, 또한, 인목(寅木)은 亥水(해수)와 만나서 나무 다발을 만드는 인해합목국(寅亥合木局)이 있는데, 이 중에서 인술화국(寅戌火局)은 용신을 도와주므로 좋은 작용을 하지만, 인해합목국(寅亥合木局)은 도움이 되지 않는다.

필자 | 손님은 늦가을에 인공불로 태어나 힘이 약한데다가 인공불은 성격이 여리고, 인정이 많으며, 감성적인 데가 있고, 자신이 이 사주에서 가장 중요한 작용을 하므로 성실하시네요.

손님 | 예, 제 성격이 여리고, 감성적입니다.

필자 | 손님 사주에는 자신인 정화(丁火)가 약하기 때문에 火가 더 필요한데, 남자를 뜻하면서 정화(丁火)를 묶어서 힘을 못쓰게 하는 성분인 임수(壬水)가 두 개나 있고, 이 임수(壬水)가 정화(丁火)하나를 놓고 서로 자기하고 合을 하자며 졸라대는 형상을 하고 있어서 나쁘기 때문에 남편과의 사이가 나쁠 것인데, 사실은 어떻습니까?

손님 | 남편하고 사이가 좋은데요?

필자 | 남편하고의 사이가 좋다고요? 이 사주는 반드시 남편하고의 사이가 나빠야 맞는데, 정말 좋단말입니까?

손님 | 신혼초에는 많이 나빴었는데 지금은 괜찮습니다만 남편이 바람을 피워서 갈등이 큽니다.

필자 | 손님사주에는 남자와 두 번 合을 맺고 있기 때문에 두 번 결혼하거나, 애인을 두고 살아야 할 팔자인데,

동의하십니까?

손님 | 맞습니다.
사귀는 남자가 있습니다.

필자 | 손님은 본인보다 나이가 적은 남자와 인연이거나, 그렇지 않으면, 나이가 훨씬 많은 남자와 인연인데, 어떻습니까?

손님 | 지금 사귀는 남자가 저보다 10살이 넘게 차이가 납니다.

필자 | 손님은 작년에 연애를 할 수 있는 도화살(桃花殺)인 묘목(卯木)운이 나타났었고, 금년에는 남자와 만날 운인데, 그 남자로 인한 고민이 있거나, 그렇지 않으면, 남편하고의 문제, 또는 직장일이 고민이 돼서 왔겠는데, 구체적으로는 무슨 문제로 오셨습니까?

손님 | 사실은 작년(辛卯年)에 남자를 사귀었는데, 어떻게 해야 좋을지가 궁금해서 왔습니다.

필자 | 이런 인연이 본인의 운명탓입니다.
정리하기가 쉽지않을 것입니다.

손님 | 제 운은 어떻습니까?

필자 | 손님은 초년에 21살 경까지 힘들었을 것이고, 고등학교 시기도 운이 안좋아서 본인이 원하는 공부를 하지 못하였을 것이나, 다행히도 22살 이후부터 일찍 운이 들어서 잘살아 오셨겠네요.

그러나, 2007년(丁亥年)부터는 水운이 와서 어려웠을 것이고, 금년(壬辰年)에도 매우 어렵습니다만 내년부터는 火운이 오기 때문에 좋아질 것입니다.

또, 내년에는 사화(巳火)운이 와서 좋긴하지만, 배우자궁에 있는 해수(亥水)와 사해충(巳亥沖)으로 충돌을 하기 때문에 남편하고의 관계에 금이 갈 수 있으므로 인내하셔야 합니다.

그리고, 2016년(丙申年)이후부터는 습한 기운이 오기 때문에 옛날 같은 영화를 기대하시면 안됩니다.

손님 | 제 생각도 내년부터는 돈을 벌 수 있을 것 같습니다. 그런데, 저는 무슨 일이 가장 잘 맞겠습니까?

필자 | 손님은 자신이 인공불인 정화(丁火)인데, 바로 옆에 돈 글자인 경금(庚金)이라는 무쇠가 있어서 이 경금(庚金)을 녹이려고 하기 때문에 사업을 하겠는데, 사업중에서도 보석류를 취급하는 것이 좋을 것 같은데, 실제 직업이 무엇입니까?

손님 | 선생님, 잘보시네요.
종로에서 보석가게를 하고 있습니다.

壬辰女年 來情法
고객의 마음을 꿰뚫어 봐라

06 | 제 사주좀 봐주세요.
(성동구에서 온 손님)

63	53	43	33	23	13	3		時柱	日柱	月柱	年柱
丁	戊	己	庚	辛	壬	癸	大	己	癸	甲	甲	여
卯	辰	巳	午	未	申	酉	運	未	巳	戌	寅	자

天干 : 甲(갑) 乙(을) 丙(병) 丁(정) 戊(무) 己(기) 庚(경) 辛(신) 壬(임) 癸(계)
地支 : 子(자) 丑(축) 寅(인) 卯(묘) 辰(진) 巳(사) 午(오) 未(미) 申(신) 酉(유) 戌(술) 亥(해)

사주의 구조 및 핵심사항

임진년(壬辰年) 초 가을에 온 30대 후반의 여자 사주다.

사주의 구조는, 범띠 해의 가을에 자신을 나타내는 글자를 빗물에 비유해서 해석하는 계수(癸水)로 태어나 水가 전혀없고, 金도 없기 때문에 水로서의 기능을 할 수 없으므로 이 사주에서 가장 강한 세력으로 따라가야 하는데, 언뜻 보면 土가 가장 강한 것 같지만, 사실상 火가 가장 강하므로 火로 따라간 것이다.

그러나, 이 사주는 역술인의 시각에 따라서 土로 따라갔다고 하는 사람들도 있을 수 있으나, 필자는 火로 따라 갔다고 확신하는데, 그 이유는 인목(寅木)과 술토(戌土)가 인술화국(寅戌火局)을 지었고, 사화(巳火)와 미토(未土)가 화국(火局)을 짓고 있으며, 사주 윗글자에 있는 갑목(甲木)들이 기토(己土)를 갑기합(甲己合)으로 묶고 있기 때문에 土로 따라가지 않았다고, 판단한 것이다.

또한, 본인의 전공과목이나 직업 또는 남편하고의 관계로 볼 때도

火로 따라간 것이 분명하므로 이 사주는 종재격(從財格)사주다. 만약, 土로 따라갔다면, 종살격(從殺格)이 되므로 남편이 유능할 것이고, 직업도 공무원 같은 조직성 직장인이 되었을 것이나, 이 사주의 주인은 장사를 해왔고, 앞으로도 장사를 할 계획이라고 했다.

필자 | 이 사주는 특별한 사주인데, 다른 곳에서 사주를 본 적이 있습니까?

손님 | 다른데서 사주를 본적이 있는데, 보기가 어려운 사주라고 들었습니다.

필자 | 아마도, 이 사주를 잘못보면, 남편 덕이 크다고 볼 수 있는데, 이 사주는 남편 덕이 전혀 없는 사주인데, 어떻습니까?

손님 | 남편하고 이혼했습니다.

필자 | 손님 사주에는 계수(癸水)가 남편인데, 이 계수(癸水)가 안개와 같기 때문에 전혀 능력이 없거나, 손님 기준으로 볼 때 마음에 안든 남편과 인연인데, 언제 이혼했습니까?

손님 | 2004년경에 이혼했습니다.

필자 | 왜 이혼하셨습니까?

손님 | 남편이 전혀 가정을 돌보지 않고, 도박이 심하고 바

람을 하도 피워서 살 수가 없었습니다.

필자 | 손님은 사업과 인연이고, 디자인과도 인연인데, 고등학교 3학년때의 운이 안따라줘서 본인이 원하는 학교를 못갓거나, 그렇지 않으면, 본인이 원하던 학과를 선택하지 못했을 것인데, 어떤 학과를 전공했습니까?

손님 | 처음에 미술공부를 하다가 나중에 의류디자인으로 바꿨습니다.

필자 | 순수미술은 전혀 아니고요, 디자인이 잘 맞습니다. 그리고, 사업중에서도 옷과 인연이라서 옷장사와 잘 맞는데, 이혼한 후에 어떤 일을 하고 살아왔습니까?

손님 | 모피장사도 했었고요, 일반 옷장사도 했었습니다.

필자 | 옷과 잘 맞기 때문에 계속하셔도 좋겠습니다.

손님 | 그렇지 않아도 다시 옷장사를 해볼까 하는데, 올해 운이 어떻습니까?

필자 | 올해는 운이 안 따라줍니다만, 내년부터는 좋아집니다.

손님 | 고맙습니다.

壬辰女年 來情法
고객의 마음을 꿰뚫어 봐라

07 | 사주에 火를 쓰므로 영화관을 운영한다.
(평창동에 사는 손님)

64	54	44	34	24	14	4		時柱	日柱	月柱	年柱
甲	乙	丙	丁	戊	己	庚	大	辛	甲	辛	癸	남
寅	卯	辰	巳	午	未	申	運	未	戌	酉	巳	자

天干: 甲(갑) 乙(을) 丙(병) 丁(정) 戊(무) 己(기) 庚(경) 辛(신) 壬(임) 癸(계)
地支: 子(자) 丑(축) 寅(인) 卯(묘) 辰(진) 巳(사) 午(오) 未(미) 申(신) 酉(유) 戌(술) 亥(해)

사주의 구조 및 핵심사항

임진년(壬辰年) 한 가을에 온 60대 남자 사주로 부인과 같이 왔었다.

사주의 구조는, 뱀띠 해의 한가을에 자신을 나타내는 글자를 큰나무에 비유해서 해석하는 갑목(甲木)으로 태어나 金이 많아서 자신의 힘이 매우 약하므로 金을 녹이는 火가 약신(藥神) 겸 용신(用神)이고, 木이 길신이며, 金이 병신(病神)이고, 화기를 가진 미토(未土)와 술토(戌土)는 길신이다.

사주 밑 글자에 사화(巳火)와 유금(酉金)이 만나 사유합금(巳酉合金)을 만들어 용신인 사화(巳火)가 변질되어 나쁘고, 미토(未土)와 술토(戌土)는 길신이긴 하지만, 서로에게 상처를 입히는 술미형(戌未刑)을 만드는데, 이 미토(未土)와 술토(戌土)가 다 같은 土로서 부인에 해당하고, 더군다나 자기 밑의 부인궁에 앉아있는 술토(戌土)가 흔들리므로 부인과 갈등이 심하므로, 사주를 보는 중에도 부부의 의견이 많이 달라서 한참을 웃었다.

필자	손님은 거목으로 태어났기 때문에 집안의 가장역할을 하시겠습니다.
손님	예, 맞습니다. 제가 장남입니다.
필자	손님은 큰 나무로 태어났기 때문에 성격이 보수적이고, 유교적이며, 가부장적이라서 부인이 스트레스를 많이 받으시겠습니다.
손님	············ (이 때 옆에 앉아있던 부인이 "우리 남편의 성격이 선생님 말씀하시는대로 입니다"라고 대답했다.)
필자	손님 내외분은 많이 다투면서 살겠습니다.
손님	아니, 안 다투고 사는 사람이 있겠습니까? 많이 다투고 삽니다.
필자	손님은 직장을 나타내는 글자가 병신(病神)이라서 직장생활은 안맞겠고, 자영업을 하실 것 같은데요?
손님	사업을 합니다.
필자	손님은 사주에 火가 가장 필요하기 때문에 기술성이나 빛 또는 火(불)와 관련된 사업이 가장 잘 맞겠는데, 구체적으로 무슨사업을 하십니까?

| 손님 | 종로에서 영화관을 운영하고 있습니다.

| 필자 | 직업 잘 선택하셨습니다.
영화사업은 빛과 관련된 업종이잖아요?
그런데, 손님은 금년(壬辰年)운에서 임수(壬水)는 문서운이고, 진토(辰土)는 土라서 부동산으로, 부동산 매매운이 들어왔는데, 부동산을 매매하실려고 하십니까?

| 손님 | 예, 땅을 사려고 하는데, 사도 괜찮겠습니까?

| 필자 | 최근 경제사정이 매우 안좋은데, 사실려면, 최대한 늦추시는 게 좋을 것 같습니다.
제가 예측하기로는 2013년 상반기에 경기가 저점을 찍은 후 상승을 할 것으로 전망하기 때문에 내년 상반기에 사시면 지금보다 더 싸게 사실 수 있을 것 같습니다.

| 손님 | 그러면, 그렇게 하겠습니다.

| 필자 | 손님사주를 보니까 지금까지 잘 살아오셨는데, 자식을 나타내는 금이 병신(病神)이라서 아들이 없거나, 자식 고민이 있으실 것 같은데 어떠세요?
글쎄요. 특별한 고민은 없고, 아들이 없는 것이 아쉽습니다.

壬辰女年 來情法
고객의 마음을 꿰뚫어 봐라

 08 여자사주에 자식과 남편이 같이 나타나 있으면 불행하다.
(강동구에서 온 손님)

67	57	**47**	37	27	17	7		時柱	日柱	月柱	年柱	
甲	乙	**丙**	丁	戊	己	庚	大	丁	辛	辛	壬	여
辰	巳	**午**	未	申	酉	戌	運	酉	未	亥	寅	자

天干 : 甲(갑) 乙(을) 丙(병) 丁(정) 戊(무) 己(기) 庚(경) 辛(신) 壬(임) 癸(계)
地支 : 子(자) 丑(축) 寅(인) 卯(묘) 辰(진) 巳(사) 午(오) 未(미) 申(신) 酉(유) 戌(술) 亥(해)

사주의 구조 및 핵심사항

임진년(壬辰年) 한 가을에 온 50대 초반의 여자 사주로 전에 필자의 사무실을 다녀간 동생과 함께 왔다.

사주의 구조는, 범띠 해의 초겨울에 자신을 나타내는 글자를 보석에 비유해서 해석하는 신금(辛金)으로 태어나 자신의 힘이 약하지만, 태어난 계절이 추운 계절이고, 金은 너무 냉하면 깨지기 때문에 따뜻하게 해주는 火가 용신(用神)이고, 木이 길신이며, 水가 병신(病神)이고, 金이 흉신이며, 미토(未土)가 길신(病神)이다.

여기서, 火가 용신이지만, 신금(辛金)은 용광로인 火(불)속에 들어갔다 나온 완제품과 같아서 빛을 발하는 병화(丙火)는 좋아하지만, 쇠를 녹이는 불인 정화(丁火)는 싫어한다.
따라서, 정화(丁火) 남편을 싫어한다.
특이한 점은 이 사주에서 火가 용신인데, 火는 남편이지만, 사주에 나타나 있는 남편이 정화(丁火)라서 남편은 싫지만, 火운에 발전을 하므로 초보자들은 용신을 잡는데, 헷갈린다.
분명한 것은 겨울 보석이라서 火가 용신이다.

필자 | 손님은 보석으로 태어났기 때문에 얼굴이 예쁘지만, 성격이 까칠하고, 고지식하며, 까다롭겠습니다.

손님 | 안 까다로운데요.
(이때, 옆에 있던 동생이 하는 말이 "아이고! 언니! 언니 성격이 얼마나 까다로울 알아, 지금은 나이를 먹어서 많이 양반이 되었지만."라고 대답했다.)

필자 | 이 사주에서 남편을 나타내는 글자가 정화(丁火)이고, 자식을 나타내는 글자가 임수(壬水)인데, 여자사주에서는 남편과 자식글자가 동시에 나타나 있으면 남편과의 관계가 나쁜데, 손님은 그런 사주네요.
그래서, 금년에 남편과 갈등 때문에 헤어지고 싶어서 오셨을 것 같은데, 맞습니까?

손님 | 맞습니다.
남편하고 갈등 때문에 화병이 생겨서 살 수가 없어서 헤어지고 싶어서 왔습니다.

필자 | 그럴 것입니다.
손님은 두 명의 남자와 인연이라서 재혼팔자인데, 어떻습니까?

손님 | 예, 사실은 재혼을 했습니다.
그런데, 처음 남자와 성격이 안맞아서 헤어졌고, 재혼을 안하려고 했는데, 지금 남자가 하도 메달려서 결혼을 했는데, 사업도 안되고, 성격도 안맞아서 또 다시 이혼하려고 합니다.
저는 어떤 남자와 맞습니까?

필자 | 재미있는 표현으로 손님은 남자가 나이가 아주 많은 남자를 만나서 매미처럼 붙어서 살거나, 그렇지 않으면, 나이가 많이 어린 남자를 만나서 키워서 잡아먹어야 합니다.
이 사주는 겨울 보석 金이라서 춥기 때문에 따뜻하게 해주는 火(남자로 해석함)에 남자가 꼭 필요하지만, 막상 남자를 만나면 성격이 맞지 않습니다.
원래, 보석은 사람들한테 예쁘게 보이게 하기 위해서 만들어진 물건이라서 보석을 빛춰주는 태양 火인 병화(丙火)를 좋아하지만, 용광로 불과 같은 정화(丁火)는 싫어하는데, 병화(丙火)는 멀리 태어난 年의 밑 글자에 인목(寅木)속에 들어있으나, 10년씩 구분해서 보는 운으로 볼 때 27 무신대운(戊申大運)에 대운에서 온 신금(申金)과 사주에 있는 인목(寅木)이 충돌하여 인목(寅木)속에 들어있던 병화(丙火) 남편이 깨지게 되는데, 그 때 나이가 27살에서 36살 사이네요?
남편하고 나이차가 납니까?

손님 | 예, 제가 27살에 결혼을 했는데, 이혼한 남편은 저

보다 나이가 많이 훨씬 많았고요, 재혼한 남편은 저보다 나이가 많이 어립니다.
처음 결혼한 다음해인 28살에 아이를 하나 낳고부터 별거를 하다가 3년만에 이혼을 했습니다.
그 후, 혼자 지내다가, 2009년(己丑年)에 지금의 남자와 재혼을 했는데, 성격이 안맞습니다.

필자 | 그 주된 이유를 알기 위해서는 물론 남편의 사주를 봐야 알겠지만, 본인의 사주를 놓고 본다면, 그 책임이 본인사주에 있다고 봅니다.
따라서, 어떤 남자를 만나도 본인과 성격이 안맞는 남자가 손님의 남편이 됩니다.

손님 | 그러면 이혼을 한 것이 좋겠습니까 아니면, 다른 방법이 있습니까?

필자 | 제가 보기에는 당장 이혼하는 것 보다는 당분간 별거를 해보고 정말 이혼하는 것이 좋겠는가, 아닌가를 생각한 다음에 이혼문제를 생각하는 것이 옳다고 봅니다.
그리고, 손님은 초년운이 나빴으며, 고등학교 3학때의 운이 따라주지 않아서 원하는 대학을 못갔거나, 그렇지 않으면, 원하는 학과를 진학하지 못했을 것으로 보이는데, 어땠어요?

손님 | 예, 제가 공부하고 싶은 학과는 심리학이었는데, 부

모님의 반대로 다른 공부를 하게 되었습니다.
그리고, 남편과 이혼한 후에 고생을 많이 했습니다.

필자 | 손님은 37세이후부터 운이 좋아졌는데, 무슨 일을 하셨어요?

손님 | 예, 36살부터 조그맣게 장사를 해서 돈을 재법 많이 모았습니다.
남편 사주를 봐주세요.

남편 사주

時柱	日柱	月柱	年柱
甲	甲	癸	己
戌	午	酉	酉

63	53	**43**	33	23	13	3	
丙	丁	戊	己	庚	辛	壬	大
寅	卯	辰	巳	午	未	申	運

天干 : 甲(갑) 乙(을) 丙(병) 丁(정) 戊(무) 己(기) 庚(경) 辛(신) 壬(임) 癸(계)
地支 : 子(자) 丑(축) 寅(인) 卯(묘) 辰(진) 巳(사) 午(오) 未(미) 申(신) 酉(유) 戌(술) 亥(해)

사주의 구조 및 핵심사항
임진년(壬辰年) 한 가을에 부인이 가지고 온 40대 중반의 남자 사주다.

사주의 구조는, 닭 해의 가을에 자신을 나타내는 글자를 큰 나무에 비유해서 해석하는 갑목(甲木)으로 태어나 자신의 힘이 매우 약하나 가을생 이라서 금기(金氣)가 많고, 날이 추우므로 따뜻하게 해주는 火가 용신이고, 木이 길신이며, 水가 병신(病神)이고, 金이 흉신(凶神)이며, 土가 약신(藥神)이다.

필자 | 남편은 성격이 강직하고, 보수적이며, 가부장적이면서 정확한 것을 좋아하는 고지식한 분이네요?

손님 | 맞습니다.
융통성이고는 티끌만큼도 없는 남자입니다.

필자 | 아까 말씀하신대로 나이차가 많이 나네요?

손님 | 예, 7살이나 아래입니다.

필자 | 재미있는 표현으로 그야말로 영계백숙용입니다.

손님 | 하하하하........

필자 | 남편은 사주에서 기토(己土)가 여자인데, 자신(甲木)과 태어난 시간에 있는 갑목(甲木)이 여자 하나를 놓고, 서로 차지하려고 경쟁을 하는 사이이고, 또, 태어난 시간의 밑 글자에 있는 술토(戌土)가 원래는 내 여자이고, 내 돈인데, 친구가 빼앗아가는 형상을 하고 있는데, 혹시, 여자가 배신하지는 않았답니까?

손님 | 자기 부인이 바람 나서 도망을 갔답니다.

필자 | 남편은 火가 필요한 사람인데, 10년간씩 구분해서 보는 운으로 볼 때 43 무진대운(戊辰大運)부터 나쁘지만, 한해, 한해의 운으로 정밀 분석해 보면, 43세

이전인 2007년(丁亥年)부터 水(물)운이 와서 火(불)가 약화되었고, 2008년(戊子年)에 자오충(子午沖)으로 사주에 있는 오화(午火)가 꺼지므로 나빴는데, 그해에 이혼했답니까?

손님 | 맞습니다.
2009년에 이혼하고, 그 다음해에 저와 재혼했습니다.

壬辰女年 來情法
고객의 마음을 꿰뚫어 봐라

09 의사였던 남편이 젊은 나이에 사망했단다.
(송파구 사는 손님)

61	51	41	31	21	11	1	大	時柱	日柱	月柱	年柱	
乙	甲	癸	壬	辛	庚	己		壬	癸	戊	乙	여
未	午	巳	辰	卯	寅	丑	運	子	亥	子	巳	자

天干: 甲(갑) 乙(을) 丙(병) 丁(정) 戊(무) 己(기) 庚(경) 辛(신) 壬(임) 癸(계)
地支: 子(자) 丑(축) 寅(인) 卯(묘) 辰(진) 巳(사) 午(오) 未(미) 申(신) 酉(유) 戌(술) 亥(해)

사주의 구조 및 핵심사항

임진년(壬辰年) 늦 가을에 온 40대 후반의 여자 사주다.

사주의 구조는, 뱀띠 해의 한겨울에 자신을 나타내는 글자를 빗물에 비유해서 해석하는 계수(癸水)로 태어나 水가 지나치게 많아서 자신의 힘이 매우 강해서 마치 겨울 장마가 진 것과 같으므로 강한 水를 억제시켜주는 土가 藥用神(약신과 용신을 겸한다는 뜻)이고, 火가 길신이며, 水가 병신(病神)이고, 약용신(藥用神)을 공격하는 木이 흉신이다.

사주 밑 글자에 해수(亥水)와 자수(子水)가 길신인 사화(巳火)를 공격하므로 나쁜 구조를 이루고 있다.

특히, 여자 사주에 남편을 나타내는 글자와 자식을 나타내는 글자가 사주 윗 글자에 나타나 있으면 나쁜데, 이 사주는 남편인 무토(戊土) 바로 옆에 자식인 을목(乙木)이 목극토(木剋土)로 용신이면서 남편인 무토(戊土)를 공격하고 있어서 대단히 나빠서 의사였던 남편이 이른 나이에 사망했다고 한다.

필자 | 손님은 한겨울에 빗물로 태어나 水가 너무 많아서 마치 겨울장마가 진 것과 같은데, 사주가 이렇게 되면 돈 복도 없고, 또, 자식 글자인 을목(乙木)이 남편 글자인 무토(戊土)를 木剋土로 공격을 하고 있고, 남편궁에 해수(亥水)가 있어서 추위를 녹여주는 사화(巳火) 불을 끄고 있어서 남편하고 백년해로 하기도 어렵겠는데, 부부관계가 어떠세요?

손님 | 남편은 돌아가셨습니다.

필자 | 참 안됐네요?
손님 나이가 아직 젊으신데요.
운으로 보면 2007년(丁亥年)에 사해충(巳亥沖)을 하므로 나빠졌는데, 남편이 언제 돌아가셨습니까?

손님 | 2010(庚寅年)년 양력으로 1월 달에 돌아가셨습니다.

필자 | 어떻게 돌아셨습니까?

손님 | 폐암으로 돌아가셨습니다.

필자 | 손님사주 같이 자신을 나타내는 글자가 계수(癸水)인 어지분들은 나이 많은 남자와 인연인데, 남편과는

	몇 살 차이가 납니까?
손님 |	8살 차이가 났습니다.
필자 |	그러면 손님은 생활은 어떻게 하십니까? 금년 운이 나빠서 수입이 없거나, 손재수가 생기겠는데요?
손님 |	그동안 병원 운영에 대한 노하우가 있어서 월급의사를 고용해서 병원을 운영해 왔는데, 운영이 제대로 안돼서 그만두고 쉬고 있습니다.
필자 |	본인이 의사면허 없이 병원을 운영한다는 것은 불법일뿐만 아니라 매우 어려운 일입니다. 다른 일거리를 찾아보도록 하세요.
손님 |	그렇지 않아도 일거리를 찾아보고 있습니다.

젊은 나이에 남편을 잃은 또 다른 여인

66	56	46	36	26	16	6	時柱	日柱	月柱	年柱
乙	甲	癸	壬	辛	庚	己	辛	丙	戊	辛
巳	辰	卯	寅	丑	子	亥	卯	戌	戌	丑

大運 / 남자

天干 : 甲(갑) 乙(을) 丙(병) 丁(정) 戊(무) 己(기) 庚(경) 辛(신) 壬(임) 癸(계)
地支 : 子(자) 丑(축) 寅(인) 卯(묘) 辰(진) 巳(사) 午(오) 未(미) 申(신) 酉(유) 戌(술) 亥(해)

사주의 구조 및 핵심사항

임진년(壬辰年) 초겨울에 온 50대 초반의 여자 사주다.

사주의 구조는, 소띠 해의 가을에 자신을 나타내는 글자를 태양에 비유해서 해석하는 병화(丙火)로 태어나 土가 지나치게 많아서 자신의 힘이 매우 약하므로 도와주는 火가 용신이고, 木이 길신이며, 약신(藥神) 겸 길신이며, 金이 병신(病神)이고, 습기를 가진 축토(丑土)가 흉신이며, 화기를 가진 술토(戌土)는 길함과 흉함을 동시에 가지고 있지만, 대체로 길하다.

태어난 年의 밑 글자인 축토(丑土) 속에 남편인 계수(癸水)가 들어있는데, 옆에 있는 술토(戌土)와 축술형(丑戌刑)이 되어 축토(丑土) 속에 들어있던 계수(癸水) 남편이 깨져서 남편이 사망했다.

필자 | 손님은 가을 태양이라서 힘이 약하지만, 태양의 특성인 자존심이 매우 강하고, 체면을 중시하는 성격이며, 土가 지나치게 많으므로 남한테 퍼주는 것을 좋아하는 성격이시네요?

손님 | 네, 선생님, 제 성격이 그렇습니다.

필자 | 손님한테는 금년(壬辰年)에 온 임수(壬水)는 남편문제나 직업문제이고, 진토(辰土)는 진로문제나 자식문제가 궁금할텐데, 무슨 문제로 오셨습니까?

손님 | 아들이 있는 미국으로 가서 자리를 잡아볼까해서 왔습니다.

필자 | 손님은 남편을 품고 있는 글자가 깨져서 남편이 없겠는데, 어떠세요?

손님 | 네, 남편이 돌아가셨습니다.

필자 | 남편이 2009년인 기축년(己丑年)에 축술형(丑戌刑)이 되어 남편 글자인 계수(癸水)가 들어있는 축토(丑土)가 깨지면서 남편이 위험해지셨는데, 언제 돌아가셨습니까?

손님 | 남편이 돌아가시는기는 작년(辛卯年) 초에 돌아가셨습니다.

필자 | 사주학에서는 양력으로 2011년 2월 4일까지가 신묘년(辛卯年)인데, 정확하게 언제입니까?

손님 | 2011년 1월달에 돌아가셨습니다.

필자 | 남편이 무슨 이유로 일찍 돌아가셨습니까?

손님 | 아파서 돌아가셨습니다.

필자 | 그렇다면 생계가 문제인데, 아들이 미국에서 자리를 잡았습니까?

손님 | 아직 공부하는 중입니다.

필자 | 그렇다면, 본인이 미국에 가서 무슨 일을 할 수 있게는가를 먼저 생각해보고 결정하시는 것이 좋겠습니다.
그렇지 않으면, 무척 고달플 것입니다.

卯年生
토끼띠 생 사주

01 74세 노인도 남자에 관심을 갖더라.
02 나이차가 많아도 잘살고 있다는 부부이야기.
03 결혼생활하기 어려운 사주.
04 자식글자를 용신으로 쓰므로 자식들이 유능하다.
05 운영해 오던 가게를 팔고 싶어서 왔다.
06 다자무자(多者無者, 사주에 너무 많은 것은 없는 것과 같다는 뜻)사주로, 결혼하고 싶은 남자가 없다.
07 내 맘에 안드는 남편이 내 남편이다.
08 경제적 어려움 때문에 온 손님이다.
09 현침살(懸針殺)이 많아서 직업이 간호사다.
10 남편과 떨어져 생활하는 것이 오히려 편합니다.
11 여자사주에 식상(食傷)이 병(病)이라도 관(官)을 용신으로 쓰므로 부부간게에 문제가 없단다.
12 부부궁이 깨져있어서 남편과 떨어져 살고 있다.
13 이런 사주를 어떻게 봐야하는가?
14 1만여 종사자를 거느리고 있다는 일본인 여성 사업가가 무슨 문제로 왔는가?

壬辰女年 來情法
고객의 마음을 꿰뚫어 봐라

01 | 74세 노인도 남자에 관심을 갖더라.
(판교에서 온 손님)

63	53	43	33	23	13	3	大	74	時柱	日柱	月柱	年柱	여
丁	丙	乙	甲	癸	壬	辛	運		丁	丁	庚	己	자
丑	子	亥	戌	酉	申	未			未	酉	午	卯	

天干 : 甲(갑) 乙(을) 丙(병) 丁(정) 戊(무) 己(기) 庚(경) 辛(신) 壬(임) 癸(계)
地支 : 子(자) 丑(축) 寅(인) 卯(묘) 辰(진) 巳(사) 午(오) 未(미) 申(신) 酉(유) 戌(술) 亥(해)

사주의 구조 및 핵심사항

임진년(壬辰年) 초봄에 온 74세 여자 사주다.

사주의 구조는, 토끼 띠 한여름에 자신을 나타내는 글자를 인공 火에 비유해서 해석하는 정화(丁火)로 태어났는데, 자신의 힘이 강하므로 金이 용신이고, 土가 길신이며, 木이 흉신이다.

사주의 밑 글자에는 묘(卯), 오(午), 유(酉) 桃花殺(이성간의 문제를 일으키거나 대중의 인기를 얻는 살)이 있어서 미인형이나 사주에 남편을 나타내는 水가 없기 때문에 남편과 인연이 멀다.

필자 | 손님의 사주는 한여름(오월, 午月)에 인공불로 태어나서 힘이 강하기 때문에 활활 타는 불과 같아서 밀어붙이는 힘이 대단하시겠습니다.

| 손님 | 맞습니다. 그런데, 제 나이가 70이 넘었는데, 사주를 봐도 괜찮습니까?

| 필자 | 사주보는 데 나이하고 무슨 관계가 있답니까?
아무 상관이 없습니다.
그리고, 손님 사주같이 강한 불이 무쇠 金을 녹이는 구조를 갖고 있으면, 총명한 분이시고, 이런 사주를 가지면 사업을 하면 좋았겠습니다.

| 손님 | 나이가 많은데요 뭐.

| 필자 | 손님 사주에 남편을 나타내는 水가 없어서 남편과 인연이 먼데, 운에서 水가 왔습니다만, 水가 오면 사주에 있는 자신의 뿌리인 午火와 子水가 충돌하면 남편인 水가 깨지게 되는데, 남편이 어떠했습니까? 그 시기가 53세부터 62세 사이가 되는데요?

| 손님 | 그렇게 나옵니까?
제 나이 53세에 남편이 돌아가셨습니다.

| 필자 | 남편이 일찍 돌아가신 것이 흠이지만 그동안 편히 살아오셨네요?

| 손님 | 예, 저는 편히 살아왔습니다.

| 필자 | 손님은 금년운에서 사주에 없는 水가 와서 열기를

필자 | 식혀주기 때문에 운이 좋습니다.
이 水는 직업과 남자를 나타내는데, 손님 연세에 직업을 이야기하기는 어렵겠고, 남자문제로 봐야겠습니다.
금년에 등이라도 긁어줄 남자에 관심이 있습니까?

손님 | 아니, 이 나이에 무슨 남자입니까?

필자 | 나이가 많을수록 외로워지기 때문에 대화를 나눌 이성친구가 필요합니다.
혹시, 만나볼 생각이 없습니까?

손님 | 그러면, 돼지띠 남자가 있는데, 궁합 좀 봐주세요?
(처음에는 남자에 관심이 없는 척 하다가 필자가 남자이야기를 꺼내자 기다렸다는 듯이 관심을 보임으로써, 丁火 日干에 임진년(壬辰年)은 래정법에서 남자문제라는 것이 확인되었다.)

필자 | 사주학은 자연 과학이기 때문에 그 사람의 사주를 알아야 볼 수 있습니다.
또, 보신다면 상담료를 별도로 더 내셔야 합니다.

손님 | 아니, 띠로 그냥 볼 수 없습니까?

필자 | 띠만 가지고는 볼 수 없습니다.

손님 | 그러면, 다음에 오겠습니다.

壬辰女年 來情法
고객의 마음을 꿰뚫어 봐라

02 나이차가 많아도 잘살고 있다는 부부이야기
(석촌동에 사는 손님)

68	58	48	38	28	18	8		時柱	日柱	月柱	年柱
乙	丙	丁	戊	己	庚	辛	大	庚	庚	壬	癸	남
卯	辰	巳	午	未	申	酉	運	辰	戌	戌	卯	자

天干 : 甲(갑) 乙(을) 丙(병) 丁(정) 戊(무) 己(기) 庚(경) 辛(신) 壬(임) 癸(계)
地支 : 子(자) 丑(축) 寅(인) 卯(묘) 辰(진) 巳(사) 午(오) 未(미) 申(신) 酉(유) 戌(술) 亥(해)

사주의 구조 및 핵심사항

임진년(壬辰年) 초봄에 온 50세 남자 사주다.

사주의 구조는, 토끼띠 해의 늦가을에 자신을 나타내는 글자를 무쇠 金에 비유해서 해석하는 경금(庚金)으로 태어났는데, 무쇠 金의 힘이 다소 약하지만 늦가을까지 자란 金인데다가 무쇠 金은 녹여주는 것을 좋아하므로 술토(戌土)속에 들어있는 정화(丁火)가 용신이고, 木(목)이 길신이며, 水가 病神이고, 金이 흉신이며, 辰土도 흉신이다.

사주 밑 글자에는 묘목(卯木)과 술토(戌土)가 卯戌合(묘목과 술토가 결합 한다는 뜻)을 하고 있고, 辰土와 戌土가 진술충(辰戌沖, 진토와 술토가 만나면 충돌 한다는 뜻)을 하고 있다.

필자 | 손님은 총명하고, 카리스마가 있으며, 개성도 강하시네요?

손님 | 맞습니다.

필자 | 손님은 금년에 새로운 일을 하기 위해서 시도하거나, 문서 또는 공부와 관련된 일이 생길 것인데, 맞지요?

손님 | 금년에도 대학원 공부를 하려고 하는데, 운이 어떤가 싶고요, 부부관계가 궁금해서 왔습니다.

필자 | 손님 사주 또는 운에서 대학원 공부문제는 큰 문제가 아닌 것 같고, 부부문제는 어려움을 안고 있습니다.
손님은 결혼하자마자 부인과 갈등이 시작되었을 것이고, 지금은 재혼했을 것으로 보입니다.

손님 | 맞습니다.
결혼하자마자 마누라와 정이 없이 지내다가 작년(辛卯年)에 이혼하고, 곧 바로 재혼을 했습니다.

필자 | 손님은 부인과 떨어져서 지내는 기간이 길어야 부부관계를 유지할 수 있는데, 만약, 매일 같이 생활을 한다면, 살 수가 없습니다.

손님 | 예, 저는 공부하느라고 외국에도 오랫동안 나가 있었고, 이런 저런 이유로 떨어져서 지내오다가 작년(辛卯年)에 이혼을 했습니다.

필자 | 손님운에는 2010년(庚寅年)과 2011년(辛卯年)에 여자가 나타나는 운이었는데, 언제 재혼을 했습니까?

손님 | 작년(辛卯年)에 재혼했습니다.

필자 | 손님운을 대운(大運, 10년간씩 구분해서 보는 운)에서 보면, 27세까지가 金운으로 좋지않은 운이었고, 고등학교 때의 운이 기미(己未), 경신(庚申), 신유년(辛酉年)으로 고등학교 2~3학년 때의 운이 나빴기 때문에 본인이 가고자 하는 대학을 못갔을 것으로 보이는데, 어떠했습니까?

손님 | 예, 그 때 공부를 제대로 못해서 재수를 해서 대학에 진학했었습니다.

필자 | 손님은 경제학이나 경영학, 그렇지 않으면, 의료계통의 학과와 인연인데, 무슨 과목을 전공했습니까?

손님 | 사실은 제가 사학, 지리, 철학 등 여러학과를 공부했습니다.

필자 | 그렇다면 오랫동안 공부를 했단 말인가요?

손님 | 그래서 올해도 대학원 공부를 하려고 합니다.
그런데, 선생님, 재혼한 마누라와 궁합도 봐주세요.

재혼한 부인 사주

65	55	45	35	**25**	15	5		時柱	日柱	月柱	年柱
甲	癸	壬	辛	庚	己	戊	大	丙	癸	丁	辛	여
辰	卯	寅	丑	子	亥	戌	運	辰	卯	酉	酉	자

天干 : 甲(갑) 乙(을) 丙(병) 丁(정) 戊(무) 己(기) 庚(경) 辛(신) 壬(임) 癸(계)
地支 : 子(자) 丑(축) 寅(인) 卯(묘) 辰(진) 巳(사) 午(오) 未(미) 申(신) 酉(유) 戌(술) 亥(해)

사주의 구조 및 핵심사항

임진년(壬辰年) 초봄에 위 남자가 가지고 온 32세 여자 사주다.

사주의 구조는, 닭띠 해의 한가을에 자신을 나타내는 글자를 빗물에 비유해서 해석하는 계수(癸水)로 태어났는데, 癸水를 돕는 세력인 금기(金氣)가 강해서 자신의 힘이 강하므로 따듯하게 해주는 火가 용신이고, 木이 길신이며, 水가 病神이고, 金이 흉신이며, 辰 土도 흉신이다.

사주 밑 글자에 배우자궁에 있는 묘목(卯木)과 태어난 月에 유금(酉金)이 만나 충돌(묘유충, 卯酉沖)을 하고 있어서 부부궁이 나쁘다.

필자 | 부인과는 나이차가 18살이시네요?

손님 | 예, 많이 납니다.

필자 | 나이차가 이렇게 많이 나면 성생활의 불균형이나 세대차가 안날까요?

손님 | 전혀 못느끼고 삽니다.

필자 | 그런데, 본인의 이력도 그렇고, 부부관계도 그렇고 좀 특별한데가 있습니다.

손님 | 제 운명인가 봅니다.
저한테 특별히 더 해주실 말씀이 없습니까?

필자 | 본인사주에도 부부궁이 불안하고, 부인사주에도 마찬가지이기 때문에 앞으로 많은 인내와 이해심이 필요합니다.
다름 사람들과 좀 다른 운명이신데, 행복하게 사세요.

壬辰女年 來情法
고객의 마음을 꿰뚫어 봐라

03 결혼생활하기 어려운 사주.
(서초동에 사는 손님)

65	55	45	35	25	15	5		時柱	日柱	月柱	年柱
戊	己	庚	辛	壬	癸	甲	大	甲	辛	乙	乙	남
寅	卯	辰	巳	午	未	申	運	午	未	酉	卯	자

天干 : 甲(갑) 乙(을) 丙(병) 丁(정) 戊(무) 己(기) 庚(경) 辛(신) 壬(임) 癸(계)
地支 : 子(자) 丑(축) 寅(인) 卯(묘) 辰(진) 巳(사) 午(오) 未(미) 申(신) 酉(유) 戌(술) 亥(해)

사주의 구조 및 핵심사항

임진년(壬辰年) 중춘에 엄마가 가지고 온 30대 후반의 남자 사주다.

사주의 구조는, 토끼띠 해의 한 가을에 자신을 나타내는 글자를 보석 金에 비유해서 해석하는 신금(辛金)으로 태어나, 木이 너무 많아서 자신의 힘이 약한데, 이런 사주를 전문용어로 재다신약(財多身弱)이라고 하는데, 이 말 뜻은 돈 글자이고 여자 글자인 木이 너무 많아서 자신의 힘이 약해졌다는 뜻으로, 자신의 힘을 길러주는 金이 용신이고, 木이 病神이고, 火가 흉신이며, 미토(未土)는 화기(火氣)를 간직한 土라서 金을 도와 주지 않으므로 흉신이다.

사주 위 글자에는 자신인 신금(辛金)과 여자를 나타내는 을목(乙木)이 충돌(을신충, 乙辛沖)을 하고 있고, 사주 밑 글자에는 여자 글자인 묘목(卯木)과 자신을 나타내는 신금(辛金)의 뿌리인 유금(酉金)과 충돌(묘유충, 卯酉沖)을 하고 있어서 여자와 결혼해서 살기가 힘들다.

| 필자 | 손님의 아들사주는 며느리 될 사람인 여자와 싸우고 있는 구조이고, 며느리한테 잡혀서 살 팔자이고, 결혼생활하기가 무척 어렵겠네요.

| 손님 | 우리 아들이 왜 그렇습니까?

| 필자 | 아들 사주에 자기를 나타내는 글자가 보석 金인 신금(辛金)이고, 자신의 뿌리를 나타내는 글자가 유금(酉金)인데, 자기의 처를 나타내는 글자가 木으로, 木에는 정 부인으로 해석하는 갑목(甲木)도 있고, 애인으로 해석하는 을목(乙木)도 있어서 여자가 섞여있는데다가, 사주 윗 글자에서 애인을 나타내는 을목(乙木)과 자신인 신금(辛金)이 충돌(을신충, 乙辛沖)하고, 사주 밑 글자에서 자신의 뿌리인 유금(酉金)과 을목(乙木) 여자의 뿌리인 묘목(卯木)이 충돌(묘유충, 卯酉沖)로, 위와 아래에서 충돌을 하고 있기 때문에 여자와 만날 싸우고 있는 구조를 가지고 있어서 결혼을 한다해도 백년해로하기 어렵다는 말씀입니다.

| 손님 | 그럼, 결혼을 못하는 겁니까?

| 필자 | 사주학에서는 어떤 인자가 너무 많이 있으면, 없는 것과 같다는 의미를 갖고 있기 때문에 결혼상대자를 구하기가 어려울 뿐만 아니라 인연을 맺더라도 해운이 나쁘면 헤어지게 되는데, 바로, 작년(2011년, 辛卯年)이 그런 해라서 2011년에 여자와 헤어졌을 것인

데요?

손님 | 맞습니다.
그동안 사귀던 아가씨가 있었는데, 작년에 헤어졌습니다.

필자 | 그 아가씨와 헤어지고, 다른 아가씨와 만나지 않았나요?

손님 | 예, 그 아가씨하고 헤어지고 난 후에 다른 아가씨와 만나고 있는데, 결혼해도 되겠습니까?

필자 | 결혼할 수 있을 지 여부는 그 아가씨 사주를 보고 이야기 해드리기로 하고요, 아들 사주를 더 분석해 보도록 합시다.
아들은 공부할 시기의 대운(10년씩 구분해서 보는 운)이 나빴으나, 고등학교 2학년 때가 임신(壬申), 계유(癸酉)년으로 좋았기 때문에 서울의 전문대를 갔거나, 지방대학을 갈 수 있었는데, 무슨 대학을 나왔습니까?

손님 | 지방대학을 나왔습니다.

필자 | 아들한테는 금년에 진로문제나 계약서 작성할 일이 생기겠는데, 무슨 일을 계획하고 계십니까?

| 손님 | 예, 그동안 일하던 식당 지배인 생활을 그만두고, 쌀국수집을 하겠다고해서 걱정스러워서 상담을 받으러 온 것입니다.
장사를 해도 되겠습니까?

| 필자 | 금년운은 좋습니다만, 내년(계사년, 癸巳年)부터 3년간은 火운이 오기 때문에 운이 안 따라줘서 어려움이 따를 수 있으니까 너무 큰 돈을 투자하지 말고 경험삼아 한다는 생각으로 조그맣게 차려주는 것이 좋을 것 같습니다.
또, 음식점은 자신의 인연에 맞는 장사이긴합니다만, 그중에서 쌀국수는 굳이 사주학적으로 해석한다면 길다는 의미를 갖고 있어서 木의 성분에 해당하는데, 본인의 사주에서 木은 사주를 가장 나쁘게 작용하는 병신(病神)에 해당하기 때문에 국수집 보다는 자신인 신금(辛金) 보석이 가장 좋아하는 수기(물)가 강한 어묵장사를 해보게 하는 것이 좋은 것 같습니다.

| 손님 | 그러면, 아들하고 상의를 해보겠습니다.

| 필자 | 아들 사주는 의료분야와 인연인 현침살(懸針殺)이 많아서 의료분야에 인연이긴 하지만, 실력이 안 따라줬기 때문에 의료분야로 못갈 것이고, 돈 글자인 木이 많아서 경영학이나 경제학과와 인연이고, 그렇지 않으면, 사주에 水(물)가 필요하기 때문에 식품관련

학과 같은데에 인연인데, 무슨 학과를 전공했습니까?

손님 | 식품공학과를 공부했습니다.

필자 | 아들은 대학졸업 후에도 운이 안 따라줘서 큰 회사에 취업하기는 어려웠는데, 직업이 무엇입니까?

손님 | 큰 식당에서 지배인으로 일하고 있습니다.

필자 | 그 직업도 자기한테 잘 맞는 직업입니다.
아들과 사귀는 아가씨는 무슨 직업을 가졌습니까?

손님 | 간호대학을 나왔다고 합니다.

필자 | 그렇다면 아들하고 인연입니다.
아들 사주에 의료분야가 인연이라고 했는데, 본인은 그 분야로 못 갔지만, 결혼 상대자가 그 분야에 종사한다면, 그 것이 아들과의 인연입니다.

壬辰女年 來情法
고객의 마음을 꿰뚫어 봐라

04 자식글자를 용신으로 쓰므로 자식들이 유능하다.
(압구정동에 사는 손님)

69	59	49	39	29	19	9		時柱	日柱	月柱	年柱	
癸	甲	乙	丙	丁	戊	己	大	丁	庚	庚	辛	乾
巳	午	未	申	酉	戌	亥	運	丑	戌	子	卯	命

天干 : 甲(갑) 乙(을) 丙(병) 丁(정) 戊(무) 己(기) 庚(경) 辛(신) 壬(임) 癸(계)
地支 : 子(자) 丑(축) 寅(인) 卯(묘) 辰(진) 巳(사) 午(오) 未(미) 申(신) 酉(유) 戌(술) 亥(해)

사주의 구조 및 핵심사항

임진년(壬辰年) 늦봄에 부인과 함께 온 60대 초반의 남자 사주다.

사주의 구조는, 토끼띠 해의 한 겨울에 자신을 나타내는 글자를 무쇠 金에 비유해서 해석하는 경금(庚金)으로 태어나 무쇠 金이 얼어있는데다가 무쇠는 불(火)로 녹여야 하므로 자식글자인 火가 용신이고, 木이 길신이며, 술토(戌土)도 길신이고, 水와 金이 흉신이며, 표土도 흉신이다.

사주 밑 글자에는 자수(子水)와 묘목(卯木)이 만나면 묘목(卯木)에게 상처를 주는 자묘형(子卯刑)이 있고, 술토(戌土)와 축토(丑土)가 만나면 서로에게 상처를 입히는 축술형(丑戌刑)이 있는데, 이 축술형(丑戌刑)이 부부궁에 자리잡고 있어서 부부가 만날 토닥토닥 싸우면서 산다.

필자 | 손님은 태어난 시간을 정확히 아십니까?

| 손님 | 정확하게는 모르고요, 어머니께서 닭이 울기 전에 낳았다고 합니다.

| 필자 | 닭이 우는 시간을 대충 새벽 4시경으로 잡고 있는데, 03:30분이 축시(01:30 ~ 03:30)에서 인시(03:30 ~ 05:30)로 바뀌는 시간이라서 조금 애매합니다.
그래서, 사주를 본격적으로 풀기 전에 출생시간을 정확히 하기 위해서 몇 가지 질문을 드리겠습니다.
축시(丑時)에 태어나면, 부부가 떨어져서 사는 기간이 길었거나, 많이 다투면서 살아오셨을텐데, 맞습니까?
(이 질문은 배우자궁인 일지에 있는 술토(戌土)와 태어난 시간의 밑글자인 축토(丑土)가 부딪쳐서 서로에게 상처를 입혀서 부부궁이 나쁘기 때문에 이렇게 질문을 한 것이다.)

| 손님 | 떨어져 살지는 않았고요, 자주 다투며 살아왔습니다.

| 필자 | 한 가지 더 묻겠습니다.
축시(丑時)에 태어나면, 정신사고가 굉장히 올바르고, 정직할텐데, 맞습니까?

| 손님 | 예, 제가 그렇습니다.
(이 때 같이 왔던 이 말에 부인도 공감을 표시했다.)

| 필자 | 이제부터 축시(丑時)로 사주를 풀겠습니다.

| | 손님은 어려서부터 초년운이 나빠서 고생이 심하셨겠네요? |

| 손님 | 예, 고생이 말도 못하게 많이 했습니다.
초년에 교직에 근무를 하다가 월급이 적어서 그만두고 이것 저것 안해본 일이 없었는데, 그 때는 돈 한 푼 없어서 정말 고생이 많았습니다. |

| 필자 | 손님은 금년운이 진로문제나, 문서문제가 있겠는데, 무슨 일로 오셨습니까? |

| 손님 | 예, 회사를 설립하려고 준비중이고요, 또, 자식들을 출가시키려고 하는데, 운을 보려고 왔습니다. |

| 필자 | 그러면, 자제분들 사주는 나중에 보기로 하고 우선 본인 것부터 보도록 하겠습니다.
손님운은 40대 말까지 고생이 이어졌겠네요? |

| 손님 | 88 올림픽하던 무렵(무진년, 戊辰年)까지는 무척 어려웠었는데, 그 이후부터 서서히 장사가 되면서 형편이 풀렸습니다. |

| 필자 | 손님은 40대 말부터 운이 좋아서 돈을 많이 벌었겠습니다. |

| 손님 | 예, 그 무렵부터 장사가 무척 잘돼서 지금은 남부럽

	지 않게 살고 있고요, 앞으로 회사를 설립할 계획입니다.
필자	지금 하고 계신 사업이 무엇입니까?
손님	서울 시내 중심상권에서 유통업을 하고 있는데, 점포가 몇개가 됩니다.
필자	손님은 배우자궁이 축술형(丑戌刑)으로 손상을 입어서 부부사이가 안좋지만, 그런 가운데서도 부인께서 내조를 잘해주시겠습니다. (이와 같이 말을 한 이유는, 일지 배우자궁에 있는 술토(戌土)속에 용신의 뿌리인 정화(丁火)가 들어 있기 때문이다.)
손님	맞습니다. 잘 싸우기도 합니다만, 마누라가 내조를 잘해줍니다.
필자	손님은 자식글자인 정화(丁火)를 사주에서 가장 필요로 한 글자로 쓰고 있고, 그 정화가(丁火)가 자식궁에 있으며, 또, 본인의 말년운이 좋기 때문에 자식들이 성공하겠습니다.
손님	예, 저는 딸과 아들을 두었는데, 딸이 대단히 똑똑해서 사업을 잘하고 있고, 아들도 사업을 열심히 배우고 있습니다.

필자 | 틀림없이 자제분들이 성공할 것입니다.

손님 | 이제 제 마누라 사주도 봐주세요?

부인 사주											
63	53	43	33	23	13	3		時柱	日柱	月柱	年柱
戊	丁	丙	乙	甲	癸	壬	大	丙	癸	辛	辛	坤
申	未	午	巳	辰	卯	寅	運	辰	酉	丑	卯	命

天干 : 甲(갑) 乙(을) 丙(병) 丁(정) 戊(무) 己(기) 庚(경) 辛(신) 壬(임) 癸(계)
地支 : 子(자) 丑(축) 寅(인) 卯(묘) 辰(진) 巳(사) 午(오) 未(미) 申(신) 酉(유) 戌(술) 亥(해)

사주의 구조 및 핵심사항

임진년(壬辰年) 늦봄에 남편과 함께 온 60대 초반의 여자 사주다.

사주의 구조는, 토끼띠 해의 늦겨울에 자신을 나타내는 글자를 빗물에 비유해서 해석하는 계수(癸水)로 태어나 자신의 세력이 강해서 차므로 따뜻하게 해주는 火가 용신이고, 木이 길신이며, 水가 병신(病神)이고, 金이 흉신이며, 丑土와 辰土도 흉신이다.

사주 밑 글자에는 축토(丑土)와 유금(酉金)이 만나 쇳덩어리를 이루는 유축금국(酉丑金局)이 되고, 진토(辰土)와 유금(酉金)이 만나서 또 다른 쇳덩어리를 이루는 진유금합(辰酉合金)이 형성되어 겨울에 태어난 계수(癸水)가 더욱 냉해졌다.

필자 | 손님 사주는 에너지가 강해서 밀어붙이는 힘이 대단히 시겠습니다.

손님 | 예, 저는 어떤 일을 하려고 결정하면 끝까지 밀어붙이는 형입니다.

필자 | 손님 사주에 돈 글자인 火를 가장 필요로 한 글자로 사용하므로 돈 감각이 발달해있네요?

손님 | 예, 제가 젊어서부터 돈에 대한 감각이 발달해 있어서 지금까지 쭉 장사를 해왔습니다.

필자 | 손님은 어려서부터 운이 좋아서 유복하게 자랐겠습니다.

손님 | 저는 시골에서 태어나긴했지만, 방앗간집 딸로 태어나서 남들은 어려운 시절이었는데도 불구하고 저는 편히 자랐습니다.

필자 | 결혼할 시기인 23살부터 32살까지가 힘들었겠습니다만, 30대 초반부터는 좋아졌습니다.

손님 | 28살에 결혼을 했는데, 신혼 초에 가난해서 무척 고생을 했는데, 그래도 젊은 나이 때부터 장사를 해서 처음에는 고생스러웠지만, 나이가 들면서 돈을 벌어서 지금은 잘 살고 있습니다.
손님 사주에는 남편을 나타내는 글자가 흉신이고, 일지 배우자궁에 있는 글자도 흉신이 앉아있어서 남편과 성격이 안맞겠네요?

| 손님 | (이 때 옆에 앉아있는 남편을 힘끔 쳐다보면서) 아이고! 이 양반하고 많이 싸웠습니다.
그런데, 앞으로 계속해서 살 수가 있겠는가나 봐주세요?

| 필자 | 부부궁합은 본인들의 사주 속에 가지고 태어납니다.
모든 게 다 자기 팔자입니다.
남편 운이 이렇게 좋은데, 버리면 큰 손해니까 꼭 붙잡고 계세요.

| 손님 | 자식 복은 어떻습니까?

| 필자 | 아까 남편 사주를 설명할 때와 같습니다만, 손님 사주에서도 자식을 나타내는 글자가 길신이고, 자식궁에 사주에서 가장 필요한 火가 들어 있기 때문에 자식 복이 있습니다.

| 손님 | 이제 딸과 아들사주를 봐주세요.

| 필자 | 그러면, 딸부터 보도록 합시다.

딸 사주

62	52	42	32	22	12	2		時柱	日柱	月柱	年柱	
庚	辛	壬	癸	甲	乙	丙	大	壬	庚	丁	庚	坤
辰	巳	午	未	申	酉	戌	運	午	寅	亥	申	命

天干 : 甲(갑) 乙(을) 丙(병) 丁(정) 戊(무) 己(기) 庚(경) 辛(신) 壬(임) 癸(계)
地支 : 子(자) 丑(축) 寅(인) 卯(묘) 辰(진) 巳(사) 午(오) 未(미) 申(신) 酉(유) 戌(술) 亥(해)

사주의 구조 및 핵심사항 임진년(壬辰年) 늦봄에 이 사주의 부모가 가지고 온 30대 초반의 딸 사주다.

사주의 구조는, 원숭이띠 해의 초 겨울에 자신을 나타내는 글자를 무쇠 金에 비유해서 해석하는 경금(庚金)으로 태어나 자신의 힘은 약하지만, 춥기 때문에 따뜻하게 해주는 火가 용신이고, 木이 길신이며, 水가 병신(病神)이고, 金이 흉신이다.

사주 밑 글자에는 인목(寅木)과 해수(亥水)가 만나면 木을 만드는 인해합목(寅亥合木)이 있고, 인목(寅木)과 오화(午火)가 만나면 불덩어리를 이루는 인오합(寅午合)이 있다.

필자 | 딸 사주는 전문용어로 금수상관격(金水傷官格)이라고 하는데, 이런 사주로 태어나면, 무척 똑똑하고 얌전합니다.

손님 | 예, 굉장히 똑똑해서 머리가 좋습니다.

필자 | 이런 사주는 공무원이나, 대기업 같은 조직성 직장에 잘 맞고요, 사업을 해도 잘할 수 있는데, 무슨 일을합니까?

손님 | 서울시내 중심상권에서 유통업을 크게 하고 있는데, 장사를 잘합니다.

필자 | 이 사주에서 한 가지 흠은 초년운인 31살까지가 안 좋았습니다만 내년(2013, 癸巳年)부터는 본인의 실력을 제대로 발휘하게 됩니다.
그리고, 이 사주는 2010년(庚寅年)부터 새로운 도약을 하게 되는데, 맞습니까?

손님 | 우리 딸은 국내 대학에서 3학년까지 다니다가 외국으로 어학연수를 갔었는데, 그 곳에서 주저앉아 회계학을 공부하고 그 나라에서 은행에도 취직을 했는데, 국내에서 사업을 시키기 위해서 재작년(庚寅年) 한국으로 데리고 들어와서 그 때부터 사업을 하고 있습니다.

필자 | 앞으로 크게 성공할 사주입니다.
이런 사주가 흔치 않은 좋은 사주인데, 결혼을 안했습니까?

손님 | 예, 결혼을 안해서 이제는 결혼을 시키려고 합니다.

필자 | 이런 사주는 결혼을 하게 되면, 더욱 더 크게 발전하는 사주입니다.
제가 인연을 맺어드리고 싶습니다.

손님 | 좋은 총각이 있으면, 중매좀 해주세요.

필자 | 찾아보겠습니다.

손님 | 아들사주도 봐주세요.

아들 사주										
63	53	43	33	**23**	13	3	時柱	日柱	月柱	年柱
庚	辛	壬	癸	**甲**	乙	丙	辛	壬	丁	癸	乾
戌	亥	子	丑	**寅**	卯	辰	運	丑	寅	巳	亥	命

天干 : 甲(갑) 乙(을) 丙(병) 丁(정) 戊(무) 己(기) 庚(경) 辛(신) 壬(임) 癸(계)
地支 : 子(자) 丑(축) 寅(인) 卯(묘) 辰(진) 巳(사) 午(오) 未(미) 申(신) 酉(유) 戌(술) 亥(해)

사주의 구조 및 핵심사항

임진년(壬辰年) 늦봄에 부모가 가지고 온 30대 아들 사주다.

사주의 구조는, 돼지띠 해의 초 여름에 자신을 나타내는 글자를 강물에 비유해서 해석하는 임수(壬水)로 태어나 자신의 힘이 약하므로 도와주는 水가 용신이고, 金이 길신이며, 木과 火가 흉신이고, 丑는 길신이다.

사주 밑 글자에는 해수(亥水)와 사화가 만나면 충돌(사해충, 巳亥沖)

을 하고 있는데, 이 충돌이 의미하는 육친상의 변화 등을 확인할 수 없었다.

필자 | 아들 사주를 보면, 자신인 임수(壬水)가 돈을 나타내는 글자인 정화(丁火)와 합(정임합, 丁壬合)을 하고 있어서 사업과 인연입니다.

손님 | 우리 아들도 장사를 하고 있습니다.

필자 | 아들 사주에는 역마살이 끼어 많이 움직이는 일과 관련이 있을 것인데, 무슨 장사를 하십니까?

손님 | 유통업을 하고 있습니다.

필자 | 이런 사주를 가지면, 외국과 관련된 사업을 하게 될 것입니다.

손님 | 그렇지 않아도 회사를 설립하면, 해외에도 진출할 계획을 갖고 있습니다.

필자 | 아들 사주가 초년 운이 안좋고, 고등학교 2~3학 년 때도 신사년(辛巳年)과 임오년(壬午年)으로 火운이었기 때문에 공부는 신통치 않았겠습니다.

손님 | 지방대학을 나왔습니다.

필자 |　　아들 사주는 33세 이후인 2016년(丙申年)부터 자기의 역량을 제대로 발휘하게 되며, 말년운이 좋아서 많은 돈을 벌게 될 것입니다.

손님 |　　아이고, 감사합니다.

壬辰女年 來情法
고객의 마음을 꿰뚫어 봐라

05 운영해 오던 가게를 팔고 싶어서 왔다.
(종로구 사는 손님)

66	56	46	36	26	16	6		時柱	日柱	月柱	年柱	
丁	丙	乙	甲	癸	壬	辛	大	己	壬	庚	辛	坤
未	午	巳	辰	卯	寅	丑	運	酉	辰	子	卯	命

天干 : 甲(갑) 乙(을) 丙(병) 丁(정) 戊(무) 己(기) 庚(경) 辛(신) 壬(임) 癸(계)
地支 : 子(자) 丑(축) 寅(인) 卯(묘) 辰(진) 巳(사) 午(오) 未(미) 申(신) 酉(유) 戌(술) 亥(해)

사주의 구조 및 핵심사항

임진년(壬辰年) 초 여름에 온 60대 여자 사주다.

사주의 구조는, 토끼띠 해의 한 겨울에 자신을 나타내는 글자를 강물에 비유해서 해석하는 임수(壬水)로 태어나 자신의 힘이 세므로 土가 용신이고, 운에서 오는 火가 길신이며, 水가 병신(病神)이고, 金이 흉신이며, 木도 흉신이다.

사주 밑 글자에 자수(子水)와 묘목(卯木)이 만나면 卯木에 상처를 입히는 자묘형(子卯刑)이 있고, 자수(子水)와 진토(辰土)가 만나면 물바다를 이루는 진자수국(辰子水局)이 되며, 진토(辰土)와 유금(酉 金)이 만나면 진유합금(辰酉合金)이 된다.

필자 | 손님은 연세가 있으신데, 태어난 시간을 아십니까?

손님 | 엄마가 그러시는데, 해질 무렵에 낳았다고 합니다.

필자 | 해질 무렵이라면, 그 당시 절기표를 보면, 17:17분이 었기 때문에 애매한데, 만약, 해가 지기 전이라면 신시(申時, 15:30~17:30)가 되고, 해가 진 후라면 유시(酉時, 17:30~19:30)가 됩니다.
그래서, 사주를 보기 전에 시간을 확정짓기 위해서 몇 가지 진단을 하겠습니다.
만약, 신시(申時)가 되면, 신금(申金)과 진토(辰土)와 자수(子水)가 만나면 물바다를 이루는 신자진수국(申子辰水局)이 되는데, 이렇게 수국(水局)이 되면, 손님 한테 배다른 형제가 있을 수 있고요, 만약, 유시(酉時)라면, 손님은 성격이 정확해서 약속관념이나 시간개념이 철저하실 것인데 어느 쪽이 맞습니까?

손님 | 유시(酉時)쪽이 맞습니다.

필자 | 그러면 유시(酉時)로 사주를 보겠습니다.
사주가 이렇게 되면, 자신한테로 힘이 몰려있기 때문에 어떤 일을하는데 있어서 자신의 주장이 강하실 것인데 맞습니까?

손님 | 예, 제가 좀 그런 편입니다.

필자 | 대게, 자신을 나타내는 글자가 임진일주(壬辰日主)인 여자분들은 고집이 강하고, 남자 복이 없는 경우가

많은데, 손님은 어떻습니까?

손님 | ....

필자 | 손님 사주는 겨울 물이라서 남편으로 해석하는 土가 저수지의 둑이 돼서 물(水)을 막아줘야 좋은데, 손님 사주 속에 들어있는 남편은 기토(己土)인데, 이 기토(己土)는 묽은 흙이라서 힘이 약하기 때문에 튼튼한 둑방이 못되므로, 손님 눈높이에는 남편이 시원찮을 것이기 때문에 정이 없이 가거나, 헤어지는 경우가 많습니다.
손님의 경우는 어떻습니까?

손님 | (한참을 머뭇거리다가) 내가 벌어서 먹고 삽니다.

필자 | 남편은 어디가시고요?
갑진대운(갑진대운)중 진 대운(진대운, 41살에서 45살 사이)에 배우자궁에 있는 진토(辰土)와 운에서 온 진토(辰土)가 만나서 진진자형(진진자형)이 되어 싸움이 났는데, 그 때 헤어졌거나, 별거하실텐데요?

손님 | 예, 사실은 제 나이 44살(84년 갑자년(갑자년)에 남편인 기토(己土)와 갑목(갑목)이 만나서 갑기합(갑기합)을 함) 때부터 남편과 따로 살고 있습니다.

필자 | 손님은 금년(壬辰年)운에서 임수(壬水)는 형제로 해석

하기 때문에 식구가 하나 더 늘어난 형국이라서 내 돈이 줄어든 현상과 같고, 진토(辰土)는 남자도 되고, 자신이 하는 일 문제도 되기 때문에 남편 문제이거나 돈 문제로 오셨을 것인데, 어느 쪽이 맞습니까?

손님 | 남편 문제는 아니고요, 사실은 제가 식당을 운영하고 있는데, 요즘 장사가 안되고, 실증이 나서 팔아야겠는데, 언제 팔릴지가 궁금해서 왔습니다.

필자 | 금년에 손님운이 안좋고, 경기도 나쁜데, 이것들이 겹쳐서 왔기 때문에 그렇습니다.
그런데, 금년에 식당을 팔기가 무척 어렵겠습니다. 금년중 양력으로 7월경에나, 그렇지 않으면, 10월경이 운이 옵니다만, 팔더라도 가격을 많이 낮춰야겠습니다.

손님 | 가격을 낮춰서라도 팔고 싶습니다.

필자 | 손님은 자수(子水)와 묘목(卯木)이 만나면 卯木이 상처를 받게 되는 자묘형(子卯刑)이란 것이 있어서 자궁이 약하고, 자식을 잃었을 것인데, 자궁 수술을 했거나 자식을 잃치않았습니까?

손님 | 자궁 수술도 했고요, 유산을 여러 번 했습니다.

필자 | 손님은 6.25 직후에 태어나 어려운 시절이었고, 초

년운이 약해서 어려서 어려움이 많았겠습니다.

손님 | 그 때 그랬었습니다.

필자 | 40대 중반을 넘어서면서부터 돈이 들어오고 잘 살아오셨겠는데, 언제부터 식당을 해왔습니까?

손님 | 39살(89년, 己巳年)부터 장사를 해왔습니다.

壬辰女年 來情法
고객의 마음을 꿰뚫어 봐라

06 다자무자(多者無者, 사주에 너무 많은 것은 없는 것과 같다는 뜻)사주로, 결혼하고 싶은 남자가 없다.

(송파구에 사는 손님)

69	59	49	39	**29**	19	9		時柱	日柱	月柱	年柱
庚	己	戊	丁	**丙**	乙	甲	大	乙	己	癸	乙	坤
寅	丑	子	亥	**戌**	酉	申	運	亥	未	未	卯	命

天干 : 甲(갑) 乙(을) 丙(병) 丁(정) 戊(무) 己(기) 庚(경) 辛(신) 壬(임) 癸(계)
地支 : 子(자) 丑(축) 寅(인) 卯(묘) 辰(진) 巳(사) 午(오) 未(미) 申(신) 酉(유) 戌(술) 亥(해)

사주의 구조 및 핵심사항

임진년(壬辰年) 한 여름에 엄마와 같이 온 30대 후반의 여자 사주다.

사주의 구조는, 뱀띠 해의 한 겨울에 자신을 나타내는 글자를 야산의 土에 비유해서 해석하는 기토(己土)로 태어나 土를 공격하는 木의 세력이 너무 많아서 자신의 힘이 매우 약하므로 土가 용신이고, 火가 길신이며, 木이 병신(病神)이고, 水가 흉신이며, 운에서 오는 金이 약신(藥神)이다.

사주 밑 글자에는 해수(亥水)와 묘목(卯木)과 미토(未土)가 만나면 나무 다발을 이루는 해묘미목국(亥卯未木局)을 이루는데, 미토(未土)가 두 개이고, 화기가 강한 늦여름이라서 木으로 따라가지 못하므로 木이 병(病)이 되므로 다자무자(多者無者)가 되었는데, 다자무자의 뜻은 너무 많은 것은 없는 것과 같다는 뜻이므로 木이 너무 많아서 없는 것과 같은데, 여기서, 다자는 木으로 남자를 의미하기 때문에 남자가 없는 사주라서 결혼을 하기가 어렵다.

손님 | 선생님, 저희는 교회를 다니기 때문에 선생님 사무실 앞을 지날 때마다 와보고 싶었는데, 못 오고 있다가 오늘에야 오게 되었습니다.

필자 | 사주학은 종교와 아무 상관이 없는 학문이기 때문에 저희 사무실에 교회에 다는 사람들이 많이들 오십니다.
사주학은 자연의 이치를 탐구하는 학문인데, 인간이 자연을 떠나서 살 수가 있겠습니까?
종교는 종교이고, 사주학은 사주학인데, 사주학의 진정한 의미를 목회자들이 모르기 때문에 왜곡하고 있습니다.

손님 | 우리 딸 사주가 어떻습니까?

필자 | 따님은 결혼하기가 어렵겠습니다.
이 사주에는 木이 남자인데, 자신(己土)의 땅은 좁은데, 나무(木)하나만 기르면 귀하기 때문에 애지중지 하기 때문에 귀한 남자가 나타날 것인데, 너무 많은 나무가 자라고 있는 것과 같은 형상을 하고 있어서 이 나무(木)들이 마치 잡초같이 귀하지 않는 나무로 보이므로 본인 마음에 쏙 들지 않기 때문에 결혼을 안하는 것이 아니고, 못하는 것입니다.

		이런 사주는 태어난 년에 남자가 나타났으므로 일찍부터 연애를 했겠지만, 결국 헤어졌을 것입니다.
손님 |	선생님 말씀이 맞습니다. 남자친구를 만나긴 했습니다만, 연애다운 연애를 못해봤고, 31살(乙酉年)에 남자와 헤어졌고, 2010년(庚寅年)에도 남자를 만났는데, 마음에 안들어서 헤어졌습니다.
필자 |	10년간씩 구분해서 보는 운을 보면, 앞으로 水운이 오는데, 水운이 오면, 水가 木을 생해주어 木의 힘이 더욱 커지게 되기 때문에 운이 더 나빠지고 결혼도 어렵게 되니까 서두르지 마시고 인연에 맡기세요. 그래서, 직업을 가져야 하는데, 무슨 일을 하고 있습니까?
손님 |	특별히 하는 일이 없이 지내고 있습니다.
필자 |	직업을 가지시는 게 정신적으로나, 건강적인 측면에서도 좋겠습니다.
손님 |	………
필자 |	더 해드릴 말씀이 없습니다.

壬辰女年 來情法
고객의 마음을 꿰뚫어 봐라

07 | 내 맘에 안드는 남편이
내 남편이다.

(송파구에 사는 손님)

61	51	41	31	21	11	1		時柱	日柱	月柱	年柱
庚	己	戊	丁	丙	乙	甲	大	癸	丙	癸	乙	남
寅	丑	子	亥	戌	酉	申	運	巳	戌	未	卯	자

天干 : 甲(갑) 乙(을) 丙(병) 丁(정) 戊(무) 己(기) 庚(경) 辛(신) 壬(임) 癸(계)
地支 : 子(자) 丑(축) 寅(인) 卯(묘) 辰(진) 巳(사) 午(오) 未(미) 申(신) 酉(유) 戌(술) 亥(해)

사주의 구조 및 핵심사항

임진년(壬辰年) 늦 여름에 온 30대 후반의 여자 사주다.

사주의 구조는, 토끼띠 해의 늦 여름에 자신을 나타내는 글자를 태양 火에 비유해서 해석하는 병화(丙火)로 태어나 화기(불기운)가 많아서 무덥고 건조해서 자신의 힘이 매우 강하므로 열기를 식혀 주는 水가 용신이고, 운에서 오는 金이 길신이며, 火가 병신(病神)이고, 木이 흉신이며, 土도 흉신이다.

사주 밑 글자에는 묘목(卯木)과 미토(未土)가 만나서 나무다발을 의미 하는 해미합목국(亥未合木局)을 이루고, 미토(未土)와 술토(戌土)가 만나서 서로에게 상처를 입히는 술미형살(戌未刑殺)을 이루며, 사화(巳火)와 술토(戌土)가 만나서 주로 정신적인 나쁜 작용을 하는 귀문살(鬼門殺)을 형성하고 있다.

필자 | 손님은 여름 태양으로 태어나 자존심이 강하고, 제

면을 중시하는 성격이겠고, 좀처럼 자신의 의견을 굽히지 않는 강한 성격이시겠네요?

손님 | 예, 제가 자존심이 매우 강합니다.

필자 | 사주학은 자연의 이치에 대비해서 만들어진 학문으로, 자연이 조화와 균형이 잘 맞아돌아가는 것처럼 사주도 오행이 조화와 균형이 잘맞아야 좋은데, 손님 사주는 자신인 화기(불기운)가 너무 강한데다가 여름 태양이 나무를 기르기 위해서는 水(물)가 많이 필요한데, 水가 약하기 때문에 마치 극심한 한해를 겪고 있는 형상과 같습니다.
손님 사주에서 水는 남편을 나타내는데, 약하다는 것은 남편이 능력이 없거나, 내 맘에 안드는 남편이 손님의 남편이고, 특히나, 임진년인 올해 이별수가 들어서 큰 갈등을 겪고 있을 것인데, 부부문제로 오셨지요?

손님 | 제 운이 올해 안좋습니까?

필자 | 사주 해석상으로는 금년운에서 水가 왔으므로 운은 좋다고 보지만, 이 임수(壬水)가 진토(辰土)를 달고 와서 남편궁에 있는 술토(戌土)와 충돌을 하기 때문에 부부관계가 나쁘기 때문에 결과적으로 운이 나쁘다고 할 수 있습니다.
이와 같은 형상을 호사다마(好事多魔)라고 해서 좋은

일중에 나쁜 일이 생긴다는 말입니다.
그래서, 각방을 쓰거나 별거를 할 것 같은데 어떻세요?

손님 | 유난히도 올해 많이 싸워서 현재 각방을 쓰고 있습니다.

필자 | 이혼하고 싶지는 않으세요?

손님 | 이혼은 안하고 싶습니다.

필자 | 손님 사주에 사화(巳火)와 술토(戌土)가 만나면 귀문살(鬼門殺)이라고 하는데, 이런 살(殺)이 있으면 우울증이 있게 되는데 어떻세요?

손님 | 남편하고 사이가 나쁜데 우울증이 없겠어요?
당연히 있지요.

필자 | 손님은 몇년도에 결혼했나요?

손님 | 2003년에 결혼했습니다.

필자 | 그러면, 2005년에 부부사이가 어떻하셨습니까?

손님 | 그 때는 따로 떨어져 살아서 별일 없이 지냈습니다.

필자 |　　손님의 남편은 무슨 직업을 가졌습니까?

손님 |　　의사입니다.

壬辰女年 來情法
고객의 마음을 꿰뚫어 봐라

08 | 경제적 어려움 때문에 온 손님이다.
(방배동에 사는 손님)

62	52	42	32	22	12	2		時柱	日柱	月柱	年柱	
壬	辛	庚	己	戊	丁	丙	大	丙	壬	乙	癸	여
戌	酉	申	未	午	巳	辰	運	午	申	卯	卯	자

天干 : 甲(갑) 乙(을) 丙(병) 丁(정) 戊(무) 己(기) 庚(경) 辛(신) 壬(임) 癸(계)
地支 : 子(자) 丑(축) 寅(인) 卯(묘) 辰(진) 巳(사) 午(오) 未(미) 申(신) 酉(유) 戌(술) 亥(해)

사주의 구조 및 핵심사항

임진년(壬辰年) 늦 여름에 온 50대 초반의 남자 사주다.

사주의 구조는, 토끼띠 해의 중춘(中春)에 자신을 나타내는 글자를 강물에 비유해서 해석하는 임수(임수)로 태어나 신약하게 보이나, 습한 나무인 을목(을목)이 여러개 있어서 사주가 습해졌으므로 자신의 힘은 약하지만, 따뜻하게 해주는 火가 용신이고, 水가 병신(病神)이며, 金이 흉신이고, 木도 흉신이다.

이 사주는 신약사주이므로 金운과 水운이 와야 한다고 보면 안되고, 신약해도 반드시 火가 와야 발전하는 사주로, 아래 손님과의 문답에서 분명 하게 밝히겠다.

사주 밑 글자에 묘목(卯木)과 신금(申金)이 만나서 묘신귀문살(卯申鬼門殺)을 두 번에 걸쳐서 이루고 있어서 우울증이 올 수 있다.

필자 | 손님은 개성을 나타내는 상관성(傷官星)인 을목(乙木)이 많아서 개성이 강하고, 火를 용신으로 쓰므로 경제적 감각이 발달하셨겠네요?

손님 | 예, 저는 장사를 하고 싶은데, 주부로만 생활하고 있습니다.

필자 | 손님은 이른 시기인 청소년기부터 41살무렵까지 운이 좋았는데, 42살 무렵부터 운이 기울었는데, 더 자세히 진단해보면, 2004년부터 올해까지 경제적으로 힘들겠고, 부부생활에서도 힘드셔겠네요?

손님 | 예, 지금 굉장히 힘듭니다.

필자 | 손님은 특히 작년부터 특히 더 힘이 드는데, 올해도 손재수가 크겠네요?

손님 | 맞습니다.

필자 | 돈 문제로 상담받으러 오신거지요?

손님 | 예, 맞습니다.
아까 선생님 말씀대로 젊었을 때는 아주 편하게 잘 살아왔었는데, 2004년(갑신년)부터 어려워졌습니다.

필자 | 지금 부부관계도 나쁠 것 같은데 어떻습니까?

손님 | 예, 부부관계도 안좋아졌습니다.

필자 | 손님은 2004년(甲申年)부터 우울증이 진행되었는데, 어떻습니까?

손님 | 2004년부터는 아니지만, 그 후부터 우울증이 왔왔습니다.
저희 남편사주도 봐주세요.

남편 사주

66	56	46	36	26	16	6	大	時柱	日柱	月柱	年柱
庚	己	戊	丁	丙	乙	甲	運	己	庚	癸	壬	남
申	未	午	巳	辰	卯	寅		卯	申	丑	寅	자

天干 : 甲(갑) 乙(을) 丙(병) 丁(정) 戊(무) 己(기) 庚(경) 辛(신) 壬(임) 癸(계)
地支 : 子(자) 丑(축) 寅(인) 卯(묘) 辰(진) 巳(사) 午(오) 未(미) 申(신) 酉(유) 戌(술) 亥(해)

사주의 구조 및 핵심사항 임진년(壬辰年) 늦 여름에 부인이 기가지고 온 50대 초반의 남자 사주다.

사주의 구조는, 범띠 해의 늦겨울에 자신을 나타내는 글자를 무쇠 金에 비유해서 해석하는 경금(庚金)으로 태어나 金氣(쇠성분)가 강해서 자신의 힘이 강하고, 水氣(물성분)이 많아서 냉하므로 무쇠 金을 녹여주는 火가 용신이고, 木이 길신이며, 水와 金이 병신(病神)이고, 土가 흉신이다.

사주 밑 글자에 인목(寅木)과 처 궁에 있는 신금(申金) 인신충(寅申

沖)을 하고 있고, 또, 처궁에 있는 신금(申金)과 묘목(卯木)이 만나 묘신귀문살(卯申鬼門殺)을 하고 있어서 부부궁이 불안하다.

필자 | 남편 사주는 역마살(役馬殺)인 인목(寅木)과 신금(申金)이 있으면서 서로 충돌을 하고 있는데, 이런 구조가 되면, 삶이 역동적이고, 많이 움직이는 직업을 가져야 하는데, 하시는 일이 영업직이나, 돌아다니면서 하는 사업이 아닙니까?

손님 | 맞습니다.
많이 돌아다니면서 하는 사업입니다.

필자 | 남편되신분은 자신을 나타내는 글자가 경금(庚金)이라서 의리가 있고, 능력이 있으신분이시겠네요?

손님 | 맞습니다.
의리도 있고, 능력도 있습니다.

필자 | 남편은 초년에는 두각을 나타내지 못했고, 직장생활을 했겠습니다
만, 36세를 전후해서 사업을 시작했을 것으로 보이는데, 맞습니까?

손님 | 맞습니다.
초년에 직장생활을 하다가 30대 중반부터 사업을 해왔습니다.

| 필자 | 남편도 2004년(甲申年)부터는 사업이 제대로 안되다가, 2007년(丁亥年)하반기부터 경제위기를 격으면서 어려워지셨겠습니다. |

| 손님 | 맞습니다.
2007년부터 어려워져서 작년(辛卯年)에도 어려웠는데, 올해 더욱 어려워졌는데, 어떻게 하면 좋겠습니까? |

| 필자 | 남편사주는 아직 10년간씩 구분해서 보는 대운이 살아있고, 또 내년(癸巳年)부터 火운이 오기 때문에 금년을 잘 참고 때를 기다려야 합니다.
반드시 좋은 일이 있으실 것입니다. |

| 손님 | 믿어도 되겠습니까? |

| 필자 | 제 말씀을 믿으세요. |

壬辰女年 來情法
고객의 마음을 꿰뚫어 봐라

09 현침살(懸針殺)이 많아서 직업이 간호사다.

(광진구에 사는 손님)

69	59	**49**	39	29	19	9		時柱	日柱	月柱	年柱	
辛	庚	己	戊	丁	丙	乙	大	丁	丙	甲	癸	여
未	午	巳	辰	卯	寅	丑	運	酉	戌	子	卯	자

天干 : 甲(갑) 乙(을) 丙(병) 丁(정) 戊(무) 己(기) 庚(경) 辛(신) 壬(임) 癸(계)
地支 : 子(자) 丑(축) 寅(인) 卯(묘) 辰(진) 巳(사) 午(오) 未(미) 申(신) 酉(유) 戌(술) 亥(해)

사주의 구조 및 핵심사항

임진년(壬辰年) 초 가을에 온 50대 여자 사주다.

사주의 구조는, 토끼 해의 한겨울에 자신을 나타내는 글자를 태양 火에 비유해서 해석하는 병화(丙火)로 태어나 가장추운 계절이라서 水氣(찬기운)가 강하므로 자신의 힘이 약하므로 도와주는 자신을 도와주는 火가 용신이고, 木이 길신이며, 水가 병신(病神)이고, 金이 흉신이며, 土가 약신(藥神)이다.

사주 밑 글자에 묘목(卯木)과 자수(子水)가 만나서 서로에게 상처를 입히는 자묘형(子卯刑)이 성립하고 있는데, 여자들 사주에서 자묘형은 주로 자궁에 이상이 있게 된다.

갑목(甲木)과 묘목(卯木), 술토(戌土), 유금(酉金)이 의료계와 인연을 나타내는 현침살이라서 직업이 간호사다.

필자 | 손님은 태양으로 해석하는 병화(丙火)로 태어났기 때문에 자존심이 강하고, 체면을 중시하는 스타일이며, 리더격이라서 학교 다닐 때 학교에서 반장을 했겠고, 큰 며느리 역할을 하시겠습니다.

손님 | 예, 제가 학교 다닐 때 반장을 했습니다.

필자 | 겨울에 태어난 태양은 화력이 약한데다가 사주에 찬 기운이 많아서 태양의 화력이 더욱 약해졌기 때문에 水(물)를 싫어하게 되는데, 여기서, 水(물)는 남편과 직업을 나타내기 때문에 남편과 성격이 안맞겠고, 직업도 무언가 불만이 많은 직업이 손님의 직업인데, 어떠하십니까?

손님 | 예, 밤을 세는 직업이기 때문에 매우 힘들어서 직장 생활하기가 싫고, 또 남편과도 사이가 안 좋습니다.

필자 | 손님은 금년운에서 水(물)운이 왔기 때문에 직장문제와 남편문제로 오셨을 것 같은데, 그렇습니까?

손님 | 맞습니다.
금년에 직장에서 일이 너무 많아서 매일 밤 늦게까지 근무를 해야 하고, 또, 남편하고의 갈등도 많습니다.

필자 | 손님은 금년에 남편하고 각 방을 쓰거나, 그렇지 않

으면, 별거까지도 할 수 있는 운인데, 어느 정도입니까?

손님 | 아직 별거까지는 안갔지만, 어제도 싸워서 제가 친구 집에서 잠을 잤는데도 찾는 전화한 번 없습니다.

필자 | 그럴 것입니다.
손님의 사주에 그런 것들이 나타나있기 때문으로, 금년운이 그렇기 때문에 더욱 심각해졌는데, 슬기롭게 잘 넘기셔야 합니다.

손님 | 이혼을 하면 어떻겠습니까?

필자 | 손님 사주에 남편을 나타내는 글자는 아주 나쁩니다만, 배우자궁에 있는 글자가 좋아서 이혼을 하기는 쉽지 않겠습니다.
또한, 손님은 체면을 중시하는 스타일이라서 이혼을 하기가 더욱 어렵습니다.

손님 | 저도 그렇게는 생각을 합니다만, 남편과 성생활을 안하고 산지가 10여년이 넘다보니까, 이제는 저도 생각이 달라질 때가 많습니다.

필자 | 그 정도 입니까?
부부가 성생활을 하는 것이 당연한 이치이고, 정상적인 생리활동인데, 성생활을 안하고 산다면, 매우

	심각한 것 같습니다. 남편이 원치 않습니까?
손님	예, 제가 원해도 남편이 해주지를 않습니다.
필자	참, 딱하십니다. 원인이 있을 텐데요? 남편이 혹시 바람을 피우시니까?
손님	아마도 남편이 바람을 피우는 것 같습니다. 제가 눈으로 확인은 안했지만, 여러가지 정황으로 봤을 때 틀림이 없습니다.
필자	그 문제는 자신의 눈으로 직접 확인을 하셨다면 몰라도 확인하지 않고서는 추측해서 생각하지 마세요. 남편과 이혼을 한다면 모르지만, 이혼을 안한다면, 차라리 모르는 것이 약이 될 것입니다.
손님	그래도 너무 억울합니다. (이때 손님의 눈에 이슬이 맺혔다.)
필자	손님 시주에는 의료계와 인연인 현참살(懸斬殺)이 많은데, 직업이 무엇이까?
손님	현재 대학병원에서 간호사로 일하고 있습니다.

필자 | 　　손님 사주에는 자궁에 이상이 올 수 있는 글자인 자묘형(子卯刑)이 있는데, 자궁이 건강합니까?

손님 | 　　자궁 수술을 받았습니다.

壬辰女年 來情法
고객의 마음을 꿰뚫어 봐라

10 | 남편과 떨어져 생활하는 것이 오히려 편합니다.
(압구정동에 사는 손님)

69	59	49	39	29	19	9	大	時柱	日柱	月柱	年柱	
己	戊	丁	丙	乙	甲	癸		丁	己	壬	癸	女
巳	辰	卯	寅	丑	子	亥	運	卯	丑	戌	卯	子

天干 : 甲(갑) 乙(을) 丙(병) 丁(정) 戊(무) 己(기) 庚(경) 辛(신) 壬(임) 癸(계)
地支 : 子(자) 丑(축) 寅(인) 卯(묘) 辰(진) 巳(사) 午(오) 未(미) 申(신) 酉(유) 戌(술) 亥(해)

사주의 구조 및 핵심사항

임진년(壬辰年) 늦 여름에 온 50대 여자 사주다.

사주의 구조는, 토끼띠 해의 늦가을에 자신을 나타내는 글자를 야산의 土에 비유해서 해석하는 기토(己土)로 태어나 水와 木의 세력이 강해서 자신의 힘이 약간 약하므로 도와주는 火가 용신이고, 水가 병신(病神)이며, 土는 水剋火하는 것을 막아주므로 약신(藥神)이며, 木이 자기 자신인 기토(己土)를 약하게 하므로 흉신이나, 용신인 火를 도와주므로 좋은 기능도 겸하고 있다.

사주 밑 글자에는 축토(丑土)와 술토(戌土)가 만나서 서로에게 상처를 입히는 축술형(丑戌刑)을 이루고 있어서 부부가 멀리 떨어져 생활을 하고 있으며, 또한, 남자를 나타내는 묘목(卯木)이 두개가 있어서 두 남자와 인연을 맺을 운명이지만, 본인이 인정하지 않았다.

필자 | 손님은 가을 土로 태어나셨는데, 자신의 힘이 약산

약해서 엄마를 나타내는 글자인 火가 필요한데, 이렇게, 엄마 글자를 필요로 하는 사람들은 성품이 곱기 때문에 손님도 마음씨가 착하시네요.

손님 | 그렇게 보입니까?
감사합니다.

필자 | 손님은 가을에 태어나서 水가 많이 필요하지 않는 계절인데, 여기서 水는 돈을 나타내므로 돈이 많지 않는 운명이지만, 흐르는 운이 좋아서 잘 사시겠습니다.

손님 | 예, 잘 살고 있습니다.

필자 | 손님은 금년에 돈 문제 외에는 별로 궁금할 것이 없을 것인데, 무슨 일로 오셨습니까?

손님 | 철학원 앞을 몇 차례 지나다니다가 사주를 봐보고 싶어서 왔습니다.

필자 | 손님은 초년운이 水운으로 흘러서 안좋았고, 고등학교 2학년과 3학년 때 운이 따라주지 않아서 손님이 원하는 대학에 못갔거나, 그렇지 않으면, 학과선택이 자유롭지 않았을 것인데, 어떠했습니까?

손님 | 공부는 그런대로 잘했습니다만, 학과는 제가 원하던

학과가 아니었습니다.

필자 | 손님사주에는 懸針殺(현침살)이라고 하는 인자가 많아서 의료직과 인연이고, 卯木(묘목)과 戌土(술토)가 있어서 철학이나, 예술분야에 인연이 많으신데, 무슨 과목을 전공하셨습니까?

손님 | 전혀 다른 과목을 공부하게 되었습니다.
그런데, 예술분야를 공부하고 싶었고, 대학 다닐 때 사주학 책을 읽어본 적이 있습니다.

필자 | 손님은 배우자궁에 있는 축토(丑土)와 태어난 月에 있는 술토(戌土)가 서로에게 상처를 입히는 축술형(丑戌刑)을 이루고 있어서 부부가 늘 같이 생활하면 불편하다거나 그렇지 않으면 갈등이 심할 것인데, 실은 어떻습니까?

손님 | 저희 남편은 지방에서 사업을 하고 있기 때문에 주말부부로 오랫동안 생활을 해와서 전혀 불편을 못느낍니다.

필자 | 손님 부부생활은 그렇게 지내시는 게 좋으신 것입니다.

壬辰女年 來情法
고객의 마음을 꿰뚫어 봐라

11 | 여자사주에 식상(食傷)이 병(病)이라도 관(官)을 용신으로 쓰므로 부부관계에 문제가 없단다.
(종로구에 사는 손님)

62 52 **42** 32 22 12 2							時柱	日柱	月柱	年柱	
庚	己	戊	丁	丙	乙	甲	大	壬	庚	癸	癸	여
午	巳	辰	卯	寅	丑	子	運	午	辰	亥	卯	자

天干 : 甲(갑) 乙(을) 丙(병) 丁(정) 戊(무) 己(기) 庚(경) 辛(신) 壬(임) 癸(계)
地支 : 子(자) 丑(축) 寅(인) 卯(묘) 辰(진) 巳(사) 午(오) 未(미) 申(신) 酉(유) 戌(술) 亥(해)

사주의 구조 및 핵심사항

임진년(壬辰年) 초 가을에 온 50대 여자 사주다.

사주의 구조는, 토끼띠 해의 가을에 자신을 나타내는 글자를 무쇠에 비유해서 해석하는 경금(庚金)으로 태어나 겨울생이고 水가 지나치게 많아서 춥고 약한데, 약한 것보다는 춥기 때문에 따뜻하게 해주는 火가 용신이고, 木이 길신이며, 水가 병신(病神)이고, 진토(辰土)도 흉신이다.

이 사주는 자식글자인 水가 남편을 나타내는 火(불)를 심하게 공격하고 있으며, 배우자궁에 있는 진토(辰土)와 해수(亥水)가 만나 진해원진살(辰亥怨嗔殺)을 이루고 있어서 누가 봐도 부부관계가 나쁠 것이라고 판단 하게 되는데, 정작 본인은 아직까지 부부관계가 크게 나쁘지 않다고 말한다.

필자 | 손님은 태어난 시간이 午時(11:30부터 1시30분)가 맞습니까?

손님 | 예, 어머니가 午時라고 말씀해주셨습니다.

필자 | 혹시, 오전 11:30분 전(巳時)에 태어난 것은 아닐까요?

손님 | 태어난 시각은 잘 모르는데, 午時라고만 들었습니다.

필자 | 왜, 태어난 시간부터 물어봤느냐 하면, 만약, 오전 11:30분 전에 태어나셨다면 남편과 이혼하셨을 것이고, 午時(11:30부터 1시30)라면 남편이 있을 것이기 때문입니다.

손님 | 남편과 아무 문제가 없습니다.
다른 것은 볼 것이 없고, 직장관계가 어떤지만 봐주세요.

필자 | 손님은 금년에 직장을 그만두고 싶을 정도로 스트레스가 심할텐데요?

손님 | 무척 괴로운데, 왜 그렇습니까?

필자 | 금년이 壬辰年인데, 임진년은 水라서 손님 사주에

가장 필요하면서 직장을 나타내는 글자인 火를 끄려고 하기 때문에 일에 실증이 나고 스트레스가 생기게 됩니다.
사주에 직업을 나타내는 글자를 쓰는 사람들은 공무원 같은 조직성 직장생활이 가장 잘 맞는데 직업이 무엇입니까?

손님 | 공무원입니다.

필자 | 어디에 근무하십니까?

손님 | 그것은 좀 ……….
진급은 언제쯤 하겠습니까?

필자 | 저도 공무원 출신입니다만, 공무원조직에서 진급을 하려면 3년전부터 인사고과 관리가 잘돼야하는데, 손님은 그동안 운이 안따라줬기 때문에 고과관리가 잘 되지 않았을 것으로 보이기 때문에 2014년에야 진급운이 올 것 입니다.
(이 사주의 주인은 지금까지 부부관계가 아무 문제가 없었다고 말을 하고 있는데, 아마도 52巳 대운이 오면 사주에 있는 해수(亥水해)와 사화(巳火)가 충돌을 사해충(巳亥沖)으로 충돌을 하므로 퇴직을 하면서부터 부부관계가 나쁠 것으로 예측한다.)

壬辰女年 來情法
고객의 마음을 꿰뚫어 봐라

12 | 부부궁이 깨져있어서 남편과 떨어져 살고 있다.
(송파구에 사는 손님)

61	51	**41**	31	21	11	1	大		時柱	日柱	月柱	年柱	
庚	己	戊	丁	丙	乙	甲	運		丁	癸	壬	丁	女
戌	酉	申	未	午	巳	辰			巳	酉	子	酉	자

天干 : 甲(갑) 乙(을) 丙(병) 丁(정) 戊(무) 己(기) 庚(경) 辛(신) 壬(임) 癸(계)
地支 : 子(자) 丑(축) 寅(인) 卯(묘) 辰(진) 巳(사) 午(오) 未(미) 申(신) 酉(유) 戌(술) 亥(해)

사주의 구조 및 핵심사항

임진년(壬辰年) 초 가을에 온 40대 중반의 여자 사주다.

사주의 구조는, 양띠 해의 중춘에 자신을 나타내는 글자를 꽃나무에 비유해서 해석하는 을목(乙木)로 태어났는데, 土(흙)가 많아서 자신의 힘이 약간 약한편이지만, 중춘은 아직 날씨가 찬데다가 꽃나무는 火(불)를 봐야 꽃이 피는 이치이므로 火가 용신이고, 水가 병신(病神)이며, 미토(未土)와 술토(戌土)는 열기를 가진 土라서 나쁘지는 않지만, 土가 너무 많아서 을목(乙木)의 힘을 빼는데 있어서는 나쁜 작용으로 본다.

사주 밑 글자에 미토(未土)와 묘목(卯木)이 묘미합(卯未合)을 이루고, 또, 미토(未土)는 남편궁에 있는 술토(戌土)와 술미형(戌未刑)을 이루어 부부궁에 상처를 입혔는데, 이런 구조를 가지면, 부부가 갈등이 심하거나, 그렇지 않으면 떨어져 살아야 한다.

여자사주에 태어난 시간에 자식을 나타내는 상관상(傷官星)인 병화(丙火)가 있고, 이 병화(丙火)는 밑에 火의 창고를 뜻하는 술토(戌土)를 가지고 있어서 자식인 병화(丙火)가 무덤위에 있는 형상이므로 사망한 자식을 둘수 있다.

필자 | 손님은 봄에 태어난 꽃나무인데, 火를 봐서 꽃이 활짝피었기 때문에 인물이 잘났고, 인정도 많으시네요.

손님 | 저는 남들한테 퍼줘야 마음이 편합니다.

필자 | 손님은 사주에 자식을 나타내는 글자가 火인데, 금년(壬辰年)에 水(물)운을 만나서 水가 火를 공격하는 수극화(水剋火)를 하므로 자식 고민이 생기게 되는데, 자식문제로 오셨지요?

손님 | 예, 아들이 말을 하도 안들어서 왜 그런가 싶어서 상담을 받으려고 왔습니다.

필자 | 그럴 것입니다.
손님 사주에 금년에 자식에 대한 고민이 생깁니다.
손님은 10년간씩 구분해서 보는 대운(大運)으로 볼 때는 초년운이 좋았습니다만, 고등학교 때의 운을 보니까 83 계해년(癸亥年), 84 갑자년(甲子年), 85 을축년(乙丑年)이 水운이라서 공부가 제대로 안됐었네요?

손님 | 예, 제가 고등학교 때 잘생긴 남학생한테 정신이 팔려서 공부를 잘하지 못했으나 그래도 4년제 대학은 나왔습니다.

필자 | 손님은 남편궁이 술미형(戌未刑)으로 손상을 입어서 남편과 떨어져 살거나 갈등이 많겠는데, 어떻습니까?

손님 | 제가 신혼때 남편이 중국으로 별령이 나서 1년간 떨어져 살았었고요, 2008년에도 떨어져 살았었고, 2010년부터 남편이 중국으로 발령이 나서 떨어져 살고 있습니다.

필자 | 손님은 남편과 떨어져 살아야 편합니다.
그리고, 손님은 자식궁에 자식의 나타내는 글자인 병화(丙火)가 있고, 그 밑에 병화(丙火)의 무덤을 나타내는 술토(戌土)가 있어서 자식중에 한명은 실폐를 할 수가 있는데, 어떠셨어요?

손님 | 두 명을 유산시켰습니다.

壬辰女年 來情法
고객의 마음을 꿰뚫어 봐라

13. 이런 사주를 어떻게 봐야하는가?
(강동구에 사는 손님)

65	55	**45**	35	25	15	5		時柱	日柱	月柱	年柱
丙	乙	**甲**	癸	壬	辛	庚	大	壬	丁	己	癸	여
寅	丑	**子**	亥	戌	酉	申	運	寅	卯	未	卯	자

天干 : 甲(갑) 乙(을) 丙(병) 丁(정) 戊(무) 己(기) 庚(경) 辛(신) 壬(임) 癸(계)
地支 : 子(자) 丑(축) 寅(인) 卯(묘) 辰(진) 巳(사) 午(오) 未(미) 申(신) 酉(유) 戌(술) 亥(해)

사주의 구조 및 핵심사항

임진년(壬辰年) 초겨울에 온 50대 여자 사주다.

사주의 구조는, 토끼띠 해의 가을에 자신을 나타내는 글자를 인공불에 비유해서 해석하는 정화(丁火)로 태어나 木이 많아서 자신의 힘이 매우 강하다.

이 사주는 사주 윗 글자에서 자신을 나타내는 정화(丁火)와 태어난 시간의 윗 글자인 임수(壬水)가 만나서 정임합목(丁壬合木)이 되어 정화(丁火)가 木으로 변했고,

사주 밑 글자에 있는 묘목(卯木)두 개가 미토(未土) 하나를 놓고 묘미합목(卯未合木)을 이루어 정화(丁火)의 뿌리를 품고 있는 未土(미토)마저 木으로 변했으므로 정임합화목격(丁壬合化木格)이 되었으므로, 木을 주체로 놓고 봐야한다.

따라서, 木이 용신이고, 水가 길신이며, 化도 길신이고, 기토(己土)는 흉신이나, 미토(未土)는 묘미목국(卯未木局)을 하므로 길신이다.

필자 | 사주보려고 오셨습니까?

손님 | 우리 애들 사주를 보려고 왔는데, 제 사주부터 봐주세요?

필자 | 그렇게 하겠습니다.
손님 사주를 보니까 좀 특별한 사주네요?

손님 | 어떻게 특별합니까?

필자 | 혹시, 다른 철학원에서 사주를 보신적이 있습니까?

손님 | 오늘 처음봅니다.

필자 | 그러시네요?
그럼, 지금부터 사주를 설명드리겠습니다.
손님은 늦여름에 인공불로 해석하는 정화(丁火)로 태어났는데, 태어난 시간의 윗 글자인 壬水(임수)와 만나서 정임합목(丁壬合木)이 되어 정화(丁火)가 木으로 변했고, 사주 밑 글자에 있는 묘목(卯木)두 개가 정화(丁火)의 뿌리인 미토(未土) 하나를 놓고 묘미합목(卯未合木)을 이루어 미토(未土)마져 木으로 변해서 정합화목격(丁壬合化木格)이 되었으므로, 木이 주체가 되었는데, 사주가 이렇게 되면, 성품이 여리면서 품어 주고 안아주고 쓰다듬어 주는 이 세상의 모든 엄마와 같은 성품을 가지셨네요?

손님 | 예, 제 성격이 그렇습니다.

필자 | 손님은 초년운에 金운이 와서 木을 잘랐으므로 운이 나빴고, 고등학교 2학년인 80년(庚申年)과 3학년(辛酉年)때 金운으로 운이 따라주지 않아서 실력이 안 나왔을 것이기 때문에 재수를 했거나, 눈 높이를 낮춰서 대학교를 갔을 것인데, 어떠했었습니까?

손님 | 예, 제가 어렸을 때 사업을 하시던 아버님이 사업세 실패로 무척 어려웠었고, 고등학교 때 실력이 제대로 안나와서 원치않던 대학을 나왔습니다

필자 | 손님은 대체로 34세때까지는 큰 발전을 하기가 어려웠으나, 35세이후부터 승승장구를 하시고 계시네요?

손님 | 그렇습니다.

필자 | 손님사주는 교육을 나타내는 성분인 木으로 변했으므로 교육과 인연이고, 또, 사주에 의료분야와 인연인 현침살(懸針殺)이 많아서 의료계와 인연이며, 이 두 가지 요소를 합해서 보면, 의대교수가 가장 잘 맞

겠는데, 직업이 무엇입니까?

손님 | 선생님, 정말 잘보시네요.
제가 의사이면서 교수를 겸하고 있습니다.

필자 | 그러면, 국립대 교수입니까, 아니면 사립대 교수입니까?

손님 | 사립대 교수입니다.

壬辰女年 來情法
고객의 마음을 꿰뚫어 봐라

14 | 1만여 종사자를 거느리고 있다는 일본인 여성 사업가가 무슨 문제로 왔는가?

63 53 **43** 33 23 13 3	時柱 日柱 月柱 年柱	
癸 壬 **辛** 庚 己 戊 丁 大	壬 庚 丙 癸	여
亥 戌 **酉** 申 未 午 巳 運	午 子 辰 卯	자

天干 : 甲(갑) 乙(을) 丙(병) 丁(정) 戊(무) 己(기) 庚(경) 辛(신) 壬(임) 癸(계)
地支 : 子(자) 丑(축) 寅(인) 卯(묘) 辰(진) 巳(사) 午(오) 未(미) 申(신) 酉(유) 戌(술) 亥(해)

사주의 구조 및 핵심사항

임진년(壬辰年) 초겨울에 일본에서 온 50세 여자 사주다.

사주의 구조는, 토끼띠 해의 중춘에 자신을 나타내는 글자를 무쇠에 비유해서 해석하는 경금(庚金)으로 태어나 水가 지나치게 많아서 자신의 힘이 매우 약하고 습하므로 따뜻하게 해주는 火가 용신이고, 土가 약신(藥神)겸 길신이며, 水가 병신(病神)이고, 金이 흉신이며, 木이 길신이다.

사주 윗 글자에 있는 丙火(병화)를 놓고 임수(壬水)와 계수(癸水)가 공격을 하고 있고, 사주 밑 글자에 있는 오화(午火)와 자수(子水)가 만나서 자오충(子午沖)을 해서 오화(午火)가 파괴되었다.

이 사주에서 火가 남편이 되므로 남편이 죽거나 이별할 팔자다.

필자 | 손님은 말씀하시는 것이 한국인이 아닌 것 같은데,

어디에서 오셨습니까?

손님 | 일본사람입니다.

필자 | 제 사무실에는 어떻게 오셨습니까?

손님 | 사업관계로 자주 한국에 올 일이 있어서 왔다가 선생님께서 사주를 잘 보신다고 해서 오게 되었습니다.

필자 | 그러면, 한국말을 아십니까?

손님 | 네. 능숙하지는 않지만, 한국 말을 할 줄 압니다.

필자 | 손님의 일본에서의 생년월일을 말씀하세요?

손님 | 음력으로 ○○년 4월 4일인데, 어머님께서 출생시간을 잘 모르다고 합니다.

필자 | 음력으로 ○○년 4월은 윤달이 있었는데, 윤달생입니까, 평달생입니까?

손님 | 잘 모르겠습니다.
그러면, 양력으로 보면 어떻습니까?

필자 | 그렇게 하시지요.

말씀을 해보세요?

손님 | 양력으로 ○○년 4월 27일 생입니다.

필자 | 출생 시간을 아십니까?

손님 | 출생시간은 정확하게 모르는데, 점심 먹기 전이라고 알고 있습니다.

필자 | 그러면, 오전 11시 30분이 지났을 것이라고 생각하십니까?

손님 | 네. 11시 30분은 지났을 것 같습니다.

필자 | 일단 11:32분부터 13:31분까지가 오시(午時)인데 午時로 보겠습니다.
출생시간을 정확히 모르기 때문에 이럴 때는 사주를 본격적으로 풀기 전에 몇가지 사항에 대해서 사전 검증을 한 후에 설명드리도록 하겠습니다.
손님의 사주에서 火가 남편인데, 火가 水의 공격을 받아서 꺼졌기 때문에 남편과 정상적인 부부관계를 할 수 없고, 남편과 이혼을 했거나, 사별할 수도 있는데, 어떻습니까?

손님 | 남편하고 이별을 했는데, 그 남편이 몇 년전에 죽었다고 합니다.

필자 | 손님의 성격은 평소에는 金이 火의 조절을 받아서 점잖지만, 한번 성질이 나면 많은 水가 발동하여 다혈질적인데가 있을 것인데, 맞습니까?

손님 | 그것도 맞습니다.

필자 | 그러면, 오시(午時)가 맞습니다.
사주가 이렇게 되면, 금년이 임진년(壬辰年)으로 水운이라서 직장을 잃거나, 사업상 부도가 날 위기에 처해있을 것으로 판단하는데, 이 문제로 제 사무실을 오셨지요?

손님 | 정확히 맞습니다.

필자 | 정확하게 진단을 하기 위해서 직업을 구체적으로 알아야 하는데, 손님은 공무원이나 대기업같은 조직성 직장의 장(長)이거나, 그렇지 않으면 사업체의 CEO로 보이는데, 무슨 직업을 가졌습니까?

손님 | 종사자수가 1만여명이 되는 ○○○유통회사 CEO입니다.

필자 | 대단하십니다.
그렇다면, 지금 부도위기에 놓여있겠네요?

손님 | 시금 상황이 매우 어려워서 부도가 나느냐, 마느냐

해서 상담을 하려고 온 것입니다.

필자 | 오는 한 두 달이 굉장히 어려운 시기이긴합니다만, 한 두 달만 잘 버티면 내년부터 火운이 오니까 회복 되실 것입니다.
그리고, 손님은 두 번째 남자를 만날 사주이므로 남자를 찾아보세요?
도움이 되실 것입니다.

손님 | 그렇지 않아도 도움을 주실 남자분이 한 분 계시는데, 그분이 도와주시겠습니까?

필자 | 그 분이 도와주실 것입니다.
그리고, 손님은 30대 초반에 남편과 이별 수가 왔었는데, 언제 이별했습니까?

손님 | 34살(96년 丙子년)에 남편과 헤어졌습니다.

필자 | 아까 헤어진 남편께서 돌아가셨다고 했는데, 언제 돌아가셨습니까?

손님 | 5~년 전에 돌아가셨다고 들었습니다.

辰年生
용띠 생 사주

01 배우자궁이 깨졌네요?
02 자신이 바람기가 있다고 말하는 여인.
03 큰 재산가 사주.
04 초 여름(巳月)의 병화(丙火)가 강(强)한 것 같아도 사실은
   신약(身弱)한 사주다.
05 을사(乙巳)일주(고란살)도 부부가 잘살고 있다.
06 사업가 사주는 본인의 운과 경기의 흐름을 연동시켜서 봐라.
07 배우자궁이 깨졌는데도 부부사이에 크게 문제가 없다고 한다.
08 남편의 사주가 어떻습니까?
09 남편 직장과 아들 공부문제로 왔습니다.
10 사주가 나빠 보여도 대운이 좋으면, 부자로 산다.

壬辰女年 來情法
고객의 마음을 꿰뚫어 봐라

01 배우자궁이 깨졌네요?
(강남구에 사는 손님)

65	55	45	35	25	15	5		時柱	日柱	月柱	年柱
甲	乙	丙	丁	戊	己	庚	大	乙	癸	辛	甲	여
子	丑	寅	卯	辰	巳	午	運	卯	酉	未	辰	자

天干 : 甲(갑) 乙(을) 丙(병) 丁(정) 戊(무) 己(기) 庚(경) 辛(신) 壬(임) 癸(계)
地支 : 子(자) 丑(축) 寅(인) 卯(묘) 辰(진) 巳(사) 午(오) 未(미) 申(신) 酉(유) 戌(술) 亥(해)

사주의 구조 및 핵심사항

임진년(壬辰年) 늦봄에 온 40대 말의 여자 사주다.

사주의 구조는, 용띠 해의 늦 여름에 자신을 나타내는 글자를 빗물에 비유해서 해석하는 계수(癸水)로 태어나 자신의 힘이 약하므로 계수(癸水)를 도와주는 金이 용신이고, 水가 길신이며, 미토(未土) 속에 들어있는 火가 흉신이고, 木도 흉신이며, 미토(未土)는 열기를 가진 土라서 흉신이나, 진토(辰土)는 습기를 가진 土이므로 길신이다.

자신의 밑에 있는 글자로 배우자에 있는 유금(酉金)과 태어난 시간의 밑 글자에 있는 묘목(卯木)이 충돌(묘유충, 卯酉沖)해서 부부관계가 나쁠 것인데, 아이들 교육시키느라고 미국에 장기로 떨어져 살았기 때문에 위기를 면했다.

필자 | 지금 말씀하신 손님의 태어난 年 月 日 時가 정확합

니까?

손님 | 예, 정확합니다.

필자 | 손님이 묘시(卯時, 05:30~07:30)에 태어났다면, 부부궁이 깨졌기 때문에 정상적인 부부관계를 유지하기가 어려웠을 것으로 보기 때문에 확인을 한 것입니다.

손님 | 아침 6시가 조금 넘은 것으로 알고 있습니다.

필자 | 이 시간이 맞다면, 손님 나이 35세부터 44세 사이에 부부사이에 위기가 왔었을 것인데, 이런 시기에는 남편과 헤어지거나, 별거를 해야 했는데, 어땠습니까?

손님 | 아이들을 공부시키기 위해서 2005년(乙酉年)에 남편은 일 때문에 한국에 남아있고, 제가 아이들을 데리고 미국에서 생활하다가 작년(辛卯年)말에 귀국했습니다.

필자 | 그러셨네요?
만약, 이와 같이 부부가 떨어져 살지 않았다면, 어려움이 컷을 것인데, 그런 측면으로 봐서는 다행이었다고 생각됩니다.
제가 경험한 바에 의하년, 부부궁이 깨져있는 경우,

대부분이 헤어지거나 별거를 하게 됩니다.

손님 | 그러면, 앞으로는 운이 어떻습니까?

필자 | 2016년부터는 운이 좋아집니다.
그런데, 손님은 아이들 문제나 남편문제로 오셨지요?

손님 | 예, 우리 아이들이 공부를 잘 할 것인가가 궁금해서 왔습니다.

필자 | 손님을 기준해서 볼 때, 木이 자식을 나타내는 글자인데, 木은 자신인 水를 공격하는 인자인 土로부터의 공격을 막아주는 좋은 기능을 일부 하기도 하지만, 특히 자식궁에 있는 묘목(卯木)이 배우자궁에 있는 유금(酉金)과 충돌(묘유충, 卯酉沖)을 하고 있어서 자식과는 인연이 박하다고 봅니다.

손님 | 우리 애들은 아들만 두 명인데, 모두 미국시민권을 가지고 있어서 앞으로도 미국에서 살 것입니다.
그것이 인연 때문일가요?

필자 | 맞습니다.
그것도 인연 때문으로 보입니다.

손님 | 저희 남편 사주도 봐주세요?

남편 사주										
축시(丑時, 01:30~03:30)로 본 남편사주										
63	53	43	33	23	13	3		時柱	日柱	月柱	年柱
丁	戊	己	庚	辛	壬	癸	大	癸	戊	甲	辛	남
亥	子	丑	寅	卯	辰	巳	運	丑	寅	午	丑	자

天干 : 甲(갑) 乙(을) 丙(병) 丁(정) 戊(무) 己(기) 庚(경) 辛(신) 壬(임) 癸(계)
地支 : 子(자) 丑(축) 寅(인) 卯(묘) 辰(진) 巳(사) 午(오) 未(미) 申(신) 酉(유) 戌(술) 亥(해)

사주의 구조 및 핵심사항

임진년(壬辰年) 늦봄에 부인이 가지고 온 50대 초반의 남자 사주다.

사주의 구조는, 소띠 해의 한여름에 자신을 나타내는 글자를 큰 산의 土에 비유해서 해석하는 무토(戊土)로 태어나 자신의 힘이 세고, 한 여름 생이라서 무덥기 때문에 水가 용신이고, 金이 길신이며, 자신인 무토(戊土)가 병신(病神)이고, 火가 흉신이며, 갑목(甲木)은 土를 견제해 주므로 약신(藥神)이지만, 인목(寅木)은 오화(午火)와 합(인오합, 寅午合)을 해서 火를 발생시키므로 흉신이며, 丑土는 습기를 가지고 있는 土라서 길신이다.

사주 밑 글자에는 丑午鬼門殺이 있어서 운이 나빠지면, 비관적인 사고를 쉽게 할 수 있다.

필자 | 남편의 출생시간을 정확하게 알고 계십니까?

손님 | 시댁은 기독교 집안이라서 사주를 안보기 때문에 출생시간에 대해서 관심이 없어서 그냥 새벽이라고만

알고 있습니다.

필자 | 새벽이라면, 이른 새벽도 있고, 늦은 새벽도 있는데, 애매하군요?
만약에 남편의 출생시간이 03:30분을 지났다면 사주가 달라집니다.

남편 사주

인시(寅時, 03:30~05:30)로 본 남편사주

63	53	**43**	33	23	13	3		時柱	日柱	月柱	年柱
丁	戊	己	庚	辛	壬	癸	大	癸	戊	甲	辛	남
亥	子	丑	寅	卯	辰	巳	運	丑	寅	午	丑	자

天干 : 甲(갑) 乙(을) 丙(병) 丁(정) 戊(무) 己(기) 庚(경) 辛(신) 壬(임) 癸(계)
地支 : 子(자) 丑(축) 寅(인) 卯(묘) 辰(진) 巳(사) 午(오) 未(미) 申(신) 酉(유) 戌(술) 亥(해)

필자 | 만약, 남편의 출생시간이 인시(寅時)였다면, 일간(日干, 자신을 의미함)인 무토(戊土)가 양쪽에 있는 갑목(甲木)의 공격을 심하게 받기 때문에 성격이 굉장히 예민하고, 水(물)가 한방울도 없어서 돈이 없는 사주입니다.
그러나, 앞에 있는 축시(丑時)라면, 돈도 있겠고 사업을 하게 될 것인데, 직업이 무엇입니까?

손님 | 사업을 합니다.

필자 | 사업을 하다면, 물 관련 사업을 하거나, 그렇지 않으면, 먹거리 관련 사업을 할 것으로 보이는데, 무슨 사업을 하십니까?

손님 | 양계농장을 경영하고 있습니다.

필자 | 그렇다면, 사주와 직업도 맞기 때문에 출생시간이 인시(寅時)가 아니고 축시(丑時)가 맞습니다.
또, 남편의 운은 지금까지는 돈을 크게 벌었을 것 같지는 않겠고, 앞으로 2016년(丙申年)부터는 운이 金, 水운으로 흐르기 때문에 나이를 먹을수록 돈을 버는 사주라서 말년이 좋은 사주입니다.

필자 | 닭이 몇 마리나 됩니까?

손님 | 몇 십만마리가 된다고 하는데, 저는 정학하게 모릅니다.

필자 | 지금 운은 어떻습니까?

필자 | 금년(壬辰年)은 좋습니다만, 내년(癸巳年)부터 3년간 火운이 오기 때문에 다소 어려움이 있을 것입니다.

손님 | 고맙습니다.

壬辰女年 來情法
고객의 마음을 꿰뚫어 봐라

02 자신이 바람기가 있다고 말하는 여인.
(분당에 사는 손님)

64 54 44 **34** 24 14 4	時柱 日柱 月柱 年柱	
庚 辛 壬 癸 甲 乙 丙 大	壬 癸 丁 丙	여
寅 卯 辰 巳 午 未 申 運	子 酉 酉 辰	자

天干 : 甲(갑) 乙(을) 丙(병) 丁(정) 戊(무) 己(기) 庚(경) 辛(신) 壬(임) 癸(계)
地支 : 子(자) 丑(축) 寅(인) 卯(묘) 辰(진) 巳(사) 午(오) 未(미) 申(신) 酉(유) 戌(술) 亥(해)

사주의 구조 및 핵심사항

임진년(壬辰年) 늦봄에 온 30대 후반의 여자 사주다.

사주의 구조는, 용띠 해의 한 가을에 자신을 나타내는 글자를 빗물에 비유해서 해석하는 계수(癸水)로 태어나 자신의 힘이 강해서 냉하므로 따뜻하게 해주는 火가 용신이고, 운에서 오는 木이 길신이며, 水가 병신(病神)이고, 金이 흉신이며, 진토(辰土)도 흉신이다.

사주 밑 글자에는 진토(辰土)와 유금(酉金)이 합(진유합, 辰酉合)을 해서 金이 되었고, 유금(酉金)과 유금(酉金)이 만나면 서로에게 상처를 입히는 자형살(유유자형살, 酉酉自刑殺)이 작용하며, 자수(子水)와 유금(酉金)이 만나면 정신인인 작용을 일으키는 자유귀문살(자유鬼門殺)이 쌍으로 있다.

필자 | 손님 사주는 에너지가 강해서 밀어붙이는 힘이 강하

기 때문에 무엇이든지 본인 마음대로 하려고 하겠네요?

손님 | 제가 좀 그렇습니다.

필자 | 손님 사주에는 金과 水의 기운이 많은데, 木이 없고, 火의 뿌리가 없어서 균형과 조화가 안맞지만, 다행히도 운에서 火운에서 木운으로 흘러가기 때문에 보완을 해줘서 사주가 좋아졌습니다.

손님 | 감사합니다.

필자 | 손님 사주에는 유금(酉金)이 도화살(桃花殺)인데, 두 개씩이나 있어서 바람기가 있으시겠습니다.

손님 | 하 하 하, 제가 남자를 좋아합니다.

필자 | 손님은 금년운에서 남자운이 왔기 때문에 남자문제나, 그렇지 않으면, 골치아픈 문제가 있을 텐데, 그 일로 오셨지요?

손님 | 사실은 남자친구를 사귀고 있는데, 고민이 되어서 왔습니다.
그 남자하고 저하고 운이랑 궁합이 어떤지좀 봐주세요?

필자 | 그 남자 사주는 나중에 보기로 하고 우선, 손님 사주를 더 보고 갑시다.

손님의 사주에 남편은 진토(辰土)인데, 이 진토(辰土)가 위치해 있는 곳이 태어난 年의 밑 글자로 멀리 있기 때문에 이런 경우를 먼 당신이라고 표현을 합니다.

그리고, 일지 남편 궁에 흉신이면서 도화살(桃花殺)인 유금(酉金)이면 자리를 잡고 있어서 남편과는 성격이 안맞겠습니다.

손님 | 그냥, 맞추고 삽니다.
그러면, 남편사주부터 봐주세요?

남편 사주								時柱	日柱	月柱	年柱
62	52	42	32	22	12	2					
庚	己	戊	丁	丙	乙	甲	大	乙	丁	癸	甲	남
辰	卯	寅	丑	子	亥	戌	運	巳	丑	酉	寅	자

天干 : 甲(갑) 乙(을) 丙(병) 丁(정) 戊(무) 己(기) 庚(경) 辛(신) 壬(임) 癸(계)
地支 : 子(자) 丑(축) 寅(인) 卯(묘) 辰(진) 巳(사) 午(오) 未(미) 申(신) 酉(유) 戌(술) 亥(해)

사주의 구조 및 핵심사항 임진년(壬辰年) 늦봄에 위 부인이 가지고 온 30대 후반의 남편 사주다.

사주의 구조는, 범띠 해의 한 가을에 자신을 나타내는 글자를 인공 불에 비유해서 해석하는 정화(丁火)로 태어나 자신의 힘이 매우 약하므로 도와주는 火가 용신이고, 木이 길신이며, 水가 병신(病神)이고, 金이 흉신이며, 습한 土인 축토(丑土)도 흉신이다.

사주 밑 글자에 사화(巳火)와 유금(酉金)과 축토(丑土)가 만나 쇳덩어리를 이루는 사유축금국(巳酉丑金局)을 이루는데, 이런 金局은 자신인 일간(日干)을 기준으로 볼 때 육친해석으로는 아버지에 해당하고, 처에 해당하기 때문에 아버지의 이복형제가 있거나, 두 번 장가를 가거나, 그렇지 않으면, 직업의 특성에서 나타날 수 있다.

필자 | 남편의 성격이 여리고, 예민하시네요?
자신을 나타내는 일간(日干)이 정화(丁火)인 사람들은 대체로 성격이 여린데, 더군다나, 사주가 약할 경우는 더욱 그렇습니다.
또, 약한 정화(丁火)를 바로 옆에 있는 계수(癸水)가 공격을 하기 때문에 성격이 예민한데, 이렇게 예민한 사람들은 아이큐가 높은 경우가 많은데, 남편은 어떻습니까?

손님 | 예, 선생님 말씀대로 저의 남편은 성격이 여리고, 두뇌도 좋습니다만, 너무 예민합니다.

필자 | 남편 사주는 초년운이 불을 끄는 水운이 와서 좋지 않았고, 고등학교 3학년 때의 운이 92년(壬申年)으로 안 좋았기 때문에 원하는 대학을 못갔거나 재수를 했을 것인데, 어땠었습니까?

손님 | 재수를 해서 갔긴했지만 그래도 의대를 나왔습니다.

필자 | 그렇습니까?
아까 남편 사주가 아이큐가 높을 것이라고 했었는데, 증명이 되었네요.
그런데, 의사가 되려면, 의사와 인연인 현침살이 여러개가 있어야 하는데, 남편 사주에는 유금(酉金)과 갑목(甲木) 두 개밖에 없는데, 의사가 되었네요?
제 임상경험으로는 이런 경우가 드물게 있습니다.
남편 사주에 사유축금국(巳酉丑金局)이 여자와 관련인데, 혹시, 여자를 다루는 진료과목인가요?

손님 | 예, 저희 남편은 산부인과 의사라서 주로 여자들을 상대합니다.

필자 | 그렇네요.
이제 사주에 있는 사유축금국(巳酉丑金局)이 무슨 작용을 하는지가 설명되었습니다.
그런데, 금년(壬辰年) 남편운이 관재가 생기는 운인데, 혹시, 경찰서에 가서 조사를 받고있는 것은 아닙니까?

손님 | 맞습니다.
지금 조사를 받고 있는 중입니다.

필자 | 의료사고 아닙니까?

손님 | 일종의 그런 것입니다.

필자 | 필자가 개발한 래정법대로 그런 일이 생기는 운입니다.
내년(癸巳年)에 법적인 문제는 해결이 될 것입니다.
다만, 돈이 들어갈 것입니다.
(여기서, 돈이 들어간다고 말을 한 이유는, 내년에 사화(巳火)가 들어와서 사유축금국(巳酉丑金局)을 형성하는데, 금국은 돈으로, 돈이 자신(일간) 한테 나쁜 작용을 하기 때문에 금전 손실이 발생하기 때문에 그렇게 말을 한 것이다.)
그런데, 손님은 전혀 걱정을 안하시는 것 같네요?

손님 | 예, 저는 전혀 걱정을 안합니다.
이제, 애인사주를 봐주세요.

애인 사주

63	53	43	33	23	13	3		時柱	日柱	月柱	年柱
己	戊	丁	丙	乙	甲	癸	大	癸	戊	壬	丙 남
亥	戌	酉	申	未	午	巳	運	丑	申	辰	辰 자

天干 : 甲(갑) 乙(을) 丙(병) 丁(정) 戊(무) 己(기) 庚(경) 辛(신) 壬(임) 癸(계)
地支 : 子(자) 丑(축) 寅(인) 卯(묘) 辰(진) 巳(사) 午(오) 未(미) 申(신) 酉(유) 戌(술) 亥(해)

사주의 구조 및 핵심사항 임진년(壬辰年) 늦봄에 위 부인이 가지고 온 30대 후반의 남편 사주다.

사주의 구조는, 용띠 해의 늦 봄에 자신을 나타내는 글자를 큰 산에 비유해서 해석하는 무토(戊土)로 태어나 자신의 힘이 약하므로 도와주는 火가 용신이고, 마른 土인 무토(戊土)가 길신이며, 水가 병신(病神)이고, 金이 흉신이며, 습한 土인 辰土도 흉신이다.

필자 | 남자 친구가 참 착하시네요?
자신을 나타내는 일간(日干)이 무토(戊土)인 사람들은 대체로 성격이 무난한데, 더군다나, 이 사주에서 어머니로 해석하는 병화(丙火)를 용신으로 쓰는 사람들은 더욱 착합니다.

손님 | 예, 저의 남자 친구는 성격이 착합니다.

필자 | 남자 친구 사주는 봄에 태어난 土인데, 습한 글자들이 많아서 자신의 힘이 약한데, 다행히도 초년운에서 火가 등장해서 자신의 힘을 키워줘 초년운이 좋았습니다만, 04년(甲申年)부터는 그다지 운이 좋지않습니다.
남자 친구는 여자 복이 없는데, 결혼을 했답니까?

손님 | 아직 총각입니다.

필자 | 남자 친구는 지금 운이 기울어서 자신의 능력을 발휘하지 못하고 있어서 돈도 없겠습니다.
또, 직업은 자신인 무토(戊土)가 많이 움직이는 역마살인 신금(申金) 위에 앉아있으면서 물을 막는 저수지 둑의 역할을 하고 있어서 건설업종이나 외국과 관련 업종과 인연인데, 무슨 직업을 가졌습니까?

손님 | 건설회사에 다닙니다.

필자 | 이 남자는 52세까지 운이 따라주지 않기 때문에 힘들게 살 것입니다.
그리고, 아직 총각이라면, 장가를 가야하는데, 손님이 붙잡고 있으면, 안되니까 장가를 가도록 놔주는 것이 좋을 것 같습니다.
손님은, 두 남자를 거느릴 능력이 있습니까?

손님 | 그것은 아닙니다.
하도 고민이 돼서 선생님을 찾아온 것입니다.

필자 | 손님 마음을 잘 정리세요.
제가 보기에는 남편이 훨씬 훌륭하십니다.

손님 | 감사합니다.

壬辰女年 來情法
고객의 마음을 꿰뚫어 봐라

03 큰 재산가 사주.
(성북동에 사는 손님)

61	51	41	31	21	11	1	大	時柱	日柱	月柱	年柱	
甲	癸	壬	辛	庚	己	戊	運	庚	甲	丁	壬	남
寅	丑	子	亥	戌	酉	申		午	申	未	辰	자

天干 : 甲(갑) 乙(을) 丙(병) 丁(정) 戊(무) 己(기) 庚(경) 辛(신) 壬(임) 癸(계)
地支 : 子(자) 丑(축) 寅(인) 卯(묘) 辰(진) 巳(사) 午(오) 未(미) 申(신) 酉(유) 戌(술) 亥(해)

사주의 구조 및 핵심사항

임진년(壬辰年) 한 여름에 이 사주의 부인이 가지고 온 60대 초반의 남자사주다.

사주의 구조는, 용띠 해의 늦 여름에 자신을 나타내는 글자를 큰 나무에 비유해서 해석하는 갑목(甲木)으로 태어나 자신의 힘이 다소 약하고, 여름 나무(木)서 물이 많이 필요하므로 水가 용신이며, 사주의 밑 글자에 있는 신금(申金)이 길신이나, 사주의 윗 글자에 있는 경금(庚金)은 흉신이고, 火가 병신(病神)이며, 열기를 가진 미토(未土)는 흉신이지만 습기를 가진 진토(辰土)는 길신이다.

이 사주는 1조원이 넘는 재산가인데, 무슨 이유로 재산가가 될 수 있는가를 분석해 보면, 우선 日干(일간, 자신을 나타내는 글자)이 갑목(甲木)으로, 갑목(甲木)이 의미하는 것은 리더라는 것이고, 크다는 의미도 있으며, 또, 이 사주에서 돈을 나타내는 글자는 土로, 이 사주에는 진토(辰土)와 미토(未土)가 있는데, 진토(辰土)는 글자

속에 계수(癸水)를 품고 있어서 좋을 뿐만 아니라 물을 보관하는 물 창고이기도 하고, 신금(申金)과 신진합(申辰合)을 이루어서 절반의 물바다를 만들기 때문에 좋은 작용을 하지만, 오행상 같은 土이지만 미토(未土)는 글자 속에 열기를 품고 있어서 흉신 작용을 한다.

따라서, 이 사주에서의 돈을 단순하게 돈 글자인 土로만 본다면, 진토(辰土)는 좋은 작용을 하지만, 미토(未土)는 흉신작용을 하므로 돈이 많 다고 단정지을 수 없게 된다.

그러나, 10년간씩 구분해서 보는 대운(大運)에서 용신인 水운이 와서 좋았는데, 특히, 41대운에서 자수(子水)가 등장하여, 기존 사주에 있던 신금(申金)과 진토(辰土)에다가 子水(자수)가 더해져서 큰 물바다를 이루는 신자진수국(申子辰水局)을 이룸으로써 거목인 갑목(甲木)이 마음껏 물을 빨아먹고 왕성하게 자랐기 때문에 그 당시 하루 수입이 2억원씩 이었다고 하니 대단한 재산가가 될 수밖에 없다.

따라서, 사주를 보면서 그 사람의 재산의 크기를 가늠할 때, 유의해야 할 점은, 첫째, 日干이 陽(양)일간인가 陰(음)을간인가를 보고, 둘째, 돈을 나타내는 글자가 길신인가 흉신인가를 보고, 셋째로 대운에서 용신운이 와야 하는데, 그 시기가 대단히 중요하다. 무슨 말이야 하면, 대운에서 용신이 오더라도 너무 어린 나이에 왔다면, 큰 돈을 벌지 못하게 되고, 너무 늦은 나이에 온다해도 큰 돈을 벌지 못하게 된다.

적정한 아니는 40세를 전후해서부터 20년에서 30년 운이 온다면 큰 재산가가 될 수 있음을 이 사주에서 증명해 주고 있다.

필자 | 손님의 남편은 기본적인 성품은 좋은 분이시겠지만, 예민하시겠네요?

손님 | 예, 저의 남편은 무척 예민합니다.

손님 | 왜 그렇습니까?

필자 | 원래, 자신을 나타내는 글자가 木(나무)인 사람들은 대체로 인간성이 좋은데, 특히, 갑목(甲木)으로 나면 나면, 유교적이고, 보수적이며, 가부장적인 성향을 보이게 됩니다.
그리고, 어떤 사주든지, 자기를 나타내는 글자를 바로 옆에서 공격하는 글자가 있으면, 성격이 예민해 지는데, 남편 사주에는 자기(甲木) 바로 옆에 경금(庚金)이라는 글자가 있는데, 이 경금(庚金)은 마치 톱으로 나무를 베려고 하기 때문에 갑목(甲木)의 입장에서 보면, 톱에 맞서 지지않으려고 하므로 예민해 지는 것입니다.

손님 | 그러면, 그 톱에 해당하는 글자가 무척 나쁜 글자네요?

필자 | 무조건 나쁜 글자로 보시면 안됩니다.
예를 들어서, 남북관계에 있어서 휴전선에서 국군과 적군이 총을 들고 있기 때문에 전방의 군인들이 긴장하는 것처럼 사람은 적당한 긴장을 해야만 역동적이고 두뇌가 빨리 돌아가는 법입니다.
즉, 경금(庚金)이 채찍질을 해주는 것과 같기 때문에 남편 사주에서는 金이 어디에 있느냐에 따라서 흉신작용과 길신작용으로 보는 데서 나누어집니다.
그래서, 같은 金이지만, 사주 밑 글자에 있는 신금

(申金)은 글자 속에 임수(壬水)을 품고 있어서 좋을 뿐만 아니라, 진토(辰土)와 신진합(申辰合)을 해서 좋은 작용을 더 많이 해줍니다.

손님 | 경금(庚金)이라는 글자를 없앨 수는 없습니까?

필자 | 걱정하지 마세요.
사주에 있는 글자를 누군가가 인위적으로 없애고 넣고 할 수는 없는법이고, 남편 사주에는 경금(庚金)이 나쁘지만, 경금(庚金)을 제압해주는 강력한 무기인 정화(丁火)를 가지고 있기 때문에 경금(庚金)이 함부로 날뛰지 못합니다.
그리고, 사주를 보니까, 사주 윗 글자에서 태어난 年에 임수(壬水)가 있어서 남편의 조부 대(代)에 잘 사셨겠습니다.

손님 | 남편의 할아버지 집안이 옛날에 양반집이었답니다.

필자 | 남편의 사주에 태어난 年에 있는 임수(壬水)와 태어난 月에 있는 정화(丁火)가 정임합(丁壬合)을 하는데, 이런 구조를 가지면, 대게, 조부가 바람을 피워서 첩을 두셨을 것 같은데, 사실은 어떠했다고 들었습니까?

손님 | 말씀도 마세요.
조부께서 첩을 여럿을 거느렸다고 들었습니다.

시아버지께서도 바람을 피워서 가세가 기울었다고 합니다.

필자 | 손님은 어려서 유복하게 성장했겠습니다.

손님 | 공부도 잘했고, 유복하게 살았답니다.

필자 | 남편이 20대 후반에 힘들었겠네요?
그리고, 남편은 사주에 물이 가장필요한데, 그 물이 신금(申金)이라는 역마살(役馬殺)에서 나왔기 때문에 운수계통의 업종이 맞겠습니다.

손님 | 예, 남편은 운수회사에 종사했고, 지금도 운송회사를 하고 있습니다.
남편은 20대 후반에 대학을 졸업하고, 회사에 취업해서 엄청 고생을 했답니다.

필자 | 31살이후부터는 크게 발전을 했겠는데요?

손님 | 그 때도 회사생활을 했는데, 운이 좋아서 회사에 큰 돈을 벌어주었다고 합니다.

필자 | 30대 후반부터는 자신감을 얻어서 자기 사업을 했을 것인데요?

손님 | 예, 그 무렵부터 사업을 시작했는데, 41살(壬申年, 임

신년)부터는 얼마나 사업이 잘되었던지 몇 년동안 하루에 2억원씩 수입을 올렸는데, 얼마나 많이 벌었겠습니까?
남편은 외환위기 때도 큰 돈을 벌었습니다.

필자 ｜ 대단했네요?

손님 ｜ 언제까지 운이 있겠습니까?

필자 ｜ 운으로 보면, 2013년(癸巳年)부터는 운이 약해지기 때문에 이제부터는 확장하는 것이 중요한 것이 아니고, 지키는 것이 더 중요합니다.

손님 ｜ 감사합니다.

壬辰女年 來情法
고객의 마음을 꿰뚫어 봐라

04 | 초 여름(巳月)의 병화(丙火)가 강(强)한 것 같아도 사실은 신약(身弱)한 사주다.

(송파구 오륜동에 사는 손님)

64	54	44	34	24	14	4		時柱	日柱	月柱	年柱	
庚	己	戊	丁	丙	乙	甲	大	己	丙	癸	丙	乾
子	亥	戌	酉	申	未	午	運	亥	子	巳	辰	命

天干: 甲(갑) 乙(을) 丙(병) 丁(정) 戊(무) 己(기) 庚(경) 辛(신) 壬(임) 癸(계)
地支: 子(자) 丑(축) 寅(인) 卯(묘) 辰(진) 巳(사) 午(오) 未(미) 申(신) 酉(유) 戌(술) 亥(해)

사주의 구조 및 핵심사항

임진년(壬辰年) 한 여름에 온 30대 후반의 남자 사주다.

사주의 구조는, 용띠 해의 초 여름에 자신을 나타내는 글자를 태양 火에 비유해서 해석하는 병화(丙火)로 태어나 水가 지나치게 많아서 자신의 힘이 약하므로 도와주는 火가 용신이고, 운에서 오는 木이 길신이며, 水가 병신(病神)이고, 金이 흉신이며, 土가 약신(藥神)이다.

사주 밑 글자에는 진토(辰土)와 자수(子水)가 사화(巳火)를 사이에 두고 물덩어리를 이루는 자수국(申子水局)이 있고, 사화(巳火)와 해수(亥水)가 자수(子水)를 가운데 두고 사해충(巳亥沖)을 하고 있다.

이 사주에서 중요한 것은 사월(巳月)의 병화(丙火)가 水를 공격하는 기토(己土)와 진토(辰土)가 있어서 자칫 身强(신강, 일간 자신의 힘이 강함을 뜻함)한 사주로 보기 쉬우나 사실은 身弱(신약, 일간 자신의 힘이 약함을 뜻함)한 사주다.

필자 | 손님 사주는 여름 태양으로 태어났기 때문에 밝고 크며, 똑똑하며, 에너지가 많아서 힘이 넘칠 것 같지만, 반대로 힘이 약한 사주라서 뒷심이 부족하시겠네요?

손님 | 예, 뒷심이 약합니다.

필자 | 손님 사주는 초여름에 태어나 水가 많고, 특히, 계수(癸水)라는 글자는 하늘에서 내리는 비에 비유하기 때문에 태양인 병화(丙火)를 가리므로 성격이 예민하고, 두뇌가 좋겠습니다.

손님 | 예, 제가 좀 예민한 성격입니다.
머리는 괜찮은 것 같은데, 노력을 별로 안했습니다.

필자 | 손님은 금년(壬辰年)에 직장문제, 진로문제, 자식문제가 생기겠는데 사실은 어떻습니까?

손님 | 금년에도 직장을 두 번이나 옮겼고요, 아들을 낳았습니다.

필자 | 그렇다면 금년운대로 맞았네요.
그런데 손님은 고등학교 1학년 과 2학년 내에 공부

를 안해서 손님이 원하던 대학을 가기가 어려웠겠습니다.

손님 | 사실은 고등학교 때 공부가 하기 싫어서 실업계 고등학교를 진학했는데, 그 학교에 다니기가 싫어서 전공과목을 공부하지 않고, 진학공부를 해서 대학에서 경제학을 공부했습니다.

필자 | 손님사주는 水가 너무 많기 때문에 水를 물리치기 위해서 火와 土를 써야 하므로 교육직이나 기술직이 맞겠고, 역마살(役馬殺)인 사화(巳火)와 해수(亥水)가 巳亥沖(사해충)을 하고 있고, 기술을 의미하는 기토(己土)가 역마살인 해수(亥水)위에 앉아있어서 영업직에도 맞겠습니다.

손님 | 학교를 졸업하고 07년까지는 처음에는 제약회사에 근무를 했었는데,
07년부터 몇몇 직장을 다니다가 지금은 건설회사에서 영업을 담당하고 있습니다.

필자 | 제약회사는 사주에 懸針殺(현침살)이란 게 있어야 인연인데, 손님 사주에는 없기 때문에 제약회사와는 인연이 없고, 지금 다니는 건설회사와는 인연입니다.

손님 | 예, 저와 잘 맞는 것 같습니다.

	지금은 행복합니다.
필자 │	손님사주는 10년간씩 구분해서 보는 대운(大運)에서 볼 때는 23살까지가 좋았고, 24살이후부터 지금까지 금운이라서 태양의 힘을 약화시키기 때문에 나쁜데, 그 구체적인 시기가 2007(丁亥)年부터 올해(壬辰年)까지가 나쁩니다.
손님 │	제가 2007년에 친구 보증을 잘못 서줬다가 부도가 나서 신용불량자가 되어 지금까지 엄청 힘들었습니다. (여기서, 고등학교 때의 운이 나빠서 공부를 제대로 안했었고, 2007년(丁亥年)부터 水운이 와서 수극화(水가 火를 공격함)해서 화기를 약화시켰기 때문에 고생을 한 것으로, 약한 사주라는 것이 분명하게 밝혀졌다.)
필자 │	내년(癸巳年)부터 좋은 운이 오니까 희망을 가지세요.

壬辰女年 來情法
고객의 마음을 꿰뚫어 봐라

05 | 을사(乙巳)일주(고란살)도 부부가 잘살고 있다.
(강동구 사는 손님)

67	57	**47**	37	27	17	7		時柱	日柱	月柱	年柱
己	庚	**辛**	壬	癸	甲	乙	大	戊	乙	丙	甲	여
未	申	**酉**	戌	亥	子	丑	運	寅	巳	寅	辰	자

天干 : 甲(갑) 乙(을) 丙(병) 丁(정) 戊(무) 己(기) 庚(경) 辛(신) 壬(임) 癸(계)
地支 : 子(자) 丑(축) 寅(인) 卯(묘) 辰(진) 巳(사) 午(오) 未(미) 申(신) 酉(유) 戌(술) 亥(해)

사주의 구조 및 핵심사항

임진년(壬辰年) 늦 여름에 온 40대 말의 여자 사주다.

사주의 구조는, 용띠 해의 초봄에 자신을 나타내는 글자를 꽃나무에 비유해서 해석하는 을목(乙木)으로 태어나 木이 많아서 자신의 강하고, 봄이라서 아직 춥기 때문에 火가 용신이고, 木이 길신이며, 土가 길신이다.

이 여자의 사주는 남편을 나타내는 글자인 金이 나타나있지 않고, 용신으로 남편을 공격하는 인자인 병화(丙火) 상관(傷官)을 쓰는데다가 남편궁에 있는 사화(巳火)를 양쪽에 있는 인목(寅木)과 서로에게 상처를 주는 인사형살(寅巳刑殺)을 형성하고 있는데도 40대 말까지는 부부관계를 정상적으로 유지하고 있다고 하나, 그동안 몇 번 이혼위기를 넘겼다고 한다.

손님 | 우리 딸아이 운을 보려고 왔는데, 저의 사주도 봐주

필자 | 세요?

필자 | 그러면, 우선 본인 것부터 봅시다.
손님은 봄 꽃나무에 꽃이 활짝피어서 아름답고 향기가 짙으네요.

손님 | 그게 무슨 말씀입니까?

필자 | 손님 사주는 꽃나무로 태어났는데 꽃이 활짝피어 있어서 아름답고 향기가 진동하다는 뜻으로 사주가 좋다는 의미입니다.

손님 | 감사합니다.

필자 | 이런 사주를 가지고 태어나면, 대부분 남편과의 관계가 좋지 않아서 이혼하고 혼자 사는 경우가 많은데, 손님은 어떻하신가요?

손님 | 아이고! 아버지께서 사주를 좀 보시는데, 처녀 때 결혼을 하려고 하니까 궁합이 나쁘다고 하면서 못하게 했는데, 제가 우겨서 결혼을 해서 살다가 보니까 남편이 총각 때 사귀던 아가씨와 계속 관계를 유지하고 있었고, 그 외에도 여러가지 일로 이혼을 하려고 했다가도 내 팔자려니 하고 체념하고 살아왔습니다.

필자 | 저는 지금까지 손님 사주 같은 경우를 몇 번 봤지만,

한사람도 부부 관계가 정상적인 사람을 못봤는데, 오늘에야 보게 되었습니다.

손님 | 자식운은 어떻습니까?

필자 | 자식을 나타내는 글자가 병화(丙火)인데, 이런 글자를 가지면 자식이 똑똑합니다.
실제는 어떻습니까?

손님 | 지금 미국에서 유학중인데, 공부를 잘하고 있습니다.
저의 운은 어떻습니까?

필자 | 47세이후부터 운이 약해졌네요.
초 봄의 나무는 火운이 와야 좋은데, 金운이 와서 안 좋습니다.
손님은 옷장사를 하면 잘 맞겠는데, 직업이 있습니까?

손님 | 남편과 같이 동대문시장에서 옷장사를 하고 있습니다.

필자 | 직업 참 잘맞네요.
말씀도 참 예쁘게 잘하실테고, 디자인 감각도 발달해있어서요.
저는 손님의 딸 사주보다도 남편의 사주가 더 궁금

합니다.
궁합이 어떤지와 운이 어떤지말입니다.

손님 | 그러면 남편사주를 봐주세요?

남편 사주

時柱	日柱	月柱	年柱
癸	己	乙	己	남
酉	亥	亥	亥	자

62	52	42	32	22	12	2	
戊	己	庚	辛	壬	癸	甲	大
辰	巳	午	未	申	酉	戌	運

天干 : 甲(갑) 乙(을) 丙(병) 丁(정) 戊(무) 己(기) 庚(경) 辛(신) 壬(임) 癸(계)
地支 : 子(자) 丑(축) 寅(인) 卯(묘) 辰(진) 巳(사) 午(오) 未(미) 申(신) 酉(유) 戌(술) 亥(해)

사주의 구조 및 핵심사항
임진년(壬辰年) 늦 여름에 부인이 가지고 온 50대 중반의 남자 사주다.

사주의 구조는, 돼지띠 해의 초겨울에 자신을 나타내는 글자를 야산의 흙에 비유해서 해석하는 기토(己土)로 태어나 자신을 도와주는 火나 土는 없고, 水가 지나치게 많아서 자신의 주체성을 확보할 수 없으므로 주체가 水로 변했다가, 水는 水生木하여 木으로 귀결되므로 결국 주체가 木이 되었는데, 이를 전문용어로 종살격(從殺格)이라고 한다.

필자 | 남편은 성품이 을목(乙木) 꽃나무라서 성품이 부드럽지만, 유금(酉金)이 있어서 정확하시겠네요?

손님 | 예, 저의 남편 성격이 부드럽지만, 자기 관리에 철저

한사람이라서 일을 미루고는 못삽니다.

필자 | 남편은 초년에 무척 고생이 많았겠네요?
그렇지만, 32살을 넘으면서 운이 좋아져서 자기 사업을 했겠는데요?

손님 | 예, 남의 집 점원 생활을 했었는데, 30대 중반부터 장사를 시작해서 돈을 벌었습니다.

필자 | 남편은 자신이 木인데, 木을 중심으로 해서 양쪽에 여자를 두고 있는 형상이라서 신혼 초에 손님이 고생을 했다고 봅니다.

손님 | 저는 사주를 잘 모르지만, 저와 결혼을 하고 난 후에도 남편은 옛날 사귀던 아가씨와 계속 관계를 하고 있었더라고요.
그래서, 그 때 이혼할까 생각했었습니다.

필자 | 지금은 잘 사시겠는데요?

손님 | 지금은 잘 살고 있습니다.

필자 | 남편도 직업이 잘 맞네요?

손님 | 남편도 만족해 합니다.

壬辰女年 來情法
고객의 마음을 꿰뚫어 봐라

06 사업가 사주는 본인의 운과 경기의 흐름을 연동시켜서 봐라.

(서초구에 사는 손님)

62	52	42	32	22	12	2		時柱	日柱	月柱	年柱
甲	癸	壬	辛	庚	己	戊	大	甲	戊	丁	壬	男
寅	丑	子	亥	戌	酉	申	運	寅	寅	未	辰	子

天干 : 甲(갑) 乙(을) 丙(병) 丁(정) 戊(무) 己(기) 庚(경) 辛(신) 壬(임) 癸(계)
地支 : 子(자) 丑(축) 寅(인) 卯(묘) 辰(진) 巳(사) 午(오) 未(미) 申(신) 酉(유) 戌(술) 亥(해)

사주의 구조 및 핵심사항

임진년(壬辰年) 늦 여름에 부인이 가지고 온 60대 초반의 남자 사주다.

사주의 구조는, 용띠 해의 늦여름에 자신을 나타내는 글자를 큰 산에 비유해서 해석하는 무토(戊土)로 태어나 무덥고 건조하므로 기름진 흙이 되려면, 물(水)이 필요하기 때문에 水가 용신이고, 火와 土가 흉신이고, 木은 약신(藥神)과 흉신을 겸하고 있다.

사주 윗 글자에 용신인 임수(壬水)가 나타나 있으나 정화(丁火)와 정임합(丁壬合)으로 묶여있어서 조모가 두 분이고, 사주 윗 글자에 인목(寅木)과 미토(未土)가 만나 귀문살(鬼門殺)을 2중으로 형성하고 있으나, 흐르는 운이 좋기 때문에 나쁜 작용을 하지 않고 있다.

필자 | 남편 사주는 늦여름에 흙이나 큰 산으로 해석하는 土로 태어나 큰 나무(木)을 기르고 있고, 나무가 먹고

살 물(水)도 있어서 값나가는 산이라서 참 좋은 사주입니다.
이런 사주로 태어나면, 성격이 좋고, 그릇도 크며, 돈도 많아서 부자로 사는 행복한 분이시네요.

손님 | 예, 돈도 있고, 행복해합니다.

필자 | 이런 사주는 직장생활을 해도 좋고, 사업을 해도 좋은데, 사업이 더 맞는데 무슨직업을 가지셨습니까?

손님 | 사업을 하고 있습니다.

필자 | 남편분은 木이 직업을 나타내는 글자이므로 나무와 관련된 사업이나, 의류업과 인연이고, 또, 水가 필요하므로 수출업을 할 것으로 보이는데, 구체적으로 무슨 사업을 하십니까?

손님 | 목재사업은 아니고요, 의류업인데, 수출과 수입을 겸하고 있습니다.

필자 | 남편운은 비교적 이른 나이닌 32살 이후부터 운이 들어왔기 때문에 일찍부터 사업을 시작했을 것 같은데 언제부터 사업을 했습니까?

손님 | 선생님이 보신대로, 30대 초반부터 사업을 해왔습니다.

필자 | 10년간씩 구분해서 보는 대운(大運)으로 볼 때 30년 운이 들어왔었기 때문에 그동안 큰 돈을 벌었겠습니다.

손님 | 예, 돈을 많이 벌었습니다.

필자 | 남편운으로 보면, 금년운도 좋습니다만, 나라의 운으로 보면, 2008년(戊子年)에 미국발 경제위기로 인하여 어려워졌고, 2011년(辛卯年)부터는 유럽사태로 인하여 경기가 나빠졌는데, 큰 돈을 만지는 사업가일수록 본인의 운도 중요합니다만, 나라의 운 즉. 경기가 굉장히 크게 영향을 미칩니다. 그 영향으로 남편도 어려울 뿐이지, 운이 나빠서가 아니니까 인내하셔야겠습니다.

손님 | 그러면, 남편운은 언제부터 좋아집니까?

필자 | 사주상으로 보면 2016년(丙申年)부터 좋아집니다만, 나라의 경기는 제가 예측하기로는 2013년 상반기에 저점을 찍고 상승기조로 돌아설 것으로 전망하고 있기 때문에 그 때가 되면 좋아질 것입니다.

손님 | 정말 그럴까요?

필자 | 제 예측을 믿어보세요.
저는 1985년도에 공인중개사 자격증을 땄고, 1988

년부터 1991년까지 4년 동안 매일 경제동향 일기를 써 왔었기 때문에 경제이론도 많이 안다고 자부하고 있는 사람입니다.

손님 | 알겠습니다.

필자 | 사주의 年과 月에 있는 글자인 정화(丁火)와 임수(壬水)가 정인합(丁壬合)을 하고 있는 사주에서는 약 70%정도가 조부가 바람을 피웠거나 그렇지 않으면, 조모가 사망하여 조부께서 두 번 장가를 가셨을 것인데, 사실은 어떻습니까?

손님 | 맞습니다. 어찌 된 것인지는 잘 몰라도 할머니가 두 분입니다.
잘 봐주셔서 감사합니다.
참 잘보십니다.

壬辰女年 來情法
고객의 마음을 꿰뚫어 봐라

07 | 배우자궁이 깨졌는데도 부부사이에 크게 문제가 없다고 한다.
(송파구에 사는 손님)

67 57 47 37 27 17 7		時柱 日柱 月柱 年柱	
庚 己 戊 丁 丙 乙 甲	大	己 辛 癸 壬	남
戌 酉 申 未 午 巳 辰	運	丑 酉 卯 辰	자

天干: 甲(갑) 乙(을) 丙(병) 丁(정) 戊(무) 己(기) 庚(경) 辛(신) 壬(임) 癸(계)
地支: 子(자) 丑(축) 寅(인) 卯(묘) 辰(진) 巳(사) 午(오) 未(미) 申(신) 酉(유) 戌(술) 亥(해)

사주의 구조 및 핵심사항

임진년(壬辰年) 초 가을에 온 60대 초반의 남자 사주로, 부부가 같이 왔었는데 남자사주만 봤다.

사주의 구조는, 용띠 해의 가을에 자신을 나타내는 글자를 보석에 비유해서 해석하는 辛金(신금)으로 태어나 많은 土가 자신을 도와주므로 자신의 힘이 강하고, 보석은 물로 씻어주는 것을 좋아하므로 水가 용신이고, 金이 길신이며, 土가 병신(病神)이고, 木은 약신(藥神)이다.

사주 밑 글자에 진토(辰土)와 유금(酉金)이 만나 진유합금(辰酉合金)을 이루고, 마누라를 나타내는 묘목(卯木)과 배우자궁에 있는 유금(酉金)이 만나 묘유충(卯酉沖)으로 충돌을 하고, 유금(酉金)과 축토(丑土)가 만나서 유축금국(酉丑金局)을 이루고 있다.

이 사주에서 왜 부부가 이혼이나 별거를 하지 않고 큰 이상이 없이 살아가는 이유를 살펴보면, 유금(酉金)과 축토(丑土)가 서로 결합하여 유축금곡(酉丑金局)을 이루므로 유금(酉金)이 묘목(卯木)을 치지 않고 있으며, 또한, 진토(辰土)는 木을 보호하기 위해서 존재하는데, 예를 들어서, 유금(酉金)이 묘목(卯木)을 치려고 하면 진유합금(辰酉合金)으로 유금(酉金)을 묶어서 치지 못하도록 하기 때문이다.

필자 | 손님은 사주에서 두뇌발달과 표현력을 나타내는 글자인 水가 발달해 있어서 머리도 좋으시고, 인정도 많으시네요?

손님 | 예, 제가 머리가 좋다는 말은 들어봤습니다.

필자 | 손님은 금년 사주에 가장 필요한 기운인 水운이 와서 하시는 일이 잘되시겠네요?

손님 | 다른 사람들은 어렵다고들 하는데 저는 일이 잘되고 있습니다.

필자 | 손님은 의료분야나, 전문직 또는 기술직이 가장 잘 맞는데, 무슨 직업을 가지고 있습니까?

손님 | 기업컨설팅을 해주는 일을 하고 있습니다.

필자 | 컨설팅도 전문직이기도 하지만, 기술성향의 직업이라서 잘 맞겠습니다.
손님은 고등학교 3학년(庚戌年)때 운이 안 따라줘서

	재수를 했거나 선택과목을 낮춰야했었는데 어땠습니까?
손님 |	예. 재수를 해서 공대에 진학했습니다.
필자 |	초년운이 별로였고, 직장생활을 의미하는 관운이 왔기 때문에 초년에 직장생활을 했습니까?
손님 |	대기업에 다녔습니다.
필자 |	손님은 47세부터 좋은 운이 와서 주변 환경이 좋은 쪽으로 많이 바뀌었는데, 혹시, 이때부터 사업을 하지 않았습니까?
손님 |	맞습니다. 40대 후반에 회사를 그만두고 나와서 사업을 시작해서 돈을 좀 벌었습니다.
필자 |	일반적으로 보면, 배우자궁이 깨져있으면 부부관계가 나쁜 경우가 많은데, 손님 사주의 경우는 특이한 구조를 가지고 있어서 부부관계가 깨지지 않았을 것으로 보이는데, 부부관계가 어떠십니까?
손님 |	큰 문제는 없습니다. 어느 부부가 항상 웃고만 살 수는 없을 것이고요.

필자 | 그렇다면, 2005년(乙酉年)에 부부가 싸우지는 않았습니까?

손님 | 오래돼서 기억나는 것이 없습니다.

필자 | 2011년(辛卯年)는 부부가 싸우거나 금전적으로 큰 손실을 봤습니까?

손님 | 우리부부가 작년에도 크게 싸운 적도 없는데, 작년에 아들 장가보내느라고 굳이 돈이 없어졌다면 그것입니다.

필자 | 손님 사주가 특별한 구조를 가졌다는 것이 확인이 되었네요.

손님 | 감사합니다.

壬辰女年 來情法
고객의 마음을 꿰뚫어 봐라

08 남편의 사주가 어떻습니까?
(강동구에서 온 손님)

69	59	**49**	39	29	19	9		時柱	日柱	月柱	年柱	
辛	庚	己	戊	丁	丙	乙	大	辛	甲	甲	甲	남
巳	辰	卯	寅	丑	子	亥	運	未	午	戌	辰	자

天干 : 甲(갑) 乙(을) 丙(병) 丁(정) 戊(무) 己(기) 庚(경) 辛(신) 壬(임) 癸(계)
地支 : 子(자) 丑(축) 寅(인) 卯(묘) 辰(진) 巳(사) 午(오) 未(미) 申(신) 酉(유) 戌(술) 亥(해)

사주의 구조 및 핵심사항

임진년(壬辰年) 초 가을에 온 40대 후반의 남자 사주다.

사주의 구조는, 용띠 해의 늦가을에 자신을 나타내는 글자를 큰 나무에 비유해서 해석하는 갑목(甲木)으로 태어났는데, 火가 많아서 건조하므로 갑목(甲木)의 기운을 빼기 때문에 자신의 힘이 약하므로 도와주는 水가 정용신(正用神)이지만 나타나있지 않아서 木이 용신이고, 水가 길신이며, 火가 병신(病神)이고, 숲이 흉신이며, 습토(濕土)인 진토(辰土)는 길신이나, 열토(熱土)인 술토(戌土)와 미토(未土)는 흉신이다.

사주 밑 글자에 진토(辰土)와 술토(戌土)가 진술충(辰戌沖)으로 깨졌고, 미토(未土)와 술토(戌土)가 오화(午火)를 사이에 두고 술미형(戌未刑)되어 서로에게 손상을 입히고 있어서 온전한 土가 아니다.
여기서, 土가 나타내는 것은 돈과, 부인과 부친을 의미하므로 이런 인연 들한데 결과가 니디나 있다.

필자 | 남편 사주는 가을 나무로 태어났는데, 화기가 많아서 건조하기 때문에 갈증을 느끼고 있는 현상과 같습니다.
그래서 水가 필요한데, 초년운에서 水운이 왔기 때문에 초년은 좋았지만, 39세이후부터 화기가 더 강하셔서 운이 약하시네요?

손님 | 잘 좀 봐주세요?

필자 | 남편은 직장생활이 맞는데 무슨 직업을 가졌습니까?

손님 | 직장에 다니다가 지금은 쉬고 있습니다.

필자 | 남편은 2009년(己丑年)부터 土끼리 충돌을 일으켜서 돈이 나가거나, 경제적인 어려움이 크겠고, 2012년(壬辰年)에도 土가 충돌을 일으켜서 돈이 나가거나 경제적인 어려움이 클텐데 이 문제로 오셨습니까?

손님 | 선생님 말씀대로 남편이 2009년부터 일이 안되더니, 재작년(2010년)에는 직장을 나온 후로 놀고 있어서 답답해서 왔습니다.

필자 | 너무 남편을 원망하지 마세요.
2009년부터 경제적인 어려움이 닥쳐서 다들 어려운데, 특히, 부동산 업종에 종사하는 분들과 해운업종에 종사하시는 분들의 타격이 가장 큽니다.
그래서, 남편의 사주 탓만은 아니고, 나라의 경제가 나빠서 그러하니 어쩌겠습니까?

손님 | 그러면, 언제부터 좋아지겠습니까?

필자 | 글쎄요?
앞으로의 오는 운이 매우 힘듭니다.
내년(2013, 癸巳年)부터는 3년간은 火운이 오는데, 남편한테는 火운이 오면, 매우 안좋기 때문에 좋아진다는 말을 하기가 어렵습니다.

손님 | ....(아무 대답이 없이 듣기만 했다.)

필자 | 남편 사주에 土는 돈과, 부인과 부친을 나타내는데, 깨져있기 때문에 부친이 일찍 돌아가셨거나 그렇지 않으면 인연이 멀겠는데, 어떠셨어요?

손님 | 저희 시아버님께서 이른 나이인 본인 연세 40대 후반에 돌아가셨습니다.

필자 | 이 사주에 土가 부인도 나타내는데, 부부관계는 어떠세요?

손님 | 저희 남편이 20대 초반에 결혼을 했다가 헤어졌고, 저와 재혼한 사이입니다.

필자 | 또, 돈이 많이 새는 운명이신데 어떻세요?

손님 | 돈이 없습니다.

필자 | 결과적으로, 이 사주에서 독자들에게 전달하고자 하는 주된 내용인 土가 깨져있는 결과들이 모두 나타나 있음을 알 수 있다.

壬辰女年 來情法
고객의 마음을 꿰뚫어 봐라

09 남편 직장과 아들 공부문제로 왔습니다.
(서초구에 사는 손님)

66	56	46	36	26	16	6		時柱	日柱	月柱	年柱	
丙	丁	戊	己	庚	辛	壬	大	壬	丁	癸	甲	여
寅	卯	辰	巳	午	未	申	運	寅	丑	酉	辰	자

天干 | 甲(갑) 乙(을) 丙(병) 丁(정) 戊(무) 己(기) 庚(경) 辛(신) 壬(임) 癸(계)
地支 | 子(자) 丑(축) 寅(인) 卯(묘) 辰(진) 巳(사) 午(오) 未(미) 申(신) 酉(유) 戌(술) 亥(해)

사주의 구조 및 핵심사항

임진년(壬辰年) 늦 가을에 온 40대 후반의 여자 사주다.

사주의 구조는, 용띠 해의 한가을에 자신을 나타내는 글자를 인공 불에 비유해서 해석하는 정화(丁火)로 태어나 金과 水가 지나치게 많아서 자신의 힘이 매우 약하므로 도와주는 火가 용신이고, 木이 길신이며, 水가 병신(病神)이고, 습기를 가진 진토(辰土)와 축토(丑土)는 흉신이다.

사주 밑 글자에 진토(辰土)와 유금(酉金)이 만나서 진유합금(辰酉合金)이 되고, 축토(丑土)와 유금(酉金)이 만나서 유축금곡(酉丑金局)이 되므로 냉기가 강하다.

필자 | 손님은 성격이 여리고, 정이 많으시고, 감성적이시 네요?

손님 | 예, 제가 그렇습니다.

필자 | 손님은 남편과 성격이 안맞을 텐데 어떻게 사세요?

손님 | 남편하고 성격이 안맞아서 그동안 고생이 많았었습니다만, 참고 살아왔습니다.

필자 | 손님은 금년이 임진년(壬辰年)으로 남편문제와 자식 문제가 생기는데, 구체적으로 무슨 일이 궁금해서 오셨습니까?

손님 | 남의 하는 일이 지금까지는 잘되고 있습니다만, 어떻게 될지가 궁금하고, 그리고, 아들이 14살인데, 키도 커지고 말을 듣지 않아서 저하고 많이 싸우는데, 공부를 잘 할 수 있을런지가 궁금해서왔습니다.

필자 | 남편의 하시는 일은 남편 사주로 봐야 알겠고, 아들도 아들의 사주를 가지고 진단을 해야 정확히 알 수 있습니다.
지금 남편사주와 아들 사주를 보시겠습니까?

손님 | 오늘은 시간이 너무 늦어서 저녁준비를 해야 하니가 남편은 다음에 와서 보기로 하고 아들 사주를 보고 가겠습니다.

필자 | 그렇게 하시지요.

본인의 사주 설명이 덜 끝났으니까 이야기를 마친 후에 아들 사주를 봐드리겠습니다.

손님 | 고맙습니다.

필자 | 손님은 고등학교 1, 2학년 때가 庚申(경신), 辛酉(신유)년으로 金운 이라서 공부가 제대로 안됐겠는데, 3학년 때는 壬戌(임술)년으로 조금 낮아졌겠는데, 이렇게 되면 본인이 원하던 대학을 갈 수 없었을 것인데, 어땠었습니까?

손님 | 맞습니다. 그래서, 낮춰서 대학에 겨우 들어갔습니다.

필자 | 손님은 직업이 있습니까?

손님 | 처녀 때는 직장생활을 하다가 주부로 생활한지가 오래됐습니다.

필자 | 그동안의 운을 보면 잘 살아오셨겠는데요?

손님 | 예, 잘살아 왔습니다.

필자 | 작년(辛卯年)에 이사운이 생겼었는데요?

손님 | 예, 작년에 이사를 했었습니다.

필자 | 손님은 사주에 水가 病(병)이라서 신장이나 방광이 약하실텐요?

손님 | 예, 제가 신우신염(신장에 생긴 병)이 생겨서 혈뇨가 나와서 병원치료를 받은 적이 있습니다.

필자 | 심장도 약하실텐요?

손님 | 제가 사소한 일에도 깜짝깜짝 놀랄 때가 많습니다.
저 사주는 점수로 따지면 몇 점 정도나 됩니까?

필자 | 점수로 따지는 것 보다는 자동차에 비유해서 설명하자면, 사주는 자동차에 비유할 수 있고, 흐르는 운은 도로에 비유할 수 있는데, 자동차가 잘 달리기 위해서는 자동차의 품질이 좋아야 하고, 또, 도로도 좋아야 하는데, 손님의 사주는 국산 승용차를 기준해서 볼 때 소나타 급에 못미칩니다만, 도로가 좋기 때문에 고속도로를 달리는 소나타급에 해당한다고 보여집니다.

손님 | 비유가 참 재밌습니다.
그런대로 괜찮네요?

필자 | 예, 괜찮습니다.
그러면, 우리 아들사주를 봐주세요?

아들 사주											
63	53	43	33	23	**13**	3		時柱	日柱	月柱	年柱
甲	乙	丙	丁	戊	己	庚	大	癸	戊	辛	己	남
子	丑	寅	卯	辰	巳	午	運	亥	辰	未	卯	자

天干 : 甲(갑) 乙(을) 丙(병) 丁(정) 戊(무) 己(기) 庚(경) 辛(신) 壬(임) 癸(계)
地支 : 子(자) 丑(축) 寅(인) 卯(묘) 辰(진) 巳(사) 午(오) 未(미) 申(신) 酉(유) 戌(술) 亥(해)

사주의 구조 및 핵심사항

임진년(壬辰年) 늦 가을에 엄마가 가지고 온 14세 남자 사주다.

사주의 구조는, 토끼띠 해의 가을에 자신을 나타내는 글자를 큰 산에 비유해서 해석하는 무토(戊土)로 태어나 土가 건조하고, 자신의 힘이 강하므로 도와주는 땅을 윤습하게 해주는 水가 용신이고, 金이 길신이며, 土가 병신(病神)이고, 木이 약신(藥神) 이다.

필자 ㅣ 이 사주는 水가 가장 필요한데, 水는 돈이고, 나중에 마누라이면서 아버지를 나타내는 글자라서 아버지가 유능하고, 돈 감각이 발달한 아이입니다.

손님 ㅣ 아들이 공부를 안해서 저와 자주 싸우는데요?

필자 ㅣ 지금 이 아이는 연령대로 봐서 사춘기를 겪고 있는데, 대부분 사춘기까지의 공부 실력은 소용이 없고, 사춘기가 지나야 자기 운대로 가기 때문에 자기 실력이 나옵니다.
이 아이는 성격이 원만하고, 올바르기 때문에 걱정

| 손님 | 안하셔도 됩니다.

| 손님 | 예, 학교 선생님도, 우리 아이에 대해서 칭찬을 많이 하셨고요, 친구들하고도 잘 지내는 것 같습니다.

| 필자 | 아무 걱정이 없습니다.
단지, 내년부터 3년간 즉, 고등학교 1학년 때까지는 공부가 다소 저조할 수 있습니다만, 2학년 때부터는 공부를 잘하게 됩니다.

| 손님 | 우리 아들은 진로나 직업이 무엇이 맞습니까?

| 필자 | 사람은 자기 사주에서 어떤 글자가 필요하느냐에 따라서 진로나 직업을 선택하게 되는데, 이 아이는 우선, 水가 필요하므로 水는 경영학이나, 경제학 계통에 인연이 많고, 또, 의료계통에도 인연이 있습니다.
혹시, 본인이 무슨 직업을 갖고 싶다고 안하던가요?

| 손님 | 어느 날 치과에 갔다오더니 치과의사가 되겠다고 합니다.

| 필자 | 그것 보세요.
자기가 하겠다고 하면 시켜주세요.
의사를 시켜도 되겠습니까?

필자 | 이 아이는 할 수 있습니다.

손님 | 감사합니다.
남편사주하고 딸 사주를 보러 다시 오겠습니다.

壬辰女年 來情法
고객의 마음을 꿰뚫어 봐라

10 사주가 나빠 보여도 대운이 좋으면, 부자로 산다.
(송파구에 사는 손님)

68	58	48	38	28	18	8	大	時柱	日柱	月柱	年柱	
甲	癸	壬	辛	庚	己	戊		己	壬	丁	壬	남
寅	丑	子	亥	戌	酉	申	運	酉	戌	未	辰	자

天干 : 甲(갑) 乙(을) 丙(병) 丁(정) 戊(무) 己(기) 庚(경) 辛(신) 壬(임) 癸(계)
地支 : 子(자) 丑(축) 寅(인) 卯(묘) 辰(진) 巳(사) 午(오) 未(미) 申(신) 酉(유) 戌(술) 亥(해)

사주의 구조 및 핵심사항

임진년(壬辰年) 늦 가을에 부인과 같이 온 60대 초반의 남자 사주다.

사주의 구조는, 용띠 해의 가을에 자신을 나타내는 글자를 강물에 비유해서 해석하는 임수(壬水)로 태어나 土가 지나치게 많아서 자신의 힘이 매우 약하므로 도와주는 水가 용신이고, 金이 길신이며, 土가 병신(病神)이지만, 습기를 가진 진토(辰土)는 물창고 이므로 길신의 작용도 하며, 木이 약신(藥神)인데 없어서 아쉽다.

사주 밑 글자에 술토(戌土)와 미토(未土)가 만나 서로에게 해를 주는 술미형살(戌未刑殺)을 이루고 있는데, 술토(戌土)가 배우자궁에 있으므로 부부궁이 나빠서 재혼을 한 사람이다.

필자 | 손님은 무더운 여름에 강물로 태어나서 세상을 시원하게 해주고 있어서 누구한테든 환영받는 분이고, 성실한 분이시네요.

손님 | (옆에 앉자있던 부인이 대답하기를) 맞습니다.
성실한 분입니다.

필자 | 손님이 태어난 시대는 6. 25 전쟁 직후라서 경제적으로 굉장히 여러운 시기였는데도 손님은 운이 좋아서 귀염받으면서 성장했겠습니다.

손님 | 그렇습니다.
제 어린 시절은 사람들이 배고프게 살아온 세대입니다만, 저는 편히 자랐습니다.

필자 | 손님은 금년에 친구나 형제문제 또는 직업문제 그렇지 않으면 자식 문제가 생기는데, 무슨일로 오셨습니까?

손님 | 아들 이름을 지으러 왔고, 제 운도 보려고 합니다.

필자 | 아니, 손님의 연세가 몇이신데 아들 이름이라뇨?

손님 | 제 나이가 금년에 환갑입니다.

필자 | 대단하십니다.

손님 | (부부가 말없이 웃고만 있었다.)

필자 | 손님 사주를 보면, 정화(정화)가 부인에 해당하고 돈

에 해당하며, 부친에 해당하는데, 정화(정화) 하나를 놓고, 친구인 다른 임수(임수)가 서로 차지하려고 하는 상이라서 내 돈을 다른 사람이 빼앗아 먹을 수도 있겠고, 또 내 부인을 다른 사람한테 가버리는 형상인데 다가 배우자궁인 일지(일지, 자기 밑 글자)가 형살을 맞아서 부부궁이 깨졌으며, 그 시기는 30세를 전후해서 부인과 헤어질 운이 왔었는데, 어땠었습니까?

손님 | 예, 제 나이 33살(갑술년)에 이혼을 했고, 곧 재혼을 했습니다.

필자 | 손님이 이혼을 했던 시기는 모든 일들이 잘 안돼서 고생을 많이했겠습니다.

손님 | 맞습니다.
그 때 직장생활을 했었는데, 어려움이 많았었습니다.

필자 | 손님은 30대후반부터 운이 좋아서 잘살고 계시겠는데요?

손님 | 예, 지금은 밥 먹고 삽니다.

필자 | 손님 사주는 돈을 나타내는 글자인 정화(정화)와 정임합(정임합)을 하고 있어서 사업과 인연이고, 사주

에 보건분야와 인연인 현침살(현침살) 3개씩이나 있어서 의료분야나 호텔업과도 인연이며, 물 관련 사업을 하셔도 좋겠는데, 무슨 일을 하고 계십니까?

손님 | 예, 저는 호텔이 하나있고, 건물도 하나 가지고 있습니다.
그리고, 경기도에 먹는 샘물을 개발하려고 하는데 어떻습니까?

필자 | 물 사업 잘 맞습니다.
하세요.

이때 옆에 있는 부인이 "이제 일은 그만 벌리고 있는 것이나 잘 관리하면서 살았으면 좋겠다"면서 남편을 말렸다.

巳年生
뱀띠 생 사주

01 공인중개사 사무실을 개업해도 되겠습니까?
02 손님은 관재(官災) 진행형입니다.
03 직업운을 보려고 래방했다.
04 이사운이 궁금해서 왔습니다.
05 내 팔자 때문에 이혼할 유부남과 인연이 된다.
06 사업을 해볼까 하는데요?
07 사윗감이 접객업소 보이로 보였단다.
08 결혼을 언제하면 좋겠습니까?
09 三合을 깨면 대흉이 발생한다.
10 사주에 火를 쓰므로 영화관을 운영한다.
11 돈 문제로 왔습니다.
12 의사였던 남편이 젊은 나이에 사망했단다.
13 상담료 떼어먹고 도망간 사주.

壬辰女年 來情法
고객의 마음을 꿰뚫어 봐라

01 | 공인중개사 사무실을 개업해도 되겠습니까?

62	52	**42**	32	22	12	2		時柱	日柱	月柱	年柱	
乙	丙	**丁**	戊	己	庚	辛	大	庚	壬	戊	乙	坤
巳	午	**未**	申	酉	戌	亥	運	子	子	寅	巳	命

天干: 甲(갑) 乙(을) 丙(병) 丁(정) 戊(무) 己(기) 庚(경) 辛(신) 壬(임) 癸(계)
地支: 子(자) 丑(축) 寅(인) 卯(묘) 辰(진) 巳(사) 午(오) 未(미) 申(신) 酉(유) 戌(술) 亥(해)

사주의 구조 및 핵심사항

임진년(壬辰年) 초봄에 온 40대 후반의 여자 사주다.

사주의 구조는, 뱀띠 해 초봄에 자신을 나타내는 글자를 강물에 비유해서 해석하는 임수(壬水)로 태어났는데, 자신의 힘이 강하고, 태어난 계절이 초봄이라서 춥기 때문에 따뜻하게 해주는 火가 용신이고, 木이 길신이며, 水가 병신(病神)이고, 金이 흉신이며, 무토(戊土)가 약신이다.

사주 밑 글자에 인목(寅木)과 사화(巳火)가 만나서 서로에게 상처를 주는(인사형, 寅巳刑)이 있고, 子水가 또 子水를 보면 서로에게 상처를 주는(자자자형, 子子自刑)이 있다.

필자 | 손님은 임수(壬水)일주로 태어났는데, 이 壬水는 강물에 비유해서 해석을 합니다.

강물은 깊고 큰 물이기 때문에 그 속을 알 수 없으므로 자신의 비밀을 좀처럼 남한테 말하는 법이 없어서 비밀이 많은 성격입니다.

손님 | 예, 제가 그렇습니다.

필자 | 손님 사주에 금년(임진년, 壬辰年) 운을 대입해 보면, 올해의 운의 윗 글자인 壬水는 형제나 동료에 비유하기 때문에 다시 말하면, 식구가 하나 더 늘어난 형국이라서 돈 쓸 곳이 생기므로 돈에 신경이 쓰이게 되고, 임진년(壬辰年)의 밑 글자인 진토(辰土)는 관성(官星)으로 남편이나 일에 대한 문제이기 때문에 남편문제나 일 문제로 오셨을 것 같은데 맞지요?

손님 | 저는 딸만 둘을 두었는데, 금년에 모두 대학에 들어갔기 때문에 학비가 많이 들고, 노 부모님도 계시고, 남편의 하는 일이 하향길 이라서 제가 무슨 일을 해보려고 하는데, 해도 될 것인지가 궁금 해서 왔습니다.

필자 | 손님은 돈 복이 있고, 그동안 운도 좋았으며, 내년(계사년, 癸巳年)부터는 운도 따라주기 때문에 사업이나 장사를 해도 되겠습니다.
그런데, 무슨 장사를 해보려고 하십니까?

손님 | 제가 몇 년 전에 공인중개사 자격증을 따놓았는데

해도 되겠습니까?

필자 | 괜찮습니다.
그런데, 금년(임진년, 壬辰年)은 부동산 경기도 없고, 손님의 운도 안 따라주니까 금년에 취업을 해서 경험을 쌓고, 내년부터나 해보세요.

손님 | 알겠습니다.
잘 할 수 있겠습니까?

필자 | 능력도 있고, 운도 따라주니까 잘될 것입니다.
그런데, 손님은 학교 다닐 무렵의 대운(10년씩으로 끊어서 보는 운)이 나빴고, 고등학교 때의 운이 나빠서 가고 싶은 대학에 갈 수 없었겠습니다.

손님 | 그 때 그랬습니다.
저는 원래 사범대학을 희망했는데 공부를 제대로 못해서 못가고, 그대신 간호대학을 나와서 약 4년간을 간호사로 일하다가 애를 낳으면서 그만두었습니다.

필자 | 손님사주에서 남편을 나타내는 글자인 무토(戊土)가 튼튼하므로 유능한 남편이지만, 일간(日干, 자신을 의미함)의 밑 글자로 배우 자궁에 있는 子水와 태어난 시간의 밑 글자에 있는 子水가 만나서 서로에게 상처를 주는 자자자형(子子自刑)이 있어서 손님과 남편의 성격이 안맞습니다만 남편이 능력이 있기 때문에

아웅다웅하면서 사는 것입니다.

손님 | 예, 남편성격하고 안맞습니다.

필자 | 운을 보니까 손님은 그동안 잘살아 오셨네요.

손님 편히 살아왔는데, 올해부터 딸들이 대학에 들어가면서 저도 돈을 벌어야겠다고 생각을 하게 된 것입니다.
선생님, 감사합니다.

壬辰女年 來情法
고객의 마음을 꿰뚫어 봐라

02 손님은 관재(官災) 진행형입니다.
(서초구에서 온 손님)

61	51	41	31	21	11	1		時柱	日柱	月柱	年柱	
庚	辛	壬	癸	甲	乙	丙	大	甲	己	丁	丁	乾
子	丑	寅	卯	辰	巳	午	運	戌	巳	未	巳	命

天干 : 甲(갑) 乙(을) 丙(병) 丁(정) 戊(무) 己(기) 庚(경) 辛(신) 壬(임) 癸(계)
地支 : 子(자) 丑(축) 寅(인) 卯(묘) 辰(진) 巳(사) 午(오) 未(미) 申(신) 酉(유) 戌(술) 亥(해)

사주의 구조 및 핵심사항

임진년(壬辰年) 초봄에 온 30대 후반의 남자 사주다.

사주의 구조는, 뱀띠 해 늦여름에 자신을 나태는 글자를 야산의 흙에 비유해서 해석하는 기토(己土)로 태어났는데, 태어난 난 시간의 윗 글자에 있는 갑목(甲木)이 뿌리가 없고, 甲木을 도와주는 水도 없는 상태에서 甲木과 己土가 合을 했고, 태어난 계절이 여름이며, 火와 土로만 구성되어 있어서 甲木은 木으로 서의 구실을 못하고 土로 변했으므로 갑기합화토격(甲己合化土格, 사주에서 격의 한 종류)이 되었다.

사주가 이런 구조가 되면, 학문적으로는 일반적인 사주 구조가 아니고, 외격(外格, 특별한 격을 의미)에 해당하기 때문에 일반 독자들의 눈 높이에서 볼 때는 특별한 사주 구조다.

따라서, 土가 용신이고, 火가 길신이며, 木이 병신(病神)이고, 운에서 水가 오면, 흉신이고, 운에서 오는 金은 土를 공격하는 木을 막아주므로 약신(藥神)이다.

사주 밑 글자에 주로 정신작용을 일으키는 사술귀문살(巳戌鬼門殺)이 두개나 있어서 우울증이 쉽게 올 수 있다.

필자 | 손님 사주는 특별한 사주네요.

손님 | 그렇습니까?

필자 | 이반 사주들은 대게, 오행이 골고루 섞여있는 경우가 많은데, 손님 사주는 木과 火와 土로만 구성되어 있는 상태에서 갑목(甲木)이 기토(己土)와 合을 해서 갑목(甲木)이 없어졌기 때문에 사실상 火와 土로만 구성되어 있는 사주로, 손님의 눈높이에서는 어려운 말입니다만, 이런 사주를 전문용어로 갑기합화토격(甲己合化土格)사주라고 합니다.
이런 사주는 운에서 火운과 土운이 좋고, 金운도 괜찮습니다만, 水운과 木운은 아주 나쁨니다.

손님 | …………

필자 | 손님은 작년에 관재(관청과 연관된 나쁜 일)가 생겨서 현재 진행형으로 보이는데, 그 일로 오셨지요?

손님 | 관재가 뭡니까?

필자 | 고소건 같은 것 말입니다.

| 손님 | 예, 그런 일이 생겼습니다.

| 필자 | 작년에 고소당했지요?

| 손님 | 예, 작년(辛卯年, 신묘년)에 제가 고소를 당했는데, 언제 끝이 날지 모르겠습니다.
그 일이 궁금해서 왔는데, 선생님이 알아맞추시네요.

| 필자 | 그럼요.
알고 말고요.
손님 사주에는, 水와 木이 오면 안되는데, 운에서 07년(丁亥年, 정해년)부터 09(己丑年, 기축년)까지가 水운이고, 2010년(庚寅年, 경인년)부터 2012(壬辰年, 임진년)까지는 木운인데, 손님과 같은 사주에서는 木운이 오면 관재가 생기게 되어 있습니다.

| 손님 | 신기하네요?
그러면, 언제 해결이 되겠습니까?

| 필자 | 금년에는 어려울 것 같고, 내년에 풀리겠습니다.
손님은 사주를 보신 적이 있습니까?

| 손님 | 저는 처음이고요, 어머님이 보시고 오셔서 운이 좋다고 했습니다.

필자 | 이런 사주는 잘 못 보면 반대로 볼 수 있는 사주인데, 반대로 봐버리면, 현실과는 전혀 다르게 운이 좋다고 할 것입니다.
그러나, 아닙니다.
손님은 지금 운의 흐름이 아주 나쁩니다.
손님은 초년운이 좋았습니다만 고등학교 때의 운이 나빠서 본인이 원하는 대학을 갈 수 없었겠네요?

손님 | 예, 그 때 갑자기 가정환경이 나빠져서 공부를 제대로 못해서 재수를 해서 지방대학을 나왔습니다.

필자 | 손님은 火와 관련된 직업군에 인연인데, 그것은 방송, 언론, 광고가 해당됩니다.
무슨 학과를 전공했습니까?

손님 | 광고학과를 전공했습니다.

필자 | 그러면, 지금 그 일을 하고 계십니까?

손님 | 아닙니다.
회사원으로 근무하는데, 법인담당 영업을 하고 있습니다.

필자 | 금년(壬辰年, 임진년)은 어렵습니다만, 내년(癸巳年, 계사년)부터는 火운이 오므로 운이 좋아질 것이니 희망을 가져보세요.

02 | 뱀띠 생(巳年生)사주
손님은 관재(官災) 진행형입니다.

손님사주는 단순하게 구성되어 있어서 마음씨도 순수하시겠습니다.

손님 | 예, 제가 좀 단순한 편입니다.

필자 | 손님사주에는 주로 정신작용을 일으키는 사술귀문살(巳戌鬼門殺)이란 것이 두 개나 있는데, 이런 글자가 있으면, 운이 나빠질 때 비관적인 사고를 쉽게 하기 때문에 우울증이 올 것인데, 작년부터 그런현상이 생겼겠네요?

손님 | 예, 작년부터 죽고 싶은 생각이 문득 문득 듭니다.

필자 | 내년부터는 일이 잘 풀릴 것이니까 기대를 해보세요?

손님 | 정말입니까?
그리고, 앞으로의 운은 어떻습니까?

필자 | 가급적이면, 창업은 하지마시고, 회사생활을 계속하시도록 하세요.

손님 | 잘 알겠습니다.

壬辰女年 來情法
고객의 마음을 꿰뚫어 봐라

03 직업운을 보려고 래방했다.
(동대문에서 온 손님)

68 58 **48** 38 28 18 8	時柱	日柱	月柱	年柱
丙 丁 **戊** 己 庚 辛 壬 **大**	乙	丙	癸	乙	**乾**
子 丑 **寅** 卯 辰 巳 午 **運**	未	戌	未	巳	**命**

天干 : 甲(갑) 乙(을) 丙(병) 丁(정) 戊(무) 己(기) 庚(경) 辛(신) 壬(임) 癸(계)
地支 : 子(자) 丑(축) 寅(인) 卯(묘) 辰(진) 巳(사) 午(오) 未(미) 申(신) 酉(유) 戌(술) 亥(해)

사주의 구조 및 핵심사항

임진년(壬辰年) 초봄에 온 40대 후반의 남자 사주다.

사주의 구조는, 뱀띠 해 늦여름에 자신을 나타내는 글자를 태양 火에 비유해서 해석하는 병화(丙火)로 태어났는데, 丙火의 열기가 심하므로 열기를 식혀주는 水가 용신이고, 운에서 오는 金이 길신이며, 木, 火, 土가 모두 흉신이다.

태어난 月의 밑 글자에 있는 미토(未土)와 태어난 시간의 밑 글자에 있는 미토(未土)가 일지(日支, 태어난 날의 밑 글자)에 있는 술토(戌土)를 가운데에 두고 양쪽에서 서로에게 상처를 입히는 술미형(戌未刑)작용으로 부부궁이 나쁘고, 또, 마누라로 해석하는 재성(財星)이 나타나있지 않기때문에 부부궁이 더욱 나쁘다.

필자 | 손님한테 올해(임진년, 壬辰年)는 직업문제나 자식문제가 생기므로, 직장문제로 오셨습니까, 아니면, 자

식문제로 오셨습니까?

손님 | 금년에 제가 하는 일이 잘될까 싶어서 왔습니다.

필자 | 손님은 초년운이 나빠서 원하는 대학에 가기가 어려웠겠습니다.

손님 | 예, 저는 공부를 안했습니다.

필자 | 손님은 28세부터 10년간 운이 좋았기 때문에 그 때 직장생활을 했을 것으로 판단되는데, 맞습니까?

손님 | 예, 그 때 큰 유통회사에 10년 다니다가 퇴사하고, 지금은 사업을 하고 있습니다.

필자 | 손님은 38살부터 운이 별로 좋지않았기 때문에 사업이 순탄치 못했을것으로 판단합니다.

손님 | 그럭저럭 해왔습니다.
금년운은 어떻습니까?

필자 | 사주에 水가 가장 필요한데, 금년(임진년)에는 임수(壬水)가 등장해서 대체로 좋은 운입니다.
그렇지만 壬水밑에 따라온 진토(辰土)가 물 창고인데, 사주의 일지(日支, 자기 밑 글자)의 술토(戌土)와 만나면 진술충(辰戌沖)으로 충돌을 하기 때문에 배우자와 갈등이 있거나 건강에 문제가 올 수도 있습니다.

손님 | 건강이라면, 구체적으로 어디를 말합니까?

필자 | 손님 사주는 金이 없는데다가 사주가 화세(火勢)가 강해서 글자 속에 들어있는 金 마져도 녹을 위기이기 때문에 인체에서는 대장 계통이나, 호흡기 계통이 질병이 올 수 있습니다.
또, 土가 깨지게 되는데, 土는 인체에서 위장에도 해당합니다.

손님 | 저는 그렇지 않아도 97년 정축년(丁丑年)에 폐에 암이 생겼다고 해서 수술을 받았었는데, 다행히 악성이 아니고, 물혹이라서 현재는 건강에 문제가 없습니다만 치질이 있습니다. .

필자 | 손님 사주에는 火가 많이 있고, 또, 土끼리 충돌을 하고 있는데, 土속에는 들어있는 火가 깨지게 되는데, 이렇게 되면, 형제들이 많을 수 있고, 그 형제들 중 죽은 형제도 있을 수 있는데, 어떻습니까?

손님 | 저희 형제는 6남매였는데, 그중에서 여동생 한 명이 교통사고로 사망해서 5명이 살고 있습니다.

필자 | 손님은 언제 결혼했습니까?

손님 | 제 나이 28살인 92년(壬申年)에 결혼했고, 그 때 여동생이 죽었습니다.

필자 | 안됐네요.
사주는 오행이 골고루 들어 있어야 좋은데, 손님 사주는 너무 건조하기 때문에 조화와 균형이 안맞는 상태입니다.
그래서, 성격도 너무 밀어 붙이기 때문에 부작용이 있을 수 있지만, 인정도 많아서 주위 사람들한테 잘 해주시겠네요.

손님 | 예, 제가 동생들한테 잘해줍니다.

필자 | 손님 사주는 일지 배우자궁이 깨져있어서 부부궁이 나쁠 것인데, 어떻습니까?

손님 | 예, 젊어서는 만날 싸우고 살았는데, 나이가 들면서 서로 이해하고 삽니다만, 09(기축년, 己丑年)에는 바람피우다가 마누라한테 들켜서 야단이 났습니다.
마누라 사주도 봐주세요.

부인 사주

68 58 48 38 28 18 8		時柱 日柱 月柱 年柱	
丙 丁 戊 己 庚 辛 壬	大	庚 乙 癸 戊	여
辰 巳 午 未 申 酉 戌	運	辰 巳 亥 申	자

天干 : 甲(갑) 乙(을) 丙(병) 丁(정) 戊(무) 己(기) 庚(경) 辛(신) 壬(임) 癸(계)
地支 : 子(자) 丑(축) 寅(인) 卯(묘) 辰(진) 巳(사) 午(오) 未(미) 申(신) 酉(유) 戌(술) 亥(해)

사주의 구조 및 핵심사항

壬辰年 초봄에 남편이 가지고 온 40대 중반의 여자 사주다.

사주의 구조는, 원숭이 띠 초겨울에 자신을 나타내는 글자를 꽃나무에 비유해서 해석하는 을목(乙木)으로 태어났는데, 자신의 힘이 강하고, 차거워지는 계절이기 때문에 火가 용신이고, 木이 길신이며, 水가 병신(病神)이고, 金이 흉신이며, 辰土도 흉신이다.

사주 밑 글자에 있는 사화(巳火)와 해수(亥水)가 만나서 사해충(巳亥沖)으로 충돌을 하고 있고, 진토(辰土)와 해수(亥水)가 만나서 서로 미워하고 원망하는 진해원진살(辰亥怨辰殺)과 주로 정신작용을 일으키는 진해귀문살(辰亥鬼門殺)이 동시에 작용하고 있어서 우울증이 쉽게 있고, 부부궁이 나쁘며, 을사일주(乙巳日主)는 고란살(孤鸞殺)인데, 이 고란살은 밤이 외롭다는 뜻을 갖고 있다.

필자 | 부인 사주는 을사일주(乙巳日主)인데, 을사일주는 고란살(孤鸞殺) 이라고 해서 밤을 외롭게 지샌다는 살입니다.
그래서, 이런 일주로 태어나면, 남편 덕이 없기 때문에 혼자사는 사람이 많고, 남편하고 살아도 정이 없이 사는 경우가 대부분인데, 맞습니까?

손님 | 예, 제가 술을 좋아하기 때문에 새벽에 들어가는 경우가 많습니다.
아까도 말씀드렸듯이 마누라하고 토닥거리면서 살아왔습니다.

필자 | 부인의 사주는 배우자궁에 있는 사화(巳火)와 태어난 月의 밑글자인 해수(亥水)가 만나서 사해충(巳亥沖)으로 충돌을 해서 서로 깨졌기 때문에 이혼하기 쉬운 사주이나, 다행히도 부인의 사주에는 火를 가장 필요로 하는 사주인데, 그 火가 일지(日支, 배우자궁)에 있기 때문에 이혼이 안됩니다.

손님 | 다행입니다.

필자 | 그리고, 부인사주는 38세부터 운이 들어왔기 때문에 본인의 하는 일은 잘되겠습니다.

손님 | 감사합니다.

壬辰女年 來情法
고객의 마음을 꿰뚫어 봐라

04 │ 이사운이 궁금해서 왔습니다.
(송파구에서 온 손님)

66	56	46	36	26	16	6		時柱	日柱	月柱	年柱
庚	己	戊	丁	丙	乙	甲	大	辛	癸	癸	癸	坤
午	巳	辰	卯	寅	丑	子	運	酉	酉	亥	巳	命

天干 : 甲(갑) 乙(을) 丙(병) 丁(정) 戊(무) 己(기) 庚(경) 辛(신) 壬(임) 癸(계)
地支 : 子(자) 丑(축) 寅(인) 卯(묘) 辰(진) 巳(사) 午(오) 未(미) 申(신) 酉(유) 戌(술) 亥(해)

사주의 구조 및 핵심사항

임진년(壬辰年) 중춘에 온 60에 접어든 여자 사주다.

사주의 구조는, 뱀띠 해의 초 겨울에 자신을 나타내는 글자를 빗물에 비유해서 해석하는 계수(癸水)로 태어났는데, 자신의 힘이 지나치게 강해서 냉하므로 따듯하게 해주는 火가 용신이고, 운에서 오는 木이 길신이며, 水가 병신(病神)이고, 金이 흉신이며, 사화(巳火)속에 들어있는 무토(戊土)가 약신이다.

사주 밑 글자에는 사화(巳火)와 해수(亥水)가 충돌(사해충, 巳亥沖)을 일으켜서 깨졌고, 유금(酉金)과 유금(酉金)이 만나 서로 다투고 형상인 유유자형(酉酉自刑)을 이루고 있다.

필자 │ 손님은 무슨 일로 오셨습니까?

손님 | 제 사주를 보려고 왔습니다.

필자 | 손님의 생년월일을 말씀해 주세요?

손님 | 음력으로 53년생 10월 ○○일 이고요, 태어난 시간은 저희 어머니가 말씀하시기를 오후 4시경에 진통이 시작되었는데, 낳고 나니까 깜깜해졌다고 합니다.

필자 | 그 시간대가 유시(酉時, 17:30~19:30)나 술시(戌時, 19:30~21:30)일 것 같은데, 그러면, 출생시간부터 정한 다음에 사주를 보도록 하겠습니다.
그 당시의 절기표에 해지는 시간이 19시 27분경이었는데, 유시(酉時)인지 술시(戌時)인지 구분하기가 무척 어렵습니다.
그래서, 성격이나 육친관계로 알아보겠는데, 손님의 성격은 유시(酉時)라면 성격이 치밀해서 고지식하다는 소리를 들을 것이고, 술시(戌時)라면, 고지식함과 유연함을 동시에 갖고 있을 것인데, 어느 쪽입니까?

손님 | 젊어서는 고지식하다는 소리를 많이 듣고 살았으나, 나이를 먹으면서 많이 유연해졌습니다.

필자 | 또, 한 가지 묻겠겠는데요, 만약에, 술시(戌時)라면 애인을 두고 살거나 재혼을 했을 것입니다.

손님 | 재혼도 안했고, 그동안 사귀는 남자도 없었습니다.

필자 | 그러면, 유시(酉時)로 보겠습니다.

손님 | 그렇게 봐주세요.

필자 | 손님은 초겨울 빗물로 태어났기 때문에 너무 차서 빗물 그대로는 사용할데가 많지 않기 때문에 반드시 火로 데워서 쓰거나, 그렇지 않으면, 내년 봄에 농사 짓는데 써야할 물이기 때문에 火가 필요한데 火가 깨져있네요?

사화(巳火)는 돈과 부친과 시어머니에 해당하고, 또, 巳火 속에는 남편을 나타내는 무토(戊土)와, 어머니를 나타내는 경금(庚金)이 들어 있는데, 하나하나 검증을 해보도록 하겠습니다.

앞에서 설명한대로, 사화(巳火)는 아버지에 해당하는데, 사화(巳火)와 자신인 계수(癸水)의 뿌리인 해수(亥水)가 만나서 충돌(사해충, 巳亥沖)을 일으켜 깨졌는데, 혹시, 아버지가 살아계십니까?

손님 | 몇 해 전에 돌아가셨습니다.

필자 | 사화(巳火)는 돈에 해당하는데, 계수(癸水) 자신의 뿌리인 해수(亥水)가 만나서 충돌(사해충, 巳亥沖)을 일으켜 깨졌으므로, 혹시, 손님은 돈을 남한테 빌려줬다가 못 받은 적이 있습니까?

손님 | 돈 거래는 안합니다.

필자 | 사화(巳火)는 시어머니에 해당하는데, 계수(癸水) 자신의 뿌리인 해수(亥水)가 만나서 충돌(사해충, 巳亥沖)을 일으켜 깨졌으므로, 손님은 시어머니와 갈등이 있습니까?

손님 | 갈등도 없었습니다.

필자 | 사화(巳火)속에는 남자 또는 남편글자인 무토(戊土)가 들어있는데, 계수(癸水) 자신의 뿌리인 해수(亥水)가 만나서 충돌(사해충, 巳亥沖)을 일으켜 깨졌으므로, 혹시, 손님은 일찍 만난 남자와 결혼을 하지 못하고 헤어졌거나, 결혼한 남편과도 헤어졌습니까?

손님 | 예, 처녀 때 만남 남자와 약혼을 했다가 헤어졌고요, 결혼한 남편은 제 나이 40살(임신년, 壬申年)에 돌아가셨습니다.
(여기서, 남편의 사망원인을 분석해 보면, 사화(巳火)속에는 남자 또는 남편글자인 무토(戊土)가 들어있는데, 계수(癸水) 자신의 뿌리인 해수(亥水)가 만나서 충돌(사해충, 巳亥沖)을 일으켜 깨졌고, 또 많은 水가 사화(巳火) 하나를 놓고, 서로 차지하려고 아귀다툼을 벌이고 있는 형상인데다가, 대운(10년씩 구분해서 보는 운)에서 묘목(卯木)운이 등장해서 일지 배우자궁에 있는 유금(酉金)을 충돌(묘유충, 卯酉沖)해서 유금(酉金)을 깼기 때문이다.)

| 필자 | 됐습니다.
손님사주에 있는 사화(巳火)와 해수(亥水)의 충돌이 의미하는 내용을 확인했습니다.
바로, 남자 또는 남편과의 문제가 있었다는 것을 확인했습니다.
그러면, 이제 래정법으로 가서, 금년운이 임진년(壬辰年)인데, 손님한테는 임수(壬水)나 계수(癸水)는 둘 다 비슷한 물(水)이기 때문에 식구가 하나 늘어난 셈이라서 밥 한 그릇을 놓고 나누어 먹는 격이므로 손재수가 생기거나, 진토(辰土)가 진유합(辰酉合)을 시켜서 金을 만들어 내므로 문서운인데, 무슨 계약서라도 쓰시려고 생각중입니까?

| 손님 | 예, 이사를 하고 싶은데, 갈 수 있겠습니까?

근년은 부동산 경기도 나쁘고, 또, 손님운에서도 계사년(癸巳年)인 내년에 사화(巳火)와 해수(亥水)가 충돌(사해충, 巳亥沖)하면서 역마살(役馬殺, 움직이는 살)이 작용하기 때문에 내년에 이사를 하게 될 것입니다.

| 필자 | 남편이 돌아가신 후에도 다른 남자를 사귀어 보지 않았습니까?

| 손님 | 전혀 사귀어 보지 않았습니다.

필자 | 만약에 술시(戌時, 19:30 ~ 21:30)였다면, 술토(戌土)가 남자인데, 미래궁에 있기 때문에 재혼을 했거나 사귀는 남자가 있었을 것인데, 유시(酉時)라서 혼자 사셨네요?

손님 | 제가 무슨 장사라도 하고 싶은데요?

필자 | 장사는 내년부터 돈 운(화운, 火運)이 오니까 내년이후에 하도록 하세요.

손님 | 감사합니다.

壬辰女年 來情法
고객의 마음을 꿰뚫어 봐라

 05 | 내 팔자 때문에 이혼할 유부남과 인연이 된다.

(서초구에 사는 손님)

64	54	44	34	24	14	4		時柱	日柱	月柱	年柱	
丁	丙	乙	甲	癸	壬	辛	大	丁	乙	庚	丁	여
巳	辰	卯	寅	丑	子	亥	運	亥	卯	戌	巳	자

天干 : 甲(갑) 乙(을) 丙(병) 丁(정) 戊(무) 己(기) 庚(경) 辛(신) 壬(임) 癸(계)
地支 : 子(자) 丑(축) 寅(인) 卯(묘) 辰(진) 巳(사) 午(오) 未(미) 申(신) 酉(유) 戌(술) 亥(해)

사주의 구조 및 핵심사항

임진년(壬辰年) 늦봄에 온 30대 중반의 여자 사주다.

사주의 구조는, 뱀띠 해의 늦가을에 자신을 나타내는 글자를 꽃나무에 비유해서 해석하는 을목(乙木)으로 태어나 자신의 힘이 약하므로 木이 용신이고, 水가 길신이며, 金이 병신(病神)이고, 火가 약신(藥神)이며, 술토(戌土)는 자갈이 섞여있는 土라서 흉신이다.

남편인 경금(庚金)이 사화(巳火)에 장생(長生, 12운성으로 태어났다는 뜻)하므로 뿌리는 갖고 있다고 하나, 火 속에 들어있어서 약한 남편이다.

필자 | 손님 사주는 가을 꽃나무인데, 꽃이 활짝피어 있어서 향기가 있고, 아름다운 꽃이네요.

손님 | 감사합니다.

필자 | 여자 사주에 자신을 나타내는 을목(乙木)을 기준해서 볼 때, 火는 육친으로는 자식이면서 자신의 기운을 발산하는 기운인 식신(食神)이고, 경금(庚金)은 남편인데, 강한 정화(丁火)가 약한 경금(庚金)을 녹이기 때문에 남편인 경금(庚金)이 견딜 수 없게 되므로 남편 덕이 없는데, 결혼을 했습니까?

손님 | 아직 미혼입니다.

필자 | 결혼이 늦었네요?
손님 사주에 남편인 경금(庚金)이 술토(戌土) 위에 앉자있는데, 금년에 오는 진토(辰土)가 남편이 앉아있는 술토(戌土)와 충돌(진술충, 辰戌沖)을 해서 깨지는데, 이렇게 되면, 술토(戌土)위에 앉아있는 경금(庚金)이 덩달아 움직이게 되어 변동수가 생기고, 임수(壬水)는 문서운이라서 이사수도 생기게 되는데, 무슨 일로 오셨습니까?

손님 | 사실은 작년부터 유부남을 사귀게 되었는데, 본처하고 이혼을 하고 저하고 결혼을 할 예정이라고 해서 사귀고 있는데, 지나놓고 보니까 시간만 낭비하는 것 같아서 마음을 정리하려고 왔습니다.

필자 | 나중에 본격적으로 이 남자에 대해서 설명드리겠습

니다만, 가깝게는 2010년(庚寅年)에 부인과 갈등이 커져서 각방을 쓰거나 별거를 할 운이라서 아마도 손님과 사귀게 되었을 것입니다.
그런데, 자기의 운이 안 좋기 때문에 하는 일도 잘 안되고, 돈도 벌어놓은 것이 없기 때문에 어떤 결정을 쉽게 내릴 수 없을 것입니다.
어떻든 이런 남자를 만난 것도 모두 내 필자 탓입니다.

손님 | 그러면, 저는 결혼을 할 수 없습니까?

필자 | 결혼을 못하는 것은 아니지만, 결혼을 한다고 해도 남편이 양에 안차서 결혼생활을 지속하기가 매우 어렵습니다.

손님 | 그러면, 어떻게 해야 합니까?

필자 | 남편과 백년해로하면, 많은 인내가 필요합니다.
손님의 관상을 보나, 사주를 보나, 예쁘게 생겼기 때문에 남자들이 많이 따르지만, 막상 남자들이 다가가서 보면, 자신이 발산하는 기운(식신인 火를 뜻함)이 강해서 남자(경금(庚金)이 남자임)들이 맥을 못춥니다. 이런 사주를 가지면, 손님뿐만 아니라 다른 여자들도 그렇습니다.

손님 | 잘 알겠습니다.

필자 | 손님은 교육계통이나, 디자인, 특히, 의류디자인계 통에 잘 맞는 사주인데, 무슨 직업을 가졌나요?

손님 | 저는 아이들을 가르치고 있습니다.
그러면, 사귀고 있는 남자 사주좀 봐주세요.

유부남인 애인 사주

68	58	48	38	28	18	8		時柱	日柱	月柱	年柱
乙	甲	癸	壬	辛	庚	己	大	己	戊	戊	壬	남
卯	寅	丑	子	亥	戌	酉	運	未	寅	申	子	자

天干 : 甲(갑) 乙(을) 丙(병) 丁(정) 戊(무) 己(기) 庚(경) 辛(신) 壬(임) 癸(계)
地支 : 子(자) 丑(축) 寅(인) 卯(묘) 辰(진) 巳(사) 午(오) 未(미) 申(신) 酉(유) 戌(술) 亥(해)

사주의 구조 및 핵심사항 임진년(壬辰年) 늦봄에 위 여인이 가지고 온 40대 초반의 남자 사주다.

사주의 구조는, 쥐띠 해의 초 가을에 자신을 나타내는 글자를 큰 산의 土에 비유해서 해석하는 무토(戊土)로 태어나 자신의 힘이 약하므로 도와주는 土가 용신이고, 火가 길신이며, 무토(戊土)가 장생(長生, 12운성으로 태어났다는 뜻)해 있는 인목(寅木)과 신금(申金)이 만나면 충돌(인신충, 寅申沖)하므로 金이 病神이고, 水가 흉신이다.

사주 밑 글자에는 위에서 설명한 인신충(寅申沖)도 있고, 인목(寅木)과 미토(未土)가 만나면 주로 정신적인 작용을 일으키는 인미귀문살(寅未鬼門殺)도 있다.

필자 | 이 남자분의 사주를 보면, 과거 10년간씩 구분해서 보는 18대운중 술토 대운(戌土 大運)만 좋았었고, 쭉 운이 안 좋았습니다.
운이 이렇게 전개되면, 자기의 능력발휘를 할 수가 없기 때문에 좋은 직장도 아닐 것이고, 돈도 모아놓은 것이 별로 없을 것입니다.

손님 | 돈도 없는 것 같습니다.

필자 | 남자는 많이 움직여서 먹고 사는 역마살이 있어서 운수업 계통이나, 영업직 또는 해외와 관련된 업종에 잘 맞는데, 무슨 직업을 갖고 있습니까?

손님 | 영업사원으로 근무하고 있습니다.

필자 | 이 남자는 58세 이후부터 운이 들어오기 때문에 앞으로도 오랜 세월동안 방황을 하면서 살게 됩니다.

손님 | 감사합니다.
다음에 또 오겠습니다.

壬辰女年 來情法
고객의 마음을 꿰뚫어 봐라

06 | 사업을 해볼까 하는데요?
(서초구에 사는 손님)

70	60	50	40	30	20	10		時柱	日柱	月柱	年柱
丙	乙	甲	癸	壬	辛	庚	大	戊	乙	己	乙	여
申	未	午	巳	辰	卯	寅	運	寅	丑	丑	巳	자

天干: 甲(갑) 乙(을) 丙(병) 丁(정) 戊(무) 己(기) 庚(경) 辛(신) 壬(임) 癸(계)
地支: 子(자) 丑(축) 寅(인) 卯(묘) 辰(진) 巳(사) 午(오) 未(미) 申(신) 酉(유) 戌(술) 亥(해)

사주의 구조 및 핵심사항

임진년(壬辰年) 늦봄에 온 40대 후반의 여자 사주다.

사주의 구조는, 뱀띠 해의 늦 겨울에 자신을 나타내는 글자를 꽃 나무에 비유해서 해석하는 을목(乙木)으로 태어나 자신의 힘이 약하고, 추우므로 따뜻하게 해주는 火가 용신이고, 木이 길신이며, 土가 병신(病神)이고, 운에서 오는 金과 水는 흉신이다.

사주 밑 글자에는 사화(巳火)와 축토(丑土)가 만나면 쇳덩어리를 이루는 사축금국(巳丑金局)이 있어서 사주를 더욱 냉하게 만들고 있으며, 겨울에 출생한 사람이 축토(丑土)와 진토(辰土)를 갖고 있으면, 급각살(急刻殺)이라고 하는데, 이 급각살이 있으면 허리나, 하체가 약하다.

돈 글자로 해석하는 재성(財星, 여기서는 土를 의미함)이 많아서 자신의 힘이 약해졌는데, 이를 전문용어로 재다신약(財多身弱)사주라고 한다.

필자 | 손님 사주에는 돈을 해석하는 土가 너무 많은데, 대개의 경우, 돈 글자가 이렇게 많은 사람들은 사주 속에 들어있는 돈을 가지려고 하기 때문에 사업을 하는 경우가 많은데, 손님은 사업을 하고 계십니까?

손님 | 주부로 생활하고 있습니다.

필자 | 손님운에 금년(壬辰年)에 임수(壬水)는 문서라서 문서운이 왔고, 진토(辰土)는 돈 글자이므로 사업이나 장사문제가 생기기 때문에 그 문제로 오셨겠네요?

손님 | 예, 강동구에 조그마한 건물이 하나 있는데, 그 건물을 팔려고 하는데, 팔릴지가 궁금하고요, 제가 장사를 해보려고 하는데, 해도 되는지 궁금해서 왔습니다.

필자 | 우선 손님의 금년운을 진단해 보면, 운이 별로 좋지 않습니다.
그 이유는 금년이 水운인데, 손님한테 水운이 오면 불리합니다.
그리고, 건물이 팔릴지에 대해서 분석해 보면, 손님의 운이 좋지 않은데다가, 지금 부동산 경기가 너무 나빠서 팔기 어려울 것입니다. 내년부터 손님의 운이 좋아지고, 부동산 경기는 앞으로 폭등할 것 같지는 않지만, 내년부터는 다소 낳아질 것으로 전망하고 있으니까 내년 이후로 미루는 게 좋을 것 같습니다.
또한, 사업문제는, 손님은 사주에 돈 글자인 土가 많

아서 이 많은 土를 경영하려고 할 것이므로 부동산업이 좋겠고, 또 한 가지는 자신을 나타내는 글자가 木인 사람들은 옷과 인연이라서 옷가게를 해보시는 게 좋을 것 같습니다.

손님 | 옷가게를 하려면 체력이 좋아야 되겠더라고요.
왜냐면, 새벽부터 시장도 보러 가야하고, 종일토록 서서 일하기 때문에요.

필자 | 손님은 사주가 약해서 체력이 약하고 뒷심이 부족한 것이 맞습니다.
그러면 다른 것을 해보려고 하십니까?

손님 | 예, 부동산중개업을 해봤으면 합니다.

필자 | 그 일을 하시는 것이 좋겠습니다.
저도 실무는 해보지 않았지만, 부동산 자격증을 갖고 있습니다만, 부동산 중개업은 옷가게보다 자기 시간 쓰기가 더 용이할 것입니다.
그리고, 손님은 내년부터 운이 좋아지기 때문에 사업을 해도 성공할 것입니다.
그런데, 사주에 남편 글자가 안 나타나있고, 또 남편궁인 일지(日支)에 나쁘게 작용하는 흉신인 축토(丑土)가 앉아있기 때문에 남편하고의 성격은 안맞겠네요?

손님 | 연애할 때는 맞는 것 같았는데, 결혼해서 살아보니

까 남편과 성격이안 맞습니다.

필자 | 손님 사주에 성격이 안 맞는 남편이 손님의 남편입니다.
각자가 자기의 배우자 궁합을 갖고 태어나기 때문입니다.
손님은 허리나 하체가 약할텐데, 건강에 이상은 없습니까? (여기서, 사주에 있는 급각살(急刻殺)의 작용여부를 확인하기 위해서 이와 같이 질문을 한 것이다.)

손님 | 저는 허리가 많이 아파서 고생입니다.
그러면, 저희 남편 사주를 봐주세요?

남편 사주

65	55	**45**	35	25	15	5		時柱	日柱	月柱	年柱
丙	乙	**甲**	癸	壬	辛	庚	大	丙	戊	己	庚
戌	酉	**申**	未	午	巳	辰	運	辰	申	卯	子

天干 : 甲(갑) 乙(을) 丙(병) 丁(정) 戊(무) 己(기) 庚(경) 辛(신) 壬(임) 癸(계)
地支 : 子(자) 丑(축) 寅(인) 卯(묘) 辰(진) 巳(사) 午(오) 未(미) 申(신) 酉(유) 戌(술) 亥(해)

사주의 구조 및 핵심사항 임진년(壬辰年) 늦봄에 위의 부인이 가지고 온 50대 초반의 남편 사주다.

사주의 구조는, 쥐띠 해의 중 봄에 자신을 나타내는 글자를 큰 산의 土에 비유해서 해석하는 무토(戊土)로 태어나 자신의 힘이 강해 보이나 태어난 시간의 밑 글자인 진토(辰土)와 신금(申金)과 자수(子水)가 만나 물바다를 이루는 신자진수국(申子辰水局)이 되어 진토(辰土)가 水로 변질되어 결국 자신을 나타내는 무토(戊土)가 약해졌으므로 도와주는 火가 용신이고, 마른 土(여기서는 무토(戊土)와 기토(己土)를 말함)가 길신이며, 水가 병신(病神)이고, 金이 흉신이며, 木도 흉신이다.

사주 밑 글자에는 앞에서 설명한대로 태어난 시간의 밑 글자인 진토(辰土)와 신금(辛金)과 자수(子水)와 만나 물바다를 이루는 신자진수국(申子辰水局)을 이루는데, 이런 구조가 되면, 주로 육친적인 문제로 나타나거나, 직업으로 나타난 경우가 있는데, 이 남자는 두 가지 모두 나타났다.

필자 | 남편은 초년에 일찍 운이 들어왔네요?

손님 | 예, 결혼할 당시에는 대기업에 근무를 하고 있어서 잘나갔었습니다.

필자 | 결혼은 몇 년도에 했습니까?

손님 | 92년(壬申年)에 결혼했습니다.

필자 | 92년이 남편의 입장에서 보면 여자가 들어오는 해였네요.
남편 사주에 여자를 나타내는 글자가 水인데, 앞에서 말한대로 신자진수국(申子辰水局)을 이루는 구조가 되면, 100% 다 그런 것은 아닙니다만, 여러 가지 일이 생길 수 있는데, 이를테면, 水는 아버지에 해당하고, 부인에 해당하고, 돈에 해당하기 때문에 이런 문제와 관련이 될 수 있습니다.
첫째는, 남편의 부친한테 이복형제가 있을 수 있겠고,
두 번째는, 남편한테 여자가 많다거나, 부인한테 이복형제가 있을수 있고,
세 번째는, 남편이 사업을 할 수도 있는데, 어떤 경우에 해당합니까?

손님 | 우선 저희 시어머님이 재혼을 하셔서 시아버님을 낳으셨기 때문에 시아버지한테 이복형제가 계시니까 맞고요,
또, 저도 아버님이 바람을 피우셔서 자식을 낳아오셨기 때문에 이복형제가 있는 것이 맞네요.
그런데, 남편한테 다른 여자가 있는 것 같지는 않습니다.
그리고, 남편이 사업을 하면서 돈을 만지니까 선생님 말씀대로라면 모두 맞습니다.

필자 | 남편한테 여자가 많다는 의미에는 남편이 재혼할 수도 있음을 말하는데, 손님의 사주를 보니까 이혼을 안할 것이므로 님편이 재혼할 수 있다는 것은 맞지 않습니다.

손님 | 참 신기하네요.
그러면, 앞으로 저희 남편운이 어떻습니까?

필자 | 남편 사주에는 火운이 와야 좋은데, 45세 이후부터 金운이 들어왔으므로 운이 않좋습니다.
65세가 되어야 좋아지기 때문에 손님이 돈 벌이를 하시는 것이 좋겠습니다.

壬辰女年 來情法
고객의 마음을 꿰뚫어 봐라

 07 | 사윗감이 접객업소 보이로 보였단다.
(송파에 사는 손님)

딸 사주											
63	53	43	**33**	23	13	3		時柱	日柱	月柱	年柱
乙	甲	癸	壬	辛	庚	己	大	丙	戊	戊	丁	여
卯	寅	丑	子	亥	戌	酉	運	辰	午	申	巳	자

天干 : 甲(갑) 乙(을) 丙(병) 丁(정) 戊(무) 己(기) 庚(경) 辛(신) 壬(임) 癸(계)
地支 : 子(자) 丑(축) 寅(인) 卯(묘) 辰(진) 巳(사) 午(오) 未(미) 申(신) 酉(유) 戌(술) 亥(해)

사주의 구조 및 핵심사항

임진년(壬辰年) 초여름에 위 사주의 엄마가 가지고 온 30대 중반의 여자 사주다.

사주의 구조는, 뱀띠 해의 초 가을에 자신을 나타내는 글자를 큰 산의 土에 비유해서 해석하는 무토(戊土)로 태어나 자신의 힘이 세므로 金이 용신이고, 습한 土인 진토(辰土)가 길신이며, 火가 병신(病神)이고, 신금(申金)속에 들어있는 임수(壬水)와 진토(辰土)속에 들어있는 계수(癸水)가 약신(藥神)이며, 마른 土인 무토(戊土)가 흉신이다.

사주 밑 글자에 있는 신금(申金)이 역마살(役馬殺)이다.

손님 | 사주 한사람 보는데, 얼마입니까?
일반적인 상담료는 5만원이고, 특별히 더 자세하게

필자 | 봐달라고 하면 10만원씩을 받습니다.

손님 | 두 사람볼텐데, 깍아주면 주면 안되겠습니까?

필자 | 예, 저는 요금가지고 흥정하지 않습니다.

손님 | 봐도 되고 안봐도 되는데 ....

필자 | 그러면 보지마세요.
저는 자존심을 상하면서까지 영업하지 않는 사람입니다.

손님 | 그럼, 봐주세요.

필자 | 딸의 사주는 초가을 흙으로 태어났는데, 사람들과의 소통은 잘하겠습니다만, 자신의 힘이 너무 강하기 때문에 자신의 주장이 강하겠습니다.
이런 사주는 남자같은 성격입니다.

손님 | 맞습니다.
꼭 남자 같습니다.

필자 | 딸의 금년(壬辰年) 운이 임수(壬水)는 돈이고, 진토(辰土)는 친구문제이며, 또, 진토(辰土)속에는 남자가 들어있기 때문에 남자문제일 것인데, 이중에서 무슨 문제로 오셨습니까?

| **손님** | 딸의 궁합을 보려고 왔습니다.

| **필자** | 그러세요?
딸은 남자복이 약합니다.
딸의 사주에 남자를 나타내는 글자가 木인데, 木이 나타나 있지않고, 진토(辰土)속에 들어있는 꽃나무인 을목(乙木)이 딸의 남편이기 때문에 딸이 볼 때는 큰 산에 작은 꽃나무를 심어놓은 형국이라서눈에 안차는 남자가 딸의 남자입니다.

| **손님** | 그렇습니까?
얼마 전에 사위 될 사람의 집안과 상견례를 하면서 보니까 사위될 사람이 접객업소에 일하고 있는 보이 같아서 실망이 큽니다.
우리 딸이 말하기를 " 은마상가 1층에 가면 유명한 철학원이 있다고 하니까 엄마가 저 대신 보고 오세요 "하면서 자기대신 사주를 보시라고 권유를 해서 온 것입니다.

| **필자** | 아마도 딸이 볼 때 마음에 안들어 할 것이고, 엄마입장에서 볼 때도 마음에 안들 것입니다.

| **손님** | 그것은 왜 그렇습니까?

| **필자** | 아까도 말씀 드렸듯이 딸의 사주 속에 들어있는 남자가 큰 나무라야 마음에 쏙 들텐데, 연약한 꽃나무

의 싹에 불과하기 때문입니다.

손님 | 그것 참 신기하네요.

필자 | 딸은 지금 운이 좋습니다만, 고등학교 시기의 대운(10년간씩 구분해서 보는 운)이 술토(戌土)운으로 열기를 가진 土라서 나빴고, 2학년 때가 갑술년(甲戌年)으로 또 열기를 가진 술토(戌土)운을 만났기 때문에 운이 나빠서 대학 진학할 때 애로가 있었겠네요?

손님 | 예, 맞습니다.
그 때 그래서 지방대학을 나왔습니다.

필자 | 딸의 직업은 신금(申金)을 가장 필요하게 쓰는데, 이 신금(申金)은 역마살(役馬殺)이라서 무역계통아니, 외국과 관련 또는 금융계통에 맞는데, 무슨 직업을 가졌습니까?

손님 | 한때 은행에도 다니다가 그만두고, 회사에 다닙니다.

필자 | 그러면, 어떤 남자와 사귀고 있는지 사주를 볼까요?

손님 | 그렇게 하시지요.

사위될 남자 사주

時柱	日柱	月柱	年柱
丁	乙	己	乙
亥	亥	丑	卯

66	56	46	**36**	26	16	6	大
壬	癸	甲	乙	丙	丁	戊	
午	未	申	酉	戌	亥	子	運

天干: 甲(갑) 乙(을) 丙(병) 丁(정) 戊(무) 己(기) 庚(경) 辛(신) 壬(임) 癸(계)
地支: 子(자) 丑(축) 寅(인) 卯(묘) 辰(진) 巳(사) 午(오) 未(미) 申(신) 酉(유) 戌(술) 亥(해)

사주의 구조 및 핵심사항

임진년(壬辰年) 초여름에 장모될 사람이 가지고 온 30대 후반의 남자 사주다.

사주의 구조는, 토끼띠 해의 늦 겨울에 자신을 나타내는 글자를 꽃나무에 비유해서 해석하는 을목(乙木)으로 태어나 자신의 힘이 강하고 춥기 때문에 火가 용신이고, 木이 길신이며, 水가 병신(病神)이고, 기토(己土)는 아쉽기 때문에 필요하나, 습한 土인 축토(丑土)는 흉신이다.

사주 밑 글자에는 해수(亥水) 두 개가 만나서 서로에게 상처를 주는 해해 자형(亥亥子刑)을 이루고 있다.

필자 | 이 사주는 겨울에 꽃나무인데, 온실속에 들어 있는 꽃나무입니다.
아까 딸 사주에 딸의 남자가 연약한 꽃나무라고 했는데, 그 말과 딱 맞네요.

손님 | 정말 그렇습니까?

어쩐지 사위될 사람이 보이 같이 보이더라고요.
가족들도 아주 없어보였어요.

필자 | 정확합니다.
이 사위 될 사람은 인간성은 좋은 사람입니다만, 어렸을 때 운이 없었는데, 다행히도, 사회에 진출할 나이인 26세부터 10년간이 운이 좋았습니다.

손님 | 아버지도 없다고 하는데, 직장은 대기업에 다닌다고 합니다.

필자 | 그런데 55세까지 운이 없습니다.

손님 | 그렇습니까?
안되겠네요?

필자 | 저는 두 사람이 결혼을 하고 안하고에 대해서는 말씀드릴 수 없고, 사주가 어떻다고만 말씀드리겠습니다.

손님 | 알겠습니다.
더 이상 볼 필요로 없습니다.

壬辰女年 來情法
고객의 마음을 꿰뚫어 봐라

08 결혼을 언제하면 좋겠습니까?
(서초구에서 온 손님)

61	51	41	31	21	11	1		時柱	日柱	月柱	年柱	
己	戊	丁	丙	乙	甲	癸	大	壬	戊	壬	丁	여
酉	申	未	午	巳	辰	卯	運	戌	午	寅	巳	자

天干: 甲(갑) 乙(을) 丙(병) 丁(정) 戊(무) 己(기) 庚(경) 辛(신) 壬(임) 癸(계)
地支: 子(자) 丑(축) 寅(인) 卯(묘) 辰(진) 巳(사) 午(오) 未(미) 申(신) 酉(유) 戌(술) 亥(해)

사주의 구조 및 핵심사항

임진년(壬辰年) 한 여름에 엄마가 가지고 온 30대 중반의 여자 사주다.

사주의 구조는, 뱀띠 해의 초 봄에 자신을 나타내는 글자를 큰 산의 土에 비유해서 해석하는 무토(戊土)로 태어나 자신의 힘이 지나치게 강해서 건조하므로 水가 용신이고, 운에서 오는 金이 길신이며, 火가 병신(病神) 이고, 土도 흉신이다.

사주 위 글자에 정화(丁火)와 임수(壬水)가 합(合)을 하고 있고, 사주 밑 글자에 인목(寅木)과 오화(午火)와술토(戌土)가 만나면 불바다를 이루는 인오술화국(寅午戌火局)이 있다.

손님 | 우리 딸 아이 사주인데, 잘 좀 봐주세요?

필자 | 사주학은 자연의 이치를 인간의 삶에 대비해서 설명하는 학문인데, 자연에서 조화와 균형이 중요하듯이 사주에서도 자연과 마찬가지로 조화와 균형이 가장 중요한데, 딸의 사주는 조화와 균형이 맞지 않습니다.

손님 | 구체적으로 설명 좀 해주세요?

필자 | 사주팔자는 六十甲子로 만들어졌는데, 이 육십갑자의 기운을 축소하면, 五行이 나옵니다.
이 오행이 골고루 들어 있어야 좋은 사주인데, 딸 사주는 바짝 말라 있어서 비록 초봄에 태어난 土지만 너무 한해가 깊게 들어서 시급히 많은 물이 필요합니다.
다시 설명드리면, 딸 사주는 봄의 土이기 때문에 나무를 기르는 것이 가장 중요한 임무인데, 사주에 인목(寅木)이라는 나무가 있긴합니다만, 이 나무는 화기(불기운)가 너무 강해서 타버렸습니다.
그런데, 딸 사주에서 木(나무)이 남편에 해당하는데, 타버렸다는 의미이기 때문에 좋은 남자 만나기가 어렵다는 말입니다.

손님 | 선생님, 그러면, 우리 딸이 시집을 못갑니까?

필자 | 못간다는 의미는 아닙니다.
다만, 어떤 남자를 만나느냐가 문제지요. 예를 들면,

딸이 맘에 들어하면 남자쪽에서 싫어하고, 남자가 마음에 들어하면, 딸이 싫어하게 되기 때문에 인연이 쉽게 이루어지지 않습니다.

손님 | 그러면, 어떤 남자를 만나야 합니까?

필자 | 딸의 사주로 보나, 딸의 나이로 보나, 좋은 남자를 만나기는 어렵겠습니다.
그래서, 한 번 실패한 남자를 만나면 좋을 수도 있겠고, 외국남자를 만나도 괜찮겠습니다.

손님 | 결혼을 안하면 어떻겠습니까?

필자 | 세상에 태어나 남자 복이 없다고 해서 시집을 안보내면 되겠습니까?
설령, 이혼을 한다고 해도 시집을 보내야지요.
그런데, 딸은 무슨 일을 합니까?

손님 | 여태까지 외국에서 공무만 하다가 올해(壬辰年)에 귀국해서 회사에 다닙니다.
딸의 운은 어떻습니까?

필자 | 올해(壬辰年)운은 좋습니다만, 내년부터는 약해집니다.
태어난 年과 태어난 月의 윗 글자가 정화(丁火)와 임수(壬水)가 정임합(丁壬合)을 하게 되면, 절반 이상이 조부가 바람을 필울 수 있는데, 혹시, 조부가 바람을 피우셨습니까?

손님 | 저희 시 아버지가 일찍 돌아가셨기 때문에 바람을 피우지 않았을 것입니다.

필자 | 사주 밑 글자에 인목(寅木)과 오화(午火)와 술토(戌土)가 만나면 불바다를 이루는 인오술화국(寅午戌火局)이 있는데, 딸 사주에서 火는 엄마를 나타내므로 엄마가 많다는 의미를 갖고 있어서 엄마가 두분이거나, 그렇지 않으면, 엄마한테 이복형제가 있을 수 있는데, 엄마께서는 어떻습니까?

손님 | 저희 친정 아버지가 바람을 피우셔서 아들을 하나 낳았다고 하는데, 저는 얼굴도 모르고 삽니다.
그 것도 이복형제라면 이복형제가 되겠지요?

필자 | 맞습니다.
이복형제입니다.

壬辰女年 來情法
고객의 마음을 꿰뚫어 봐라

09 三合을 깨면 大凶이 발생한다.
(광진구에서 온 손님)

66	56	46	36	26	16	6		時柱	日柱	月柱	年柱
丁	戊	己	庚	辛	壬	癸	大	乙	庚	甲	己	남
卯	辰	巳	午	未	申	酉	運	酉	申	戌	巳	자

天干 : 甲(갑) 乙(을) 丙(병) 丁(정) 戊(무) 己(기) 庚(경) 辛(신) 壬(임) 癸(계)
地支 : 子(자) 丑(축) 寅(인) 卯(묘) 辰(진) 巳(사) 午(오) 未(미) 申(신) 酉(유) 戌(술) 亥(해)

사주의 구조 및 핵심사항

임진년(壬辰年) 한 가을에 엄마와 함께 온 20대 중반의 남자 사주다.

사주의 구조는, 뱀띠 해의 늦가을에 자신을 나타내는 글자를 무쇠에 비유해서 해석하는 경금(庚金)으로 태어나 자신의 힘이 매우 강하고, 무쇠는 녹여주는 것을 좋아하므로 火가 용신이고, 木이 길신이나 을목(乙木)은 경금(庚金)과 合을 해서 金으로 변하므로 길신작용을 하지 않으며, 기토(己土)가 흉신이고, 술토(戌土)는 火를 품고 있어서 길신이지만, 신유술금국(申酉戌 金局)으로 변하였으므로 크게 도움이 되지 않는다.

사주 밑 글자에 신금(申金)과 유금(酉金)과 술토(戌土)가 만나서 쇳덩어리를 이루는 신유술금국(申酉戌金局)을 이루고 있으나, 신묘년(辛卯年)까지는 이복형제가 없다고 했다.
키도 엄청크고 체중도 많이 나가보이는 거구를 가진 손님이 엄마와 함께왔다.

필자 | 손님은 체중이 얼마나 나갑니까?

손님 | 130키로정도 나갑니다.

필자 | 불편하지 않습니까?

손님 | 살을 빼려고 노력중입니다.

필자 | 손님은 2010년(庚寅年)부터 2011년(辛卯年), 올해까지 큰 변화를 격고 있어서 애로가 많을텐데 구체적으로 무슨 일 때문에 오셨습니까?

손님 | 저의 운이 어떻습니까?

필자 | 손님 사주에 쇳덩어리로 해석하는 신유술금국(申酉戌金局)이란 것이 있는데, 이 금국(金局)을 2010년부터 올해까지 3년에 걸쳐서 깨고있는데, 이렇게 무리를 짓고 있는 것을 깨뜨리면 대란이 일어나게 되어 있습니다.
어렵게 만든 주요 요인은 돈 문제나 아버지, 혹은 여자문제가 있을 수 있겠고, 혹은 건강문제로도 올 수 있는데, 구체적으로 무슨 문제가 있습니까?

손님 | 예, 재작년(2010년)부터 경제적으로 가정 형편이 어려졌는데, 2010년에는 수능시험 보는 날 할아버지께서 돌아가셨고, 작년(2011년)에는 돈이 없어서 다

니던 대학을 중퇴하였으며, 올해(2012년)에는 허리를 크게 다쳐서 재활치료를 받고 있는 중입니다.

필자 | 어려움이 크시네요?
나이가 젊어서 좋아질 것입니다.
희망을 가지세요. 그런데, 손님은 2007년이 고등학교 3학년이었습니까?

손님 | 맞습니다.

필자 | 고등학교 2학년을 제외하고는 운이 따라주지 않아서 공부를 못했을 것이기 때문에 지방대학밖에는 못 갔을 것인데요?

손님 | 맞습니다.
고 2때는 그런대로 성적이 나왔었는데, 고 3때 공부를 못해서 지방대학을 들어갔다가 중퇴하고 말았습니다.

필자 | 손님 사주에 허리나 다리 등 하체가 약하다는 것을 나타내는 급각살(急刻殺)이란게 있는데, 손님 사주에는 급각살이 술토인데, 이 술토(戌土)를 금년운에서 충돌을 해서 허리를 다친 것입니다.
그래서, 허리치료도 중요하지만, 허리를 치료하기 위해서는 체중을 50키로 정도는 **빼야할 것 같습니다.**

손님 | 노력중입니다.

壬辰女年 來情法
고객의 마음을 꿰뚫어 보라

10 사주에 火를 쓰므로 영화관을 운영한다.
(평창동에 사는 손님)

64	54	44	34	24	14	4		時柱	日柱	月柱	年柱
甲	乙	丙	丁	戊	己	庚	大	辛	甲	辛	癸	남
寅	卯	辰	巳	午	未	申	運	未	戌	酉	巳	자

天干 : 甲(갑) 乙(을) 丙(병) 丁(정) 戊(무) 己(기) 庚(경) 辛(신) 壬(임) 癸(계)
地支 : 子(자) 丑(축) 寅(인) 卯(묘) 辰(진) 巳(사) 午(오) 未(미) 申(신) 酉(유) 戌(술) 亥(해)

사주의 구조 및 핵심사항

임진년(壬辰年) 한 가을에 온 60대 남자 사주로 부인과 같이 왔었다.

사주의 구조는, 뱀띠 해의 한가을에 자신을 나타내는 글자를 큰나무에 비유해서 해석하는 갑목(甲木)으로 태어나 金이 많아서 자신의 힘이 매우 약하므로 金을 녹이는 火가 약신(藥神)겸 용신(用神)이고, 木이 길신이 며, 金이 병신(病神)이고, 화기를 가진 미토(未土)와 술토(戌土)는 길신이다.

사주 밑 글자에 사화(巳火)와 유금(酉金)이 만나 사유합금(巳酉合金)을 만들어 용신인 사화(巳火)가 변질되어 나쁘고, 미토(未土)와 술토(戌土)는 길신이긴 하지만, 서로에게 상처를 입히는 술미형(戌未刑)을 만드는데, 이 미토(未土)와 술토(戌土)가 다 같은 土로서 부인에 해당하고, 더군다나 자기 밑의 부인궁에 앉아있는 술토(戌土)가 흔들리므로 부인과 갈등이 심하므로, 사주를 보는 중에도 부부의 의견이 많이 달라서 한참을 웃었다.

필자 | 손님은 거목으로 태어났기 때문에 집안의 가장역할을 하시겠습니다.

손님 | 예, 맞습니다. 제가 장남입니다.

필자 | 손님은 큰 나무로 태어났기 때문에 성격이 보수적이고, 유교적이며, 가부장적이라서 부인이 스트레스를 많이 받으시겠습니다.

손님 | …………
(이 때 옆에 앉아있던 부인이 " 우리 남편의 성격이 선생님 말씀하시는대로 입니다"라고 대답했다.)

필자 | 손님 내외분은 많이 다투면서 살겠습니다.

손님 | 아니, 안 다투고 사는 사람이 있겠습니까?
많이 다투고 삽니다.

필자 | 손님은 직장을 나타내는 글자가 병신(病神)이라서 직장생활은 안 맞겠고, 자영업을 하실 것 같은데요?

손님 | 사업을 합니다.

필자 | 손님은 사주에 火가 가장 필요하기 때문에 기술성이나 빛 또는 火(불)와 관련된 사업이 가장 잘 맞겠는데, 구체적으로 무슨사업을 하십니까?

| 손님 | 종로에서 영화관을 운영하고 있습니다. |

| 필자 | 직업 잘 선택하셨습니다.
영화사업은 빛과 관련된 업종이잖아요?
그런데, 손님은 금년(壬辰年)운에서 임수(壬水)는 문서운이고, 진토(辰土)는 土라서 부동산으로, 부동산 매매운이 들어왔는데, 부동산을 매매하실려고 하십니까? |

| 손님 | 예, 땅을 사려고 하는데, 사도 괜찮겠습니까? |

| 필자 | 최근 경제사정이 매우 안좋은데, 사실려면, 최대한 늦추시는 게 좋을 것 같습니다.
제가 예측하기로는 2013년 상반기에 경기가 저점을 찍은 후 상승을 할 것으로 전망하기 때문에 내년 상반기에 사시면 지금보다 더 싸게 사실 수 있을 것 같습니다. |

| 손님 | 그러면, 그렇게 하겠습니다. |

| 필자 | 손님사주를 보니까 지금까지 잘 살아오셨는데, 자식을 나타내는 금이 병신(病神)이라서 아들이 없거나, 자식 고민이 있으실 것 같은데 어떠세요? |

| 손님 | 글쎄요. 특별한 고민은 없고, 아들이 없는 것이 아쉽습니다. |

壬辰女年 來情法
고객의 마음을 꿰뚫어 봐라

11 돈 문제로 왔습니다.
(송파구에 사는 손님)

64	54	**44**	34	24	14	4		時柱	日柱	月柱	年柱
己	戊	丁	丙	乙	甲	癸	大	丙	己	壬	乙	여
丑	子	亥	戌	酉	申	未	運	寅	酉	午	巳	자

天干 | 甲(갑) 乙(을) 丙(병) 丁(정) 戊(무) 己(기) 庚(경) 辛(신) 壬(임) 癸(계)
地支 | 子(자) 丑(축) 寅(인) 卯(묘) 辰(진) 巳(사) 午(오) 未(미) 申(신) 酉(유) 戌(술) 亥(해)

사주의 구조 및 핵심사항

임진년(壬辰年) 늦 가을에 온 40대 후반의 여자 사주다.

사주의 구조는, 뱀띠 해의 한 여름에 자신을 나타내는 글자를 낮은 산에 비유해서 해석하는 기토(己土)로 태어나 火가 지나치게 많아서 자신의 힘 이 매우 강하고, 건조하므로 열기를 식혀주는 水가 용신이고, 숲이 길신 이며, 火가 병신(病神)이고, 土가 흉신이며, 木이 흉신이다.

이 사주에 남편을 나타내는 글자가 木인데, 태어난 시간의 윗 글자에 을목(乙木)이 있고, 태어난 시간에 인목(寅木)이 있으며, 일지(日支) 배우 자궁에 유금(酉金)이 있어서 금극목(金克木)을 하므로 남자가 두 명이라서 재혼격이다.

필자 | 손님은 장사를 하거나 사업을 하십니까?

손님 | 예, 사업을 하고 있읍니다.

필자 | 손님은 금년(壬辰年)에 운이 좋아서 돈이 들어오는 해운입니다만, 사업을 하는 사람들은 경기가 더 크게 작용을 하는데, 금년 경기가 나빠서 어려움이 있을 것 같습니다. 구체적으로는 무슨 문제로 오셨습니까?

손님 | 선생님 말씀대로 저는 금년에 돈을 많이 벌었습니다만, 2008년 戊子年 경제위기 때 진 빚을 갚느라고 힘이 듭니다.

필자 | 내년부터 火운이 들어오는데, 운에서 火가 들어오면, 손님 사주에 있는 약한 水(물)를 더욱 약하게 만드므로 어려울 것이니까 사업확장을 하지 말고 있는 것을 잘 운영하시는 것이 좋은 것 같습니다.

손님 | 내년에 더 확장하려고 하는데요?

필자 | 제가 말씀의 의도는 새로운 지점 개설 같은 확장을 자제하시라는 말씀입니다.

손님 | 예, 알겠습니다.

필자 | 손님은 사주에 水가 필요하고, 水는 외국과 인연이라서 외국과 관련된 사업이 맞겠는데, 무슨 사업을

손님 | 하십니까?

양말과 스타킹을 만들어서 내수도 하고, 수출도 하고 있습니다.

필자 | 손님은 첫번째 만난 남편과는 먼 인연인데, 그것도 임수(壬水)가 힘을 쓸 때는 木이 살아있지만, 임수(壬水)가 증발하면 木이 살 수가 없기 때문에 火운을 만나면 어려운데 2001년부터 2003년까지가 火운이 들어와서 어려웠었는데 어땠습니까?

손님 | 2002년(壬午年)에 경제적으로 어려웠었고, 남편과 이혼을 했습니다.
그리고, 2008년(戊子年)에 직원이 큰 실수를 저질러서 손해가 컸습니다.그리고, 2009년(己丑年)에 은행 대출을 받아서 강남구에 5층짜리 사옥을 샀는데, 부담스러워서 다시 팔려고 하는데 언제쯤 팔리겠습니까?

필자 | 운으로 보면 금년이 가장 좋습니다만, 부동산 경기가 하도 나빠서 단시일 내에 팔리지 않을 것입니다. 내년 이후에 경기가 살아나면 그 때쯤 팔릴 것입니다.

손님 | 감사합니다.

壬辰女年 來情法
고객의 마음을 꿰뚫어 봐라

12 | 의사였던 남편이 젊은 나이에 사망했단다.
(송파구 사는 손님)

61	51	41	31	21	11	1		時柱	日柱	月柱	年柱	
乙	甲	癸	壬	辛	庚	己	大	壬	癸	戊	乙	여
未	午	巳	辰	卯	寅	丑	運	子	亥	子	巳	자

天干 : 甲(갑) 乙(을) 丙(병) 丁(정) 戊(무) 己(기) 庚(경) 辛(신) 壬(임) 癸(계)
地支 : 子(자) 丑(축) 寅(인) 卯(묘) 辰(진) 巳(사) 午(오) 未(미) 申(신) 酉(유) 戌(술) 亥(해)

사주의 구조 및 핵심사항

임진년(壬辰年) 늦 가을에 온 40대 후반의 여자 사주다.

사주의 구조는, 뱀띠 해의 한겨울에 자신을 나타내는 글자를 빗물에 비유해서 해석하는 계수(癸水)로 태어나 水가 지나치게 많아서 자신의 힘이 매우 강해서 마치 겨울 장마가 진 것과 같으므로 강한 水를 억제시켜주는 土가 약신과(藥用神) 용신을 겸한다는 뜻이고, 火가 길신이며, 水가 병신(病神)이고, 약용신(藥用神)을 공격하는 木이 흉신이다.

사주 밑 글자에 해수(亥水)와 자수(子水)가 길신인 사화(巳火)를 공격하므로 나쁜 구조를 이루고 있다.
특히, 여자 사주에 남편을 나타내는 글자와 자식을 나타내는 글자가 사주 윗 글자에 나타나 있으면 나쁜데, 이 사주는 남편인 무토(戊土) 바로 옆에 자식인 을목(乙木)이 목극토(木剋土)로 용신이면서 남편인 무토(戊土)를 공격하고 있어서 대단히 나빠서 의사였던 남편이 이른 나이에 사망했다고 한다.

필자 | 손님은 한겨울에 빗물로 태어나 水가 너무 많아서 마치 겨울장마가 진 것과 같은데, 사주가 이렇게 되면 돈 복도 없고, 또, 자식 글자인 을목(乙木)이 남편 글자인 무토(戊土)를 목극토(木剋土)로 공격을 하고 있고, 남편궁에 해수(亥水)가 있어서 추위를 녹여주는 사화(巳火) 불을 끄고 있어서 남편하고 백년해로 하기도 어렵겠는데, 부부관계가 어떠세요?

손님 | 남편은 돌아가셨습니다.

필자 | 참 안됐네요?
손님 나이가 아직 젊으신데요. 운으로 보면 2007년(丁亥年)에 사해충(巳亥沖)을 하므로 나빠졌는데, 남편이 언제 돌아가셨습니까?

손님 | 2010(庚寅年)년 양력으로 1월 달에 돌아가셨습니다.

필자 | 어떻게 돌아가셨습니까?

손님 | 폐암으로 돌아가셨습니다.

필자 | 손님사주 같이 자신을 나대는 글자가 계수(癸水)인 여자분들은 나이 많은 남자와 인연인데, 남편과는 몇 살 차이가 납니까?

손님 | 8살 차이가 났습니다.

| 필자 | 그러면 손님은 생활은 어떻게 하십니까?
금년 운이 나빠서 수입이 없거나, 손재수가 생기겠는데요?

| 손님 | 그동안 병원 운영에 대한 노하우가 있어서 월급의사를 고용해서 병운을 운영해 왔는데, 운영이 제대로 안돼서 그만두고 쉬고 있습니다.

| 필자 | 본인이 의사면허 없이 병원을 운영하다는 것은 불법일뿐만 아니라 매우 어려운 일입니다.
다른 일거리를 찾아보도록 하세요.

| 손님 | 그렇지 않아도 일거리를 찾아보고 있습니다.

젊은 나이에 남편을 잃은 또 다른 여인

66	56	46	36	26	16	6	大	時柱	日柱	月柱	年柱
乙	甲	癸	壬	辛	庚	己	運	辛	丙	戊	辛	여
巳	辰	卯	寅	丑	子	亥		卯	戌	戌	丑	자

天干 : 甲(갑) 乙(을) 丙(병) 丁(정) 戊(무) 己(기) 庚(경) 辛(신) 壬(임) 癸(계)
地支 : 子(자) 丑(축) 寅(인) 卯(묘) 辰(진) 巳(사) 午(오) 未(미) 申(신) 酉(유) 戌(술) 亥(해)

사주의 구조 및 핵심사항

임진년(壬辰年) 초겨울에 온 50대 초반의 여자 사주다.

사주의 구조는, 소띠 해의 가을에 자신을 나타내는 글자를 태양에 비유해서 해석하는 병화(丙火)로 태어나 土가 지나치게 많아서 자신의 힘이 매우 약하므로 도와주는 火가 용신이고, 木이 길신이며, 약신(藥神) 겸 길신이며, 金이 병신(病神)이고, 습기를 가진 축토(丑土)가 흉신이며, 화기를 가진 술토(戌土)는 길함과 흉함을 동시에 가지고 있지만, 대체로 길하다.

태어난 年의 밑 글자인 축토(丑土)속에 남편인 계수(癸水)가 들어 있는데, 옆에 있는 술토(戌土)와 축술형(丑戌刑)이 되어 축토(丑土) 속에 들어있던 계수(癸水)남편이 깨져서 남편이 사망했다.

필자 | 손님은 가을 태양이라서 힘이 약하지만, 태양의 특성인 자존심이 매우 강하고, 체면을 중시하는 성격이며, 土가 지나치게 많으므로 남한테 퍼주는 것을 좋아하는 성격이시네요?

손님 | 네, 선생님, 제 성격이 그렇습니다.

필자 | 손님한테는 금년(壬辰年)에 온 임수(壬水)는 남편문제나 직업문제이고, 진토(辰土)는 진로문제나 자식문제가 궁금할텐데, 무슨 문제로 오셨습니까?

손님 | 아들이 있는 미국으로 가서 자리를 잡아볼까해서 왔습니다.

필자 | 손님은 남편을 품고 있는 글자가 깨져서 남편이 없겠는데, 어떠세요?

손님 | 네, 남편이 돌아가셨습니다.

필자 | 남편이 2009년인 기축년(己丑年)에 축술형(丑戌刑)이 되어 남편 글자인 계수(癸水)가 들어있는 축토(丑土)가 깨지면서 남편이 위험해지셨는데, 언제돌아가셨습니까?

손님 | 남편이 돌아가신 시기는 작년(辛卯年) 초에 돌아가셨습니다.

필자 | 사주학에서는 양력으로 2011년 2월 4일까지가 신묘년(辛卯年)인데 정확하게 언제입니까?

손님 | 2011년 1월달에 돌아가셨습니다.

필자 | 남편이 무슨 이유로 일찍 돌아가셨습니까?

손님 | 아파서 돌아가셨습니다.

필자 | 그렇다면 생계가 문제인데, 아들이 미국에서 자리를 잡았습니까?

손님 | 아직 공부하는 중입니다.

필자 | 그렇다면, 본인이 미국에 가서 무슨 일을 할 수 있겠는가를 먼저 생각해보고 결정하시는 것이 좋겠습니다. 그렇지 않으면, 무척 고달플 것 입니다.

壬辰女年 來情法
고객의 마음을 꿰뚫어 봐라

13 상담료 떼어먹고 도망간 사주

66	56	**46**	36	26	16	6		時柱	日柱	月柱	年柱
丁	戊	己	庚	辛	壬	癸	大	癸	癸	甲	乙	乾
丑	寅	卯	辰	巳	午	未	運	丑	丑	申	巳	命

天干 : 甲(갑) 乙(을) 丙(병) 丁(정) 戊(무) 己(기) 庚(경) 辛(신) 壬(임) 癸(계)
地支 : 子(자) 丑(축) 寅(인) 卯(묘) 辰(진) 巳(사) 午(오) 未(미) 申(신) 酉(유) 戌(술) 亥(해)

사주의 구조 및 핵심사항

辛卯年 戌月에 47세 온 남자 사주다.

이 사주의 구조는, 뱀띠 해 초여름에 자신을 나타내는 글자를 빗물에 비유해서 해석하는 계수(癸水)로 태어났는데, 태어난 시간의 윗 글자에도 계수(癸水)가 있고, 두 개의 축토(丑土)속에도 계수(癸水)가 들어있으며, 사화(巳火)와 신금(申金)이 만나서 合(사신합수, 巳申合水)을 하면 水를 만드므로 水가 더 커졌고, 또, 사화(巳火)와 축토(丑土)가 만나 合(사축합금, 巳丑合金)을 해서 금생수(金生水, 금이 수를 도와줌)하므로 水의 세력이 커서 냉하기 때문에 따뜻하게 해주는 火가 용신이고, 木이 길신이며, 水가 병신(病神)이고, 金이 흉신이며, 축토(丑土)도 흉신이다.

이 사주에서 가장 필요로 한 용신인 巳火가 신금(申金)과 合(사신합수, 巳申合水)하여 水가 되고, 또, 사화(巳火)와 축토(丑土)가 만나 合(사축합금, 巳丑合金)을 해서 금생수(金生水, 금이 수를 도와줌)하는데,

이렇게, 용신이 변질되었는데, 이렇게 용신이 슴을 해서 변질되면 배신을 잘 한다.

이 男命은 2011. 11. 26. 13:30분 경 방문하여 상담을 한 후, 동업자 사주를 보려면 전화통화를 해야 한다며 사무실을 나간 후, 상담료를 내지않고 도망간 사주로, 향 후 이런 경우에 대비하기 위해서 통계를 내고, 역학을 공부하는 역술인들에 자료를 제공하기 위해서 이 책에 실었다.

이 男命은 고등학교 歲運이 신유(辛酉), 임술(壬戌), 계해(癸亥)년으로 水운을 만났기 때문에 운이 없어서 공부를 안했다고 하며,

그러나, 초년운은 火運이라서 좋아서 직장생활을 하면서 잘 살아왔으나, 庚辰대운 기축년(己丑年)에 운이 나빠서 고전을 하다가 직장을 그만두고 나왔다고 했다.

특히, 04년(甲申年)부터 09(己丑年)까지 金 水운을 만나 어려웠다고 하며, 2010(庚寅)년부터 木운을 맞아 사업을 시작했으나, 辛卯年에 신통치 않다고 했다.

午年生
말띠 생 사주

01 의사가 무슨 일로 래방했나?
02 의사부인이 직업을 가져볼까 해서 왔다.
03 직장에 사표를 내고 사업을 하려고 합니다.
04 사주가 약해도 불(火)가 와야 발전한다.
05 의료기관을 경영하고 있다.
06 남편과 아들이 싸워서 따로 살고 있습니다.
07 남편이 성불구자 입니다.
08 신약하다고 水를 용신으로 보면 안된다.
09 헤지펀드 운용사업을 한단다.

壬辰女年 來情法
고객의 마음을 꿰뚫어 봐라

 01 | 의사가 무슨 일로 래방했나?
(강동구에 사는 손님)

62	52	42	32	22	12	2		時柱	日柱	月柱	年柱	
丁	戊	己	庚	辛	壬	癸	大	丙	壬	甲	戊	坤
未	申	酉	戌	亥	子	丑	運	午	寅	寅	午	命

天干 : 甲(갑) 乙(을) 丙(병) 丁(정) 戊(무) 己(기) 庚(경) 辛(신) 壬(임) 癸(계)
地支 : 子(자) 丑(축) 寅(인) 卯(묘) 辰(진) 巳(사) 午(오) 未(미) 申(신) 酉(유) 戌(술) 亥(해)

사주의 구조 및 핵심사항

임진년(壬辰年) 초봄에 온 30대 중반의 여자 사주다.

사주의 구조는, 말띠 해 초봄에 자신을 나태는 글자를 강물에 비유해서 해석하는 임수(壬水)로 태어났는데, 壬水가 뿌리도 없고, 도와주는 金도 전혀 없어서 자기의 주체성을 확보할 수 없기 때문에 이런 경우 이 사주에서 가장 강한 세력으로 따라가야 하는데, 인오화국, 인오화국(寅午火 局,寅午火局)하여 화세(火勢, 불기운)가 너무 강하므로 火로 따라가서 종재격(從財格)이다.

따라서, 火가 용신(用神, 가장 필요하게 쓰이는 인자)이고, 木이 길신(吉神, 좋게 작용하는 인자)이며, 水가 병신(病神, 가장 작용하는 인자)이고, 土가 약신(藥神, 병을 치유해주는 인자)이며, 운에서 오는 金은 흉신(나쁘게 작용하는 인자)이다.

혹자들은, 태어난 年의 윗 글자에 무토(戊土)가 있어서 결국 화생토(火生土, 화가 토를 생해줌)하여 토에 힘이 결집되기 때문에 종살격(從殺格, 토가 되었다는 뜻)으로 볼 수도 있겠으나, 戊土는 甲木이 공격을 하고 있어서 土로 따라가는 것은 부적절하므로 火로 從을 한 것이다.

필자 | 손님 사주는 전문용어로 종재격(從財格, 수가 화로 변했다는 뜻)사주라고 하는데, 종재격이 되면, 돈 글자로 따라갔기 때문에 돈에 대한 감각이 탁월하며, 두뇌가 좋습니다.
사주에서 갑목(甲木)과 병화(丙火)를 용신이나 길신으로 쓰는 사람 들은 리더격이며, 또, 이런 구조를 가지면, 아이큐가 130은 넘을것 같은데, 아이큐가 얼마나 되십니까?

손님 | 130이 넘습니다.

필자 | 종재격(從財格) 사주는 좋은 사주이나, 문제는 대운이 나쁘면 복을 받지 못한다는 사실인데, 손님 사주가 바로 그런 케이스입니다. 즉, 사주는 좋아서 두뇌도 좋은데, 실제의 모습은 그만큼 따라주지 않았기 때문에 고생이 많았겠습니다. 또, 고등학교 때의 운을 보니까 갑술(甲戌), 을해(乙亥), 병자년(丙子年)으로 2~3학년 때의 운이 나빠서 본인이 가고자하는 대학에 곧바로 갈 수가 없었을 것인데, 맞습니까?

손님 | 예, 고등학교를 졸업한 후에도 오랫동안 공부를 해 왔습니다.

필자 | 손님은 금년(壬辰年, 인진년)에 壬水가 나타나므로 자신을 나타내는 병화일간(丙火日干)에서 보면, 관성(官토, 남자나 직업으로 해석함)이므로 남자문제나 직장문제가 생기게 되는데, 무슨 일이 궁금해서 오셨습니까?

손님 | 결혼을 하기 위해서 궁합도 보고, 결혼 날자도 잡기 위해서 왔습니다.

필자 | 손님은 가깝게는 04 갑신년(甲申年)부터 09 기축년(기축년)까지는 일이 잘 안풀렸을 것이고, 2010 경인년(庚寅年)부터 운이 풀리기 시작했겠습니다.

손님 | 예, 작년(辛卯年, 신묘년)에 취업을 했습니다.

필자 | 손님의 직업인연은, 돈을 추구하는 사주이므로 경영이나, 경제학또는 현침살이 3개가 있어서 의료에도 인연인데, 무슨 직업을 가졌습니까?

손님 | 의사입니다.

필자 | 의사시라고요?
그렇다면, 무척 고생을 많이 했겠습니다.

손님 | 그래서, 몇 년 동안 공부를 하다가 작년에야 취업을 하게 되었습니다.

필자 ｜ 손님의 향 후 운에 대하여 조언을 드린다면, 개업하는 것 보다는 월급쟁이 의사로 근무하다가 은퇴 후에 개업하는 것이 좋은 것 같습니다.

손님 ｜ 감사합니다.

壬辰女年 來情法
고객의 마음을 꿰뚫어 봐라

02 | 의사부인이 직업을 가져볼까 해서 왔다.
(서초동에 사는 손님)

69	59	49	**39**	29	19	9		時柱	日柱	月柱	年柱
庚	辛	壬	**癸**	甲	乙	丙	大	丙	丙	丁	丙	여
寅	卯	辰	**巳**	午	未	申	運	申	申	酉	午	자

天干: 甲(갑) 乙(을) 丙(병) 丁(정) 戊(무) 己(기) 庚(경) 辛(신) 壬(임) 癸(계)
地支: 子(자) 丑(축) 寅(인) 卯(묘) 辰(진) 巳(사) 午(오) 未(미) 申(신) 酉(유) 戌(술) 亥(해)

사주의 구조 및 핵심사항

임진년(壬辰年) 초봄에 온 40대 후반의 여자 사주다.

사주의 구조는, 말띠 해 한가을에 자신을 나타내는 글자를 태양 火에 비유해서 해석하는 병화(丙火)로 태어났는데, 자신의 힘이 강하므로, 힘을 분산시켜주는 金이 용신이다.

사주가 火와 金이 서로 다투고 있어서 돈 복이 약하며, 특이한 사주다.

필자 | 손님의 사주는 참 특이해서요, 火와 金으로만 이루어져 있는데, 사주가 이렇게 구성되어 있으면, 돈 복이 약합니다.

손님 | 이 나이 되도록 돈 모아 놓은 것이 없습니다.

| 필자 | 손님은 어렸을 때를 제외하고는 운이 좋은 때가 없었습니다.

| 손님 | 맞습니다.

| 필자 | 그래도, 남편궁에 좋은 글자가 있어서 남편하고의 관계는 좋겠습니다.

| 손님 | 예, 남편이 훌륭하고요, 저한테도 잘해줍니다.

| 필자 | 손님은 금년에 일 문제나 남편문제가 생기는데, 그 중 어떤 문제가 궁금하세요?

| 손님 | 금년에 직장을 가져볼까해서 왔습니다. 9급 공무원에 해당하는 자리인데 되겠습니까?

| 필자 | 도전해보세요. 금년운이 좋습니다. 손님은 의료계와 인연인데, 초년운이 약해서 의사가 될 수는 없을 것 같네요?

| 손님 | 예, 저는 가정주부이고요, 제 남편이 의사입니다.

| 필자 | 어떻든 의료계와는 인연이네요.

| 손님 | 남편 사주를 봐 주세요?

남편 사주

65	55	**45**	35	25	15	5	大	時柱	日柱	月柱	年柱
癸	甲	乙	丙	丁	戊	己		丙	庚	庚	辛	남
巳	午	未	申	酉	戌	亥	運	子	寅	子	丑	자

天干 : 甲(갑) 乙(을) 丙(병) 丁(정) 戊(무) 己(기) 庚(경) 辛(신) 壬(임) 癸(계)
地支 : 子(자) 丑(축) 寅(인) 卯(묘) 辰(진) 巳(사) 午(오) 未(미) 申(신) 酉(유) 戌(술) 亥(해)

사주의 구조 및 핵심사항

임진년(壬辰年) 초봄에 부인이 가지고 온 50대 초반의 남편 사주다.

사주의 구조는, 소띠 해 한겨울에 자신을 나타내는 글자를 강물에 비유해서 해석하는 임수(壬水)로 태어났는데, 자신의 힘이 강하고, 겨울이라서 추우므로 따뜻하게 해주는 병화(丙火)가 용신이고, 木이 길신이며, 水가 病이고, 金이 흉신이며, 丑土도 흉신이다.

日支의 배우자궁에 용신의 뿌리가 있어서 부부사이가 좋다.

필자 | 남편은 15 무술(戊戌)대운이 학운기인데, 그 때가 좋았고, 그 이후 25 대운부터는 운이 좋지 않아서 큰 발전은 어려웠겠고, 큰 돈도 없겠네요?

손님 | 모아 놓은 돈이 없습니다.

필자 | 남편은 무슨 병원에 근무하고 계시며, 진료과목이 무엇입니까?

| **손님** | 개인병원에 근무하고 있으며, 내과의사입니다.

| **필자** | 의사직업이 사회적으로 보면, 좋은 직업으로 수입이 많을 것 같은데요?

| **손님** | 우리 남편은 의술이 좋아서 수술을 잘 할 수 있다고 합니다만, 병원의 높은 분한테 상납을 안하는 성질이라서 수술기회를 많이 주지 않기 때문에 상대적으로 수입이 적습니다.
우리 남편운은 어제부터 좋아집니까?

| **필자** | 대운(10년간씩으로 보는 운)으로 봐서는 45세부터 운이 들어왔습니다만, 세밀하게 보는 세운(歲運, 한해 한해의 운)이 내년(계사년, 癸巳年)부터는 火운이 들어오기 때문에 좋은 일이 있을 것입니다.

| **손님** | 저희 생각으로도 내년부터는 남편 직장에서 좋은 일이 있을 것으로 생각을 하고 있습니다.
감사합니다.

壬辰女年 來情法
고객의 마음을 꿰뚫어 봐라

03 직장에 사표를 내고 사업을 하려고 합니다.
(방배동에 사는 손님)

축시(丑時)로 본 사주								時柱	日柱	月柱	年柱
69	59	49	**39**	29	19	9					**남**
乙	甲	癸	壬	辛	庚	己	大	癸	癸	戊	丙
巳	辰	卯	**寅**	丑	子	亥	運	丑	卯	戌	午	**자**

天干 : 甲(갑) 乙(을) 丙(병) 丁(정) 戊(무) 己(기) 庚(경) 辛(신) 壬(임) 癸(계)
地支 : 子(자) 丑(축) 寅(인) 卯(묘) 辰(진) 巳(사) 午(오) 未(미) 申(신) 酉(유) 戌(술) 亥(해)

사주의 구조 및 핵심사항

임진년(壬辰年) 초봄에 온 40대 후반의 남자 사주다.

사주의 구조는, 말띠 해의 늦가을에 자신을 나타내는 글자를 빗물에 비유해서 해석하는 계수(癸水)로 태어났는데, 자신의 힘이 약하므로 형제나 친구로 해석하는 水가 용신이고, 土가 病神이고, 火가 흉신이며, 木도 흉신이다.

사주 밑 글자에는 오화(午火)와 술토(戌土)가 만나서 불바다인 화국(火局)을 만들고 있다.

필자 | 오전 이른 시간인데, 사주를 보려고 오셨습니까?

손님 | 예, 저의 마누라가 선생님을 찾아뵙고 도움말씀을

들어보라고 해서 왔습니다.

필자 | 손님의 생년월일을 말씀해주세요?

손님 | 저의 생년월일은 ○○년 ○월 ○일이고, 태어난 시간은 새벽 3시 반 입니다.

필자 | 새벽 3시 30분은 축시(丑時, 01:30~03: 30)와 인시(寅時, 03:30~05:30)인데, 사주학은 과학이기 때문에 시간이 분명해야 합니다. 인시와 축시는 사주가 확연히 다른데, 어느 시간대로 봐드릴까요?

손님 | 두 시간대를 같이 봐주세요?

필자 | 그러면, 출생시간을 특정한 후에 사주를 봐야 정확히 봐드릴 수 있기 때문에 몇가지 질문을 드리겠습니다. 축시를 기준으로 해서 보면, 火와 土가 많아서 약한 사주인데, 이렇게 되면, 초년 운이 좋았고, 39세 이후에는 발전이 없게 됩니다.

손님 | 글쎄요 저는 직장생활을 하고 있는데, 그동안 큰 변회를 경험해보지 못했습니다.
손님의 고등학교 2~3학년 때가 계해년(癸亥年)과 갑자년(甲子年)으로 수운(水運, 물운이라는 뜻)이었는데, 만약에, 축시(丑時, 01:30~03: 30)였다면 도와주는 운이 왔기 때문에 공부를 잘 할 수 있었을 것이나, 인

필자 | 시(寅時, 03:30~05:30)였다면 실력이 제대로 안나와서 원하는 대학을 가지 못했거나 재수를 했을 것인데, 어땠었습니까?

손님 | 재수를 해서 대학을 갔습니다.

필자 | 그렇네요? 그러면, 손님 생각에 가장 좋았던 때가 언제였다고 생각하세요?

손님 | 2001년(임오년, 壬午年)과 2003년 계미년(癸未年)이었던 것 같습니다.

필자 | 한 가지 더 묻겠습니다.
손님이 생각하기에 08년(무자년, 戊子年)과 09년(기축년, 己丑年)에 운이 어떠했습니까?

손님 | 큰 변화가 없었습니다.

필자 | 손님은 금년에 큰 변화의 운이 왔는데, 직장이동 수 아니면, 직업 변동수가 왔는데, 그 일로 오셨습니까?

손님 | 예, 제가 지금가지 직장생활을 해왔는데, 금년부터는 사업을 시작해 보려고 하는데 운이 궁금해서 오게 되었습니다.

필자 | 이제 손님의 출생시간은 인시로 확정되었습니다. 왜냐하면, 손님께서 말씀하신대로, 고등학교 때 성적이 제대로 안나와서 재수를 했다는 것과, 2002년과 2003년에 운이 좋았었다고 했기 때문에 인시(寅時, 03:30~05:30)임에 틀림없습니다. 지금부터는 인시(寅時)로 보겠습니다.

인시(寅時)로 본 사주

69	59	49	**39**	29	19	9		時柱	日柱	月柱	年柱
乙	甲	癸	壬	辛	庚	己	大	甲	癸	戊	丙	남
巳	辰	卯	寅	丑	子	亥	運	寅	卯	戌	午	자

天干 : 甲(갑) 乙(을) 丙(병) 丁(정) 戊(무) 己(기) 庚(경) 辛(신) 壬(임) 癸(계)
地支 : 子(자) 丑(축) 寅(인) 卯(묘) 辰(진) 巳(사) 午(오) 未(미) 申(신) 酉(유) 戌(술) 亥(해)

사주의 구조 및 핵심사항
사주의 구조는, 말띠 해의 늦가을에 자신을 나타내는 글자를 빗물에 비유해서 해석하는 계수(癸水)로 태어났는데, 자신인 계수(癸水)를 도와주는 세력이 전혀 없는 상태에서 火와 土가 많아서 자신의 힘이 너무 약하므로 강한 세력으로 따라가게 되는데, 이를 전문용어로 종재격(從財格)사주라고 해서 돈 글자인 火로 따라갔음을 의미한다. 이렇게 되면, 병화(丙火)가 주체가 되므로, 용신도 火이며, 木이 길신 이고, 水가 病神이며, 土가 약신이다.
사주 밑 글자에는 인목(寅木)과 오화(午火)와 술토(戌土)가 만나서 불바다인 인오술화국(寅午戌火局)을 만들고 있다.

필자 | 이렇게 사주가 종재격이 되면, 돈에 대한 감각이 탁

월하고, 두뇌가 좋으며, 평소는 검소하지만, 명분이 생기면 크게 쏘는 성격을 갖고있을 것이고, 자존심이 강하며, 체면을 중시하게 되는데, 자신의 성격이 그렇습니까?

손님 | 예, 잘 맞습니다.

필자 | 손님은 무슨 사업을 하려 하십니까?

손님 | 건축설계사무소를 하려고 합니다.

필자 | 손님은 사업가 체질로 태어났기 때문에 사업을 하시는 것이 맞습니다만, 금년은 건축경기가 안 좋아서 걱정입니다. 또한, 금년 임진년(壬辰年)에 오는 윗 글자인 임수(壬水)가 자신(주체)인 병화(丙火)를 공격하고, 밑에 있는 진토(辰土)가 인오술화국(寅午戌火局)으로 뭉쳐있는 상태에서 술토(戌土)를 공격하여 진술충(辰戌沖)이 일어나면, 큰 변화의 운을 맞기 때문에 금년에 직장을 그만두고 사업을 시작하려고 하는 것입니다.

손님 | 그렇습니까?
그러면, 돈은 벌겠습니까?

필자 | 예, 금년에 사업을 시작하더라도 운이 火(불)를 끄는

水운이라서 저조해서 금년에는 돈이 안벌리겠지만 계사년(癸巳年)인 내년부터는 火운이라서 돈이 벌리겠습니다.

손님 | 감사합니다.
그러면, 사업을 시작해도 되겠네요?

필자 | 사업을 시작해도 됩니다.
앞으로 벌게 될 것입니다.

壬辰女年 來情法
고객의 마음을 꿰뚫어 봐라

04 | 사주가 약해도 불(火)가 와야 발전한다.
(송파구에 사는 손님)

65	55	45	35	25	15	5		時柱	日柱	月柱	年柱	
戊	己	庚	辛	壬	癸	甲	大	庚	壬	乙	戊	坤
申	酉	戌	亥	子	丑	寅	運	子	午	卯	午	命

天干 : 甲(갑) 乙(을) 丙(병) 丁(정) 戊(무) 己(기) 庚(경) 辛(신) 壬(임) 癸(계)
地支 : 子(자) 丑(축) 寅(인) 卯(묘) 辰(진) 巳(사) 午(오) 未(미) 申(신) 酉(유) 戌(술) 亥(해)

사주의 구조 및 핵심사항

임진년(壬辰年) 초여름에 온 30대 중반의 여자 사주다.

사주의 구조는, 말띠 해의 중 봄에 자신을 나타내는 글자를 강물에 비유해서 해석하는 임수(壬水)로 태어나 자신의 힘이 약한데, 태어난 계절이 중춘으로 춥기 때문에 火가 용신이고, 木이 길신이며, 水가 병신(病神) 이고, 金이 흉신이며, 土가 약신이다.

배우자궁에 있는 자수(子水)와 태어난 시간에 있는 오화(午火)가 충돌(자오충, 子午沖)을 해서 부부궁이 깨졌다.

특히, 이 사주는 약한 사주인데, 약하다고 해서 도움을 주는 水운과 金운에 운이 좋아진다고 통변하면 전혀 안맞다는 것을 밝히기 위해서 이 책에 실었다.

손님 | 선생님, 저의 이름을 바꾸려고 왔는데, 사주좀 봐주

| 필자 | 세요?

| 필자 | 그렇게 하실까요?
손님 사주는 봄의 물이라서 나무(木)를 기르고 있는 구조라서 바쁜 분이시네요.

| 손님 | 예, 저는 열심히 삽니다.

| 필자 | 손님은 일은 열심히 하겠지만, 돈은 많이 벌지 못하겠네요?

| 손님 | 맞습니다.
노력한 만큼 벌어놓은 돈은 별로 없습니다.

| 필자 | 손님은 금년에 돈 손실이 날 수 있겠고, 직업문제가 생겼을 것인데, 맞습니까?

| 손님 | 예, 그동안 다니던 회사를 금년에 그만두었고, 다른 일을 해보려고 하는데, 무슨 일을 하면 좋겠습니까?

| 필자 | 손님은 을목(乙木) 꽃나무를 가지고 있으므로 옷가게 종업원 생활을 하거나, 치장을 하거나 꾸미는 성분인 도화살(桃化殺)을 여러 개를 가지고 있기 때문에 아름다움을 창조하는 일에 잘 맞겠는데, 무슨 일을 하려고 합니까?

| 손님 | 피부를 관리하는 회사에 취직을 해서 일을 해보려고 합니다.

| 필자 | 그 일 잘 맞겠습니다.
손님은 개성을 나타내는 성분(상관성,上官星)인 木이 강해서 틀에 짜여진 계급성 직장보다는 프리랜서 같은 자유분방한 직업에 잘 맞습니다.
그리고, 손님이 창업하는 것이 아니고, 월급쟁이이기 때문에 더욱 안전하고 좋습니다.

| 손님 | 저는 창업을 하면 안됩니까?

| 필자 | 안 된다기 보다는 운이 약하기 때문에 개업을 해도 큰 돈을 벌기가 어렵다고 할 수 있습니다.

| 손님 | 저희들 부부운은 어떻습니까?

| 필자 | 여자 사주에는 자식을 나타내는 글자와 남편을 나타내는 글자가 사주의 위에 나타나 있으면 안좋은데, 손님 사주에는 남편을 나타내는 무토(戊土)와 자식을 나타내는 을목(乙木)이 나타나 있어서 자식글자인 木이 남편글자인 土를 공격하고 있는데, 이런 구조가 되면 남편이 소외를 받고 있어서 부인에 대하여 불만을 많이 갖고 있고, 또, 남편궁에 있는 오화(午火)와 그 옆에 있는 자수(子水)가 충돌(子午沖)을 하고 있어서 부부궁이 매우 불안한데, 이런 구조가 되면 부

부싸움이 많지만, 한편으로는 배우자궁에 이 사주에 가장 필요한 성분인 火가 앉아있어서 이혼불가로 나옵니다.
따라서, 부부궁합은 본인의 사주 속에 들어있기 때문에 나중에 남편 사주를 보면 알 수 있겠습니다만, 틀림없이 남편사주에서도 부부관계가 안좋다는 것이 나와 있을 것입니다.

손님 | 저희들 부부는 06년(丙戌年)도에 크게 싸웠고, 그 전후로도 자주 싸우면서 삽니다.

필자 | 손님은 무슨 이유로 이름을 바꾸시려고 하십니까?

손님 | 매사 일이 안풀려서 고민인데, 아는 사람들이 이름을 바꾸면 풀린다고 해서 바꾸려고 합니다.
(이 질문은 10년간씩 구분해서 보는 대운이 水운으로 안좋았는데, 이를 증명하기 위해서 물은 것이다.)

필자 | 이름을 잘 지어드리겠습니다. 한 가지 더 묻겠습니다. 손님은 고등학교 때 운이 94(甲戌年), 95(乙亥年), 96(丙子年)으로 고등학교 2학년과 3학년에 공부를 안했겠는데, 어땠습니까?
(이 질문은 한해의 운을 보는 세운(歲運)이 水운으로 안좋았는데, 이를 증명하기 위해서 물은 것이다.)

손님 | 공부를 전혀 안해서 대학도 못갔습니다.

남편사주도 봐주세요.

남편 사주											
66	56	46	36	**26**	16	6		時柱	日柱	月柱	年柱
己	庚	辛	壬	癸	甲	乙	大	乙	己	丙	己	乾
未	申	酉	戌	亥	子	丑	運	亥	未	寅	未	命

天干 : 甲(갑) 乙(을) 丙(병) 丁(정) 戊(무) 己(기) 庚(경) 辛(신) 壬(임) 癸(계)
地支 : 子(자) 丑(축) 寅(인) 卯(묘) 辰(진) 巳(사) 午(오) 未(미) 申(신) 酉(유) 戌(술) 亥(해)

사주의 구조 및 핵심사항

임진년(壬辰年) 초여름에 부인이 내놓은 40대 초반의 남편 사주다.

사주의 구조는, 양띠 해의 초 봄에 자신을 나타내는 글자를 야산의 土에 비유해서 해석하는 기토(己土)로 태어나 자신의 힘이 강한 듯 보이지만 세므로 미토(未土)가 해수(亥水)와 해미합(亥未合)을 해서 木으로 변했고, 인목(寅木)이 해수(亥水)와 인해합(寅亥合)을 해서 또 다른 木을 형성하므로 약해졌고, 초봄에 태어나서 춥기 때문에 火가 용신이고, 土가 길신이며, 木이 병신(病神)이고, 水가 흉신이다.

남자 사주에 직업을 나타내는 글자인 木이 병신(病神)이 되면, 자식에 대한 고민이 있거나, 좋은 직업에 종사하기가 어렵다.

또, 자신인 기토(己土)를 공경하는 을목(乙木)이 바로 옆에 평소에는 온화하지만, 일단 열을 받을 일이 생기면 있어서 성격이 욱하고, 예민하다.

필자 | 남편은 운이 안좋게 흘렀고, 앞으로도 안 좋게 흐르

기 때문에 큰 발전을 기대하기 어렵고, 불만족스러운 직장이 자기 직업인데, 무슨일을 하십니까?

손님 | 세일즈업을 하고 있는데, 자영업이라고 할 수 있습니다.

필자 | 남편도 고등학교 다닐 때 공부를 안했겠네요?

손님 | 남편은 저보다 더 안했다고 합니다.

필자 | 남편한테 큰 기대를 하지 마시고 알뜰하게 사시는 게 좋습니다.

손님 | 남편이 돈을 잘 벌겠습니까?

필자 | 사람이 돈을 잘 벌려면 우선 사주가 좋아야 하고, 두 번째로는 흐르는 운도 좋아야 하는데, 남편의 사주는 사주에 돈을 나타내는 글자인 해수(亥水)가 흉신인데다가, 그 해수가 미토(未土)와 해미합(亥未合)을 해서 병신(病神)인 木을 만들어 내므로 이래저래 돈복이 약합니다.

손님 | 그러면, 언제나 돈을 벌게 됩니까?

필자 | 큰 운이 따라주지 않기 때문에 그냥 평범하게 살 팔자입니다.

壬辰女年 來情法
고객의 마음을 꿰뚫어 봐라

05 | 의료기관을 경영하고 있다.
(강서구에 사는 손님)

							時柱	日柱	月柱	年柱	
63	53	43	33	23	13	3					남
癸	壬	辛	庚	己	戊	丁	大	癸	癸	丙	甲
酉	申	未	午	巳	辰	卯	運	亥	丑	寅	午	자

天干 : 甲(갑) 乙(을) 丙(병) 丁(정) 戊(무) 己(기) 庚(경) 辛(신) 壬(임) 癸(계)
地支 : 子(자) 丑(축) 寅(인) 卯(묘) 辰(진) 巳(사) 午(오) 未(미) 申(신) 酉(유) 戌(술) 亥(해)

사주의 구조 및 핵심사항

임진년(壬辰年) 초여름에 온 50대 후반의 남자 사주다.

사주의 구조는, 말띠 해의 초 봄에 자신을 나타내는 글자를 빗물에 비유해서 해석하는 계수(癸水)로 태어나 자신의 힘은 약하지만, 봄이라서 나무를 기르려면 火가 필요하므로 火가 용신이고, 木이 길신이며, 水가 병 신(病神)이고, 축토(丑土)가 흉신이다.

필자 | 손님은 초봄에 태어난 계수(癸水)가 나무를 기르고 있는 형상이라서 성실하고, 병화(丙火)갖고 있어서 늘 명명백백한 것을 좋아하는 스타일이시네요?

손님 | 예, 저는 열심히 일을 하고요, 정직한 것을 좋아합니다.

필자 | 손님 사주에는 火가 가장 필요한 인자인데, 이 사주에서 火는 돈이고, 사업을 의미하기 때문에 사업가가 맞겠는데, 실제 직업은 무엇입니까?

손님 | 예, 저는 개인 의료기관을 경영하고 있습니다.

필자 | 손님운에는 금년(壬辰年)에 손재수가 있을 수 있겠고, 자식문제와 직업문제도 있을 수 있는데, 무슨 문제로 오셨습니까?

손님 | 선생님 말씀대로 금년에 아들을 장가보냈고요, 친구한테 보증을 서줬는데 그 친구가 죽어버려서 내가 돈을 물어주게 생겼습니다. 또, 직업문제는 제가 나이가 많아져서 언제 그만둘지가 궁금해서 왔습니다. 제가 생각하고 있는 문제들이 다 나오네요?
참 신기합니다.

필자 | 제가 작년(辛卯年)부터 쓰고 있는 책이 이런 문제들을 다루고 있습니다. 연구를 많이 하다보면, 오신 손님의 궁금증을 손님이 말하지 않더라도 알 수 있습니다. 저는 사실 단순하게 상담료 받기위해서 사주를 보는 것이 아니고, 책을 쓰기 위해서 상담을 하기 때문에 다소 상담시간이 길어지더라도 물고 늘어지기 때문에 실력이 급속히 향상됩니다.

손님 | 저는 사주를 처음 보러왔는데, 정말 잘 맞습니다.

필자 | 손님은 의료와 관련이 있는 글자가 사주에 갑목(甲木)과 오화(午火)로 두 개 밖에 없고, 고등학교 때의 운이 70년(庚戌年), 71년(辛亥年), 72년(壬子年)으로 水운을 만나서 공부를 안했을 것이기 때문에 좋은 대학에 못갔을 것인데, 어떻게 의료기관을 경영하게 되었습니까?

손님 | 선생님 말씀대로 고등학교 때 공부를 안해서 의대를 안갔고, 스포츠를 하다가 지금에 이르렀습니다. 언제까지 할 수 있겠습니까?

필자 | 2015년 을미년(乙未年)까지가 火운이므로 그 때까지 할 수 있을 것 같고, 2016년(丙申年)이 되면, 돈 글자이면서 가장 필요한 병화(丙火)가 장생(長生, 병화가 태어난 곳을 의미함)한 인목(寅木)을 운에서 온 신금(申金)이 인신충(寅申沖)으로 충돌하면, 손님한테 불리한 변동, 변화수가 생기게 됩니다.
그래서, 2016년에 그만둘 것입니다.

손님 | 제 생각에도 2016년쯤 그만둘 것이라고 예측은 하고 있습니다. 제가 생각하는 대로 맞는 것 같습니다. 고맙습니다.

壬辰女年 來情法
고객의 마음을 꿰뚫어 봐라

06 | 남편과 아들이 싸워서 따로 살고 있습니다.

(송파구에 사는 손님)

66 56 46 36 26 16 6		時柱 日柱 月柱 年柱	
戊 丁 丙 乙 甲 癸 壬 **大**		乙 戊 辛 甲	남
寅 丑 子 亥 戌 酉 申 **運**		卯 寅 未 午	자

天干 : 甲(갑) 乙(을) 丙(병) 丁(정) 戊(무) 己(기) 庚(경) 辛(신) 壬(임) 癸(계)
地支 : 子(자) 丑(축) 寅(인) 卯(묘) 辰(진) 巳(사) 午(오) 未(미) 申(신) 酉(유) 戌(술) 亥(해)

사주의 구조 및 핵심사항
임진년(壬辰年) 늦 여름에 온 부인이 가지고 50대 후반의 남자 사주다.

사주의 구조는, 말띠 해의 늦여름에 자신을 나타내는 글자를 큰 산에 비유해서 해석하는 무토(戊土)로 태어나 건조하므로 땅을 기름지게 해주는 水가 우선 필요하지만 없기 때문에 水를 대신해서 金이 용신이고, 火가 병신(病神)이고, 木과 土가 모두 흉신인데, 특히, 木이 너무 많은 데다가 木이 火를 생해주는 木生火를 하므로 木도 병신(病神)과 같아서 아들과 갈등이 커서 따로 살고 있다.

필자 | 남편사주는 여름에 산이나 흙으로 해석하는 土로 태어났는데, 산에는 어떤 모습이라야 아름답고, 값이 나가겠습니까?

손님 | 숲이 울창해야 좋겠지요?

필자 | 맞습니다만, 산에 너무 많은 나무가 있다면, 가꾸지 않는 나무라서 결국 산이 값이 안갑니다. 그래서, 이 사주는 성격이 예민하게 나타나고, 아들과 의사소통이 안됩니다.그런, 딸과는 괜찮을 것인데, 사실은 어떻습니까?

손님 | 예, 아들하고는 맨날 싸워서 같이 살지 못하고 작년(辛卯年)부터 따로 살고 있고, 딸과는 함께 삽니다.

필자 | 남편은 직장도 불만이 많은 직장이 자기 직장인데, 직장생활을 하십니까? 내년에 사주에서 직장을 나타내는 갑목(甲木)을 내년 운에서 온 사화(巳火)가 서로에게 상처를 입히게 되는 인사형(寅巳刑)의 작용이 발생하기 때문에 내년에 직장 변동이 올 수 있습니다.

손님 | 남편이 직장에 다니는데, 그렇지 않아도 직장운도 궁금해서 왔습니다.
직장을 그만두게 됩니까?

필자 | 직장을 그만두게 된다고 까지는 할 수 없으나, 어떻든 불리하게 작용을 하게 됩니다. 직장을 바꾸시거나, 원치 않았던 곳으로 자리 이동이 있을 수 있습니다.

손님 | 그러면, 아들사주도 봐주세요

아들사주											
67	57	47	37	27	**17**	7		時柱	日柱	月柱	年柱
乙	丙	丁	戊	己	**庚**	辛	大	辛	辛	壬	丁	남
巳	午	未	申	酉	**戌**	亥	運	卯	亥	子	卯	자

天干 : 甲(갑) 乙(을) 丙(병) 丁(정) 戊(무) 己(기) 庚(경) 辛(신) 壬(임) 癸(계)
地支 : 子(자) 丑(축) 寅(인) 卯(묘) 辰(진) 巳(사) 午(오) 未(미) 申(신) 酉(유) 戌(술) 亥(해)

사주의 구조 및 핵심사항

임진년(壬辰年) 늦 여름에 엄마가 가지고 온 20대 중반의 남자 사주다.

사주의 구조는, 토끼띠 해의 한 겨울에 자신을 나타내는 글자를 보석에 비유해서 해석하는 신금(辛金)으로 태어나 金의 뿌리가 없어서 약한데, 약하게 만든 주요 원인이 水가 많아서 얼어있고, 습한 나무인 묘목(卯木)만 있어서 습하고 찬데다가 火가 약해서 따뜻하게 해주는 火가 용신이고, 木이 길신이며, 水가 병신(病神)이고, 金이 흉신이다

사주 밑 글자에는 묘목(卯木) 두 개와 자수(子水)가 서로에게 상처를 입히는 자묘형(子卯刑)을 하고 있고, 묘목(卯木)과 자수(子水)가 도화살(桃花殺)이다.

필자 | 아들 사주는 겨울 보석이라서 인물은 잘생겼을 것입니다만, 五行의 조화와 균형이 안맞고 너무 차서 온도와 습도의 균형도 안맞습니다. 그래서, 성격이 까다롭고 자유분방하며, 자기고집만 피웁니다.

손님 | 아들 성격이 무척 까다롭습니다.

필자 | 아들이 고등학교 때 공부를 안해서 본인이 원하는 대학을 갈 수가 없었겠네요?

손님 | 예, 공부를 안해서 지방대학을 갔다가 그만두고 음악을 하겠다고 고집을 피워서 남편하고 싸우기 때문에 함께 살 수가 없어서 아들을 따로 독립을 시켰습니다. 음악이 맞습니까?

필자 | 공부에는 취미가 없고, 그 대신 도화살(桃花殺)이 많아서 인기를 먹고 살아야 하기 때문에 음악을 선택한 것 같습니다 그런데, 빛을 보려면, 많은 세월을 기다려야 할 것 같습니다. 아들이 46세까지 운이 안풀리네요.

손님 | 그러면, 그 후에는 좋습니까?

필자 | 예, 47세 이후부터는 운이 火운이 오기 때문에 좋습니다.

손님 | 왜, 아들하고 남편이 싸우는 것입니까?

필자 | 사주학적인 해석을 하자면, 남편 사주에서는 자식을 나타내는 글자가 가장 나쁜 작용을 하기 때문이라고 설명을 드렸고, 이 아들 사주에서는 아버지를 나타

내는 글자가 木인데, 이 木이 습한 木이라서 사주에 필요한 火를 지탱해 주는데 한계가 있기 때문에 불만족스럽고, 더 중요한 것은 자신의 성격을 나타내는 水와 아버지를 나타내는 묘목(卯木)이 서로에게 상처를 입히는 자묘형(子卯刑)을 일으키기 때문입니다. 결국, 아버지 사주에서나 아들사주에서 서로 안 맞기 때문이라고 판단합니다.

손님 | 그러면 계속 따로 사는 것이 좋겠네요?

필자 | 그렇습니다. 또 다른 이유는, 아들이 현재 운이 안따라 주기 때문에 매사 최선을 다하는 모습이 안보이기 때문에 아버지로서는 그것이 불만이라서 갈등이 가중된 것이라고 생각합니다. 그렇지 않고, 만약, 운이 좋아서 자기 일을 열심히 한다면, 아버지가 잔소리할 이유가 없잖아요?

손님 | 맞는 것 같습니다.

필자 | 사주 윗 글자에 있는 임수(壬水)와 정화(丁火)가 정임합(丁壬合)을 구성하고 있는데, 이런 사주는 대부분 조모가 두 분일 수 있는데, 사실적으로는 어떠신가요?

손님 | 조모님이 돌아가셔서 조부께서 재혼을 하셨다고 들었습니다.

壬辰女年 來情法
고객의 마음을 꿰뚫어 봐라

07 남편이 성불구자 입니다.
(분당에 사는 손님)

63	53	43	33	23	13	3		時柱	日柱	月柱	年柱	
丙	乙	甲	癸	壬	辛	庚	大	戊	癸	己	甲	남
子	亥	戌	酉	申	未	午	運	午	未	巳	午	자

天干 : 甲(갑) 乙(을) 丙(병) 丁(정) 戊(무) 己(기) 庚(경) 辛(신) 壬(임) 癸(계)
地支 : 子(자) 丑(축) 寅(인) 卯(묘) 辰(진) 巳(사) 午(오) 未(미) 申(신) 酉(유) 戌(술) 亥(해)

사주의 구조 및 핵심사항

임진년(壬辰年) 초 가을에 부인이 가지고 온 50대 말의 남자 사주다.

사주의 구조는, 말띠 해의 초 여름에 자신을 나타내는 글자를 빗물에 비유해서 해석하는 계수(癸水)로 태어났는데, 다른 水는 전혀 없고, 火와 土가 지나치게 많아서 계수(癸水) 자신의 주체성을 확보할 수 없으므로 이런 경우는 사주에서 가장 강한 세력쪽으로 변신을 하는데, 이 사주에는 사주 밑 글자에 사오미화국(巳午未火局)을 이루고 있고, 자신인 계수(癸水)가 바로 옆에 있는 무토(戊土)와 합을 맺어 戊癸合(무계합)을 맺고 있으며, 己土(기토)는 힘이 나약한 甲木(갑목)을 甲己合土(갑기합토)로 묶어서 土로 만들고 있어서 결국 사주의 힘이 土에 집중되어 있으므로 土로 변신하게 되는데, 이를 전문용어로는 從殺格(종살격) 또는 從官格(종관격)이라고 한다.

이렇게 사주가 從殺格(종살격)이 되면, 성품이 점잖고, 두뇌가 좋으며, 합리적인 성격을 지녀서 좋은 사람으로 보이나, 그 대신 이와 같이 從格(종격)사주가 되면, 10년간씩 구분해서 보는 운(大運)에서 火운과 土운이와서 사주를 도와주면 대단히 크게 발전하는 사람이 되지만, 만약, 그렇지 않고, 大運(대운)이 金운이 와서 金生水를 한다거나, 水운이 와서 계수(계수) 자신을 도와주준다거나, 木운이 와서 木剋土를 하게 되면, 망해버린다.

이 사주의 주인이 성불구자라고 하는데, 그 원인을 정확하게 알 수는 없고, 단지 운이 거꾸로 흘러서 아무것도 안되는 사주다라고 밖에는 설명 할 수가 없으나, 데이터를 내기 위해서 이 책에 실었는데, 본인의 명예를 지켜주기 위해서 신상에 관한 구체적인 사항은 생략하거나 변형하였다.

필자 | 남편은 점잖고, 두뇌가 좋으며, 합리적인 성격을 지녀서 좋은 사람으로 보이지만, 10년간씩 구분해서 보는 운이 자기가 원하는 반대방향으로 흘러서 어려운 생활을 하실 것 같은데, 사실은 어떻습니까?

손님 | 그렇게 나옵니까?
평생을 놀고 먹는 사람입니다.

필자 | 직업이 없는 말씀인가요?

손님 | 평생 무직입니다.

필자 | 남자가 평생무직이라면 어떻게 가정을 꾸려갑니까?

손님 | 그러니까 제가 사업을 해서 먹고 살고 있기 때문에

어렵습니다.

필자 | 대게, 여자분들은 남편이 능력이 없으면, 이혼하려고 하는데, 손님은 어떻셨나요?

손님 | 신혼초부터 이혼을 하려고 그렇게 노력을 해왔는데, 이혼을 못하고 지금은 아예 포기하고 삽니다.

필자 | 안타깝습니다.

손님 | 그것뿐인지 아세요?
남편은 신혼초부터 정력이 약해서 성생활을 거의 못하고 살아왔습니다.

필자 | 그렇다면, 자식은 없습니까?

손님 | 어떻게 자식은 낳았습니다.
이상하게도 신혼초부터 성생활을 하지 못해서 제가 시어머니께 말씀을 드렸더니 그 때마다 보약을 지어다 주시더라고요.
그 약을 먹고 나면 그때만 잠시 동안 성생활을 해서 자식을 두 명 낳았는데, 30대를 들면서부터 여태까지 거의 성생활을 못하고 살아왔습니다.

필자 | 집에서 같은 방을 쓰고 사십니까?

손님 | 예, 한방에서 잡니다.

필자 | 정말 대단하십니다.
이런 상황인데도 이혼을 안하고 산다니, 대단하십니다.

손님 | 그냥 포기하고 삽니다.

壬辰女年 來情法
고객의 마음을 꿰뚫어 봐라

08 신약하다고 水를 용신으로 보면 안된다.
(서초구에 사는 손님)

65	55	45	35	25	15	5		時柱	日柱	月柱	年柱
辛	庚	己	戊	丁	丙	乙	大	乙	壬	甲	戊	남
酉	申	未	午	巳	辰	卯	運	巳	子	寅	午	자

天干 : 甲(갑) 乙(을) 丙(병) 丁(정) 戊(무) 己(기) 庚(경) 辛(신) 壬(임) 癸(계)
地支 : 子(자) 丑(축) 寅(인) 卯(묘) 辰(진) 巳(사) 午(오) 未(미) 申(신) 酉(유) 戌(술) 亥(해)

사주의 구조 및 핵심사항

임진년(壬辰年) 초겨울에 엄마가 가지고 온 30대 중반의 남자 사주다.

사주의 구조는, 말띠 해의 가을에 자신을 나타내는 글자를 강물에 비유해서 해석하는 임수(壬水)로 태어나 木과 火가 많아서 자신의 힘이 매우약한 사주이나 초봄에 태어나 날씨가 추우므로 火가 용신이고, 木이 길신 이며, 水가 병신(病神)이고, 土가 약신(藥神)이다.

이 사주는 水가 두 개이고, 인목(寅木)을 비롯해서 木이 3개이며, 火가 두 개이면서 인오화국(寅午火局)을 이루고 있으므로 언뜻 보면, 신약사주라서 水가 부족하므로 水를 보충해줘야 한다고 볼 수 있으나, 전혀 그렇지 않고, 오히려 火가 용신이다.
이유는, 초봄의 물은 차기 때문에 나무가 자라지 않으므로 火로 데워서 사용하거나, 열기를 가해주면서 나무에 물을 줘야만 나무가 자라는 법이다.

그 증거로, 이 사주의 주인은 고등학교 때의 운이 추운 기운인 水운으로 흘렀으므로 공부를 못해서 지방대를 나왔고, 水운인 임진년(壬辰年)에 큰 손재를 당했는데, 그 내용이 아래 문답 내용에 나와 있다.

필자 | 아드님 사주는 봄에 태어난 물이라서 여기저기에 있는 나무를 기르느라고 바쁘게 태어났고, 노력형이며, 두뇌가 좋아서 아이디어가 풍부합니다.

손님 | 우리 아들은 착합니다.

필자 | 아드님 사주를 다른데서 보신적이 있습니까?

손님 | 자주 보지는 않았습니다만, 사주가 좋다고 하던데요?

필자 | 사주가 좋다면 무엇이 좋다고 했을 것인데요?

손님 | 그것은 기억이 없습니다.

필자 | 왜 제가 이렇게 물어봤느냐 하면, 이 사주를 자칫 잘못 보면, 운을 거꾸로 보고, 20대 중반부터 50대 초반까지의 운이 나쁘다고 할 수 있기 때문인데, 이 사주는 분명히 이 기간 동안의 운이 좋습니다.
그 근거로, 아드님은 고등학교 때 수운을 만나서 공

부를 제대로 안했을 것이기 때문에 재수를 했거나, 전문대를 갔거나, 그렇지 않으면 지방대학을 갔을 것인데, 어땠었습니까?

손님 | 맞습니다.
우리 아들이 공부를 안해서 경상도에 있는 지방대학을 나왔습니다.

필자 | 아드님은 올해(壬辰年) 돈 손실을 볼 수 있는데, 어떻습니까?

손님 | 아들이 남편 밑에서 회사 경영수업을 받고 있는데, 금년에 뜻하지 않게 손님한테 몇 억원 어치의 물건을 팔고 대금을 받지 못하고 있습니다.

壬辰女年 來情法
고객의 마음을 꿰뚫어 봐라

09 | 헤지펀드 운용사업을 한단다.
(송파구에 사는 손님)

62	52	42	32	22	12	2		時柱	日柱	月柱	年柱	
辛	庚	己	戊	丁	丙	乙	大	庚	戊	甲	戊	남
未	午	巳	辰	卯	寅	丑	運	申	辰	子	午	자

天干 : 甲(갑) 乙(을) 丙(병) 丁(정) 戊(무) 己(기) 庚(경) 辛(신) 壬(임) 癸(계)
地支 : 子(자) 丑(축) 寅(인) 卯(묘) 辰(진) 巳(사) 午(오) 未(미) 申(신) 酉(유) 戌(술) 亥(해)

사주의 구조 및 핵심사항

임진년(壬辰年) 한겨울에 모친이 가지고 온 30대 중반의 남자 사주다.

사주의 구조는, 말띠 해의 한겨울에 자신을 나타내는 글자를 큰 산에 비유해서 해석하는 무토(戊土)로 태어나 水가 지나치게 많아서 자신의 힘이 매우 약하므로 도와주는 土가 용신이고, 火가 길신이며, 水가 병신(病神)이고, 木이 흉신이며, 경금(庚金)은 기본적으로 금생수(金生水)하므로 흉신이지만, 갑목(甲木)을 막아주는 역할도 일부분 길신의 작용도 하나, 신금(申金)은 金生水를 하는데다가 신자진수국(申子辰水局)을 형성해서 물바다를 이루므로 흉신이며, 진토(辰土) 역시 물바다를 이루므로 흉신이다.

따라서, 이 사주는 水가 너무 많아서 신약해졌으므로 재다신약(財多神弱) 사주다.

사주 밑 글자에 신자진수국(申子辰水局)을 형성하고 있는데, 水는 아버지와 마누라를 나타내므로 이런 경우, 아버지가 두 분이거나, 아버지의 이복형제가 있거나, 그렇지 않으면, 마누라가 두 명이거나, 마누라의 이복 형제가 있을 수 있는데, 이 남자의 아버지가 이복형제가 있었다고 한다.

오화(午火)와 자수(子水)가 자오충(子午沖)을 하고 있는데, 여기서, 午火는 모친에 해당하고, 子水는 아버지에 해당하므로 모친 또는 부친과의 관계를 문진한 바, 모친의 형제중 어려서 죽은 형제가 있었다고 하며, 부친의 이복형제가 6. 25때 돌아가셨다고 했다.

필자 | 아들 나이가 올해로 35세인데, 2006년이나, 2010년에 장가를 갔을 수도 있겠고 만약 그때 결혼을 안했다면 못했겠는데, 결혼을 했습니까?

손님 | 아직 안갔습니다.

필자 | 아들이 장가를 안간 이유는 돈을 못 벌어서 안갔겠는데, 맞습니까?

손님 | 정확히는 모르지만, 돈은 못벌었습니다.

필자 | 아들 사주는 물을 막는 저수지의 둑 역할을 하는 土인데, 사주에 물이 많은데, 본인이 생각하기에는 사주에 있는 물이 온통 돈으로 보이기 때문에 경제학이나 경영학을 공부했을 것 같은데, 맞습니까?

손님 | 네. 경제학을 전공했습니다.

필자	아들 사주를 보니까 고등학교 시기에 운이 나빴는데, 어느 대학을 다녔습니까?
손님	우리 아들은 미국에서 대학을 나왔는데, 공부를 잘해서 뉴욕대학을 나왔고, 콜럼비아 대학원을 나와서 대학원 졸업후에 JP 모건에서 근무를 해오다가 지금은 헤지펀드사업을 하고 있습니다.
필자	아들이 2008년에 직장을 그만두었겠네요?
손님	맞습니다.
필자	아들이 사업을 한다면, 금년에 부도위기인데요?
손님	네. 굉장히 어렵다고 하면서 돈을 대 달라고 하는데, 어떻게 해야할지를 몰라서 왔습니다.
필자	지금은 돈을 대줘도 표시가 안납니다. 다시 말해서 깨진 독에 물 붓기와 같습니다. 기다렸다가 내년 하반기에나 도와주도록하세요?
손님	이유가 뭡니까?
필자	내년 상반기나 되어야 경기가 저점을 찍을 것이기 때문에 아직은 경기가 불투명해서 앞날을 예측하기가 어려운데, 내년 상반기가 지나면서 경기 저점을

찍고 완만하지만 상승세를 탈 것으로 예측하기 때문에 그 때 가서 도와줘야 표시가 날 것으로 보이기 때문입니다.

손님 ㅣ   알겠습니다.

未年生
양띠 생 사주

01 언제 결혼할 수 있겠습니까?
02 자식운이라서 애들 학교문제가 고민이다.
03 자식궁이 비어있으므로 남의 자식들을 키워주는 어린이 집을 운영하고 있다.
04 자식 글자(食神)와 남편 글자(官星)가 한 기둥을 이루면 셋에서 결혼한다.
05 남자로 인한 구설수와 진로문제로 왔다.
06 남편한테 잘 못해줘서 양심의 가책을 느낍니다.
07 약한사주지만, 용신(用神, 사주에서 가장 필요한 글자)이 火다.
08 남자(결혼)문제와 직업문제로 왔다.
09 명문대학을 나왔지만, 놀고먹는다.
10 목다화식(木多火熄) 사주라서 답답한 사람이다.

壬辰女年 來情法
고객의 마음을 꿰뚫어 봐라

01 | 언제 결혼할 수 있겠습니까?
(송파구에서 온 손님)

64 54 44 **34** 24 14 4							時柱	日柱	月柱	年柱	
戊	丁	丙	乙	甲	癸	壬	乙	甲	辛	己	여
寅	丑	子	亥	戌	酉	申	亥	午	未	未	자
						大運					

天干 : 甲(갑) 乙(을) 丙(병) 丁(정) 戊(무) 己(기) 庚(경) 辛(신) 壬(임) 癸(계)
地支 : 子(자) 丑(축) 寅(인) 卯(묘) 辰(진) 巳(사) 午(오) 未(미) 申(신) 酉(유) 戌(술) 亥(해)

사주의 구조 및 핵심사항

임진년(壬辰年) 중춘에 온 30대 초반의 여자 사주다.

사주의 구조는, 양띠 해의 늦여름에 자신을 나타내는 글자를 큰 나무에 비유해서 해석하는 갑목(甲木)으로 태어났는데, 태어난 계절이 무더워서 갈증을 심하게 느끼고, 자신의 힘이 약하므로, 도와주는 水가 용신이고, 金이 길신이며, 土가 病이고, 火가 흉신이다.

남편을 나타내는 신금(辛金)이 뿌리가 없어서 약하고, 일지(日支) 배우자 궁에 남편을 공격하는 오화(午火)가 앉아있어서 남자가 들어오기 힘들기 때문에 결혼하기가 쉽지 않고, 결혼을 한다해도 백년해로하기가 어렵다.

필자 | 손님 사주에 남자를 나타내는 글자인 신금(辛金)이 뿌리도 없이 나타나있기 때문에 아무런 힘이 없고,

일지(日支) 남편궁에는 金을 공격하는 火가 자리를 잡고 있어서 결혼하기가 어려운데, 결혼문제로 오셨습니까?

손님 | 그렇습니다.
아직 미혼입니다.

필자 | 2010년(경인년, 庚寅年)과 2011년(신묘년, 辛卯年)에 남자를 나타내는 金이 나타나긴했는데, 그 남자인 경금(庚金)과 신금(辛金)은 밑에다 日干(일간, 본인을 의미)과 똑같은 성분인 인목(寅木)과 묘목(卯木)을 달고 왔기 때문에 아무런 힘이 없는 남자라서 아가씨의 눈높이에서 보면, 양에 안차는 남자라서 결혼을 하기 어려웠을 것인데, 실제로는 어떻했습니까?

손님 | 사실은 제작년과 작년 사이에 남자를 만났는데, 서로 안맞아서 헤어졌는데, 언제 다시 남자를 만날 수 있겠습니까?

필자 | 손님한테는 남자가 金이기 때문에 金운이 와야 남자가 나타날 것인데, 金운이 오는 해는 2016(丙申)년과 2017(乙酉)년입니다.
그런데, 금년(임진년, 壬辰年)은 남자운은 아니지만, 용신운(사주를 가장 좋게 해주는 인자)이 왔으니까 운이 좋아서 몸 값이 높아지게 되고, 남자도 나타날 수 있습니다.

그러니까, 남자가 나타나거든 너무 까다롭게 굴지말고 잘 사귀어 보도록 하세요.
아가씨 사주에는 火가 많은데, 火는 남자인 金을 공격하는 성분이라서 남자 고르기가 무척 어렵습니다.

손님 | 저의 생각에는 그렇지 않은 것 같은데요?

필자 | 그것은 아가씨 생각일 뿐입니다.
그리고, 아가씨는 의료직과 인연이거나, 의류업과도 인연인데, 무슨 직업을 갖고 계신가요?

손님 | 의류회사에 근무하고 있습니다.

필자 | 사주아가씨 사주에 火가 발달해서 디자인을 잘하실 것 같으네요?

손님 | 그런 일을 합니다.

壬辰女年 來情法
고객의 마음을 꿰뚫어 봐라

02 | 자식운이라서 애들 학교문제가 고민이다.
(송파구에 사는 손님)

66	56	46	36	26	16	6		時柱	日柱	月柱	年柱
己	戊	丁	丙	乙	甲	癸	大	戊	辛	壬	乙	여
丑	子	亥	戌	酉	申	未	運	子	亥	午	未	자

天干 : 甲(갑) 乙(을) 丙(병) 丁(정) 戊(무) 己(기) 庚(경) 辛(신) 壬(임) 癸(계)
地支 : 子(자) 丑(축) 寅(인) 卯(묘) 辰(진) 巳(사) 午(오) 未(미) 申(신) 酉(유) 戌(술) 亥(해)

사주의 구조 및 핵심사항

임진년(壬辰年) 중춘에 온 50대 후반의 여자 사주다.

사주의 구조는, 양띠 해의 한여름에 자신을 나타내는 글자를 보석 숲에 비유해서 해석하는 신금(辛金)으로 태어나 자신의 힘이 약하지만, 여름 태생이라서 무더운 계절이고, 보석은 물(水)을 가장 좋아하기 때문에 水가 용신이고, 金이 길신이며, 土가 병신(病神)이고, 火가 흉신이며, 木이 약신(藥神)이다.

신해일주(辛亥日主)는 고란살(孤鸞殺)인데, 이것은 살(殺)의 한 종류로, 이런 일주(日主, 자기를 나타내는 글자)로 태어나면, 남편과 떨어져 지내는 날이 많아서 외롭거나, 심하면 이혼하고 혼자 산다.
참고로, 고란살은 일주(日主, 자신을 나타내는 글자)가 갑인(甲寅), 을사(乙巳), 정사(丁巳), 무신(戊申), 신해(辛亥)일주가 해당한다.

필자 | 손님의 성격은 깔끔하고, 정확하며, 개성이 강해서 아무나 친구로 사귀지 않겠습니다.

손님 | 예, 제가 정확하고요, 깔끔한 성격입니다.

필자 | 손님은 금년운에서 오는 임수(壬水)는 자식문제이고, 진토(辰土)는 문서문제라서 자식문제와 문서문제가 생기는데, 그 일로 오셨지요?

손님 | 자식을 남매를 두었는데, 두 아이들 모두 학교 진학 때문에 고민이 크고요, 이사도 해야 하기 때문에 그것들이 궁금해서 왔습니다.

필자 | 그러면 자식문제부터 풀어보도록 합니다.

아들 사주								時柱	日柱	月柱	年柱
69	59	49	39	29	**19**	9					남
己	戊	丁	丙	乙	**甲**	癸	大	己	甲	壬	壬
酉	申	未	午	巳	**辰**	卯	運	巳	寅	寅	申	자

天干 : 甲(갑) 乙(을) 丙(병) 丁(정) 戊(무) 己(기) 庚(경) 辛(신) 壬(임) 癸(계)
地支 : 子(자) 丑(축) 寅(인) 卯(묘) 辰(진) 巳(사) 午(오) 未(미) 申(신) 酉(유) 戌(술) 亥(해)

사주의 구조 및 핵심사항   임진년(壬辰年)에 21세 남자사주다.

사주의 구조는, 원숭이 띠 해의 초 봄에 자신을 나타내는 글자를 큰 나무에 비유해서 해석하는 갑목(甲木)으로 태어나 자신의 힘이 너무 세고, 초봄에 태어나 날씨가 차며, 나무는 火를 봐서 꽃이 피어야 하므로 火가 용신이고, 木이 길신이며, 水가 病神이고, 金이 흉신이며, 土가 약신이다.

사주 밑 글자에 인목(寅木)과 사화(巳火)와 신금(申金) 만나 서로에게 상처를 주는 인사신삼형살(寅巳申三刑殺)이 있다.

필자 | 아들은 火가 가장 필요한 사주인데, 중학교 3학 때가 정해(丁亥)년으로 운이 나빴고, 고등학교 1학 때가 무자년(戊子年)이었고, 2학 때가 기축년(己丑年)으로 불(火)을 끄는 水(물)운이 왔기 때문에 공부를 안 했는데, 2010년(경인년, 庚寅年)에 철이 들어서 공부를 하기 시작했지만 기초가 약해서 실력이 안 나왔기 때문에 재수를 했거나 그렇지 않으면 지방대학을 갔을 것인데, 어땠습니까?

손님 | 재수를 했습니다.

필자 | 재수를 한 해가 辛卯年으로 운이 안 따라줘서 큰 진전이 없었을 것인데요?

손님 | 그래도 K 대학에 합격을 했는데, 그 학교는 안 다니겠다고 해서 금년에 다시 시험을 보려고 합니다.

필자 | 금년운은 임진년으로 水운이기 때문에 아들힌데 직

년보다 더욱 불리하기 때문에 실력이 안 나올텐데 차라리 2학 때 원하는 대학으로 편입하는 것이 좋을 것 같은데요?

손님 | 아들은 무조건 다시 시험을 보겠다고 합니다.

필자 | 아들 사주가 자신의 힘이 쎈 사주이기 때문에 아집이 강해서 부모 말도 잘 안듣고, 자신이 하고자 하는 대로 하려고 합니다.

손님 | 우리 아들이 어려서는 엄마 말을 잘들었는데, 요즘은 안듣습니다.
우리 아들의 진로 좀 봐주세요?

필자 | 이런 사주는 말하는 직업인 교육관련 직업이나, 기술관련 직업이 잘맞고, 자신을 나타내는 글자가 木인 사람들은 수학에 소질이 있기 때문에 수학이나 물리학에도 인연이 있는데, 아들은 어느 공부를 하려고 합니까?

손님 | 물리학을 공부해서 교수가 되겠다고 합니다.

필자 | 물리학과 교육학도 잘 맞고요, 운이 따라주기 때문에 30대 후반부터는 출세를 할 것입니다.

손님 | 감사합니다.

필자 | 그러면, 딸 사주를 봐주세요?

딸 사주								時柱	日柱	月柱	年柱
64	54	44	34	24	**14**	4					
庚	己	戊	丁	丙	乙	甲	大	壬	己	癸	乙	여
寅	丑	子	亥	戌	酉	申	運	申	未	未	亥	자

天干 : 甲(갑) 乙(을) 丙(병) 丁(정) 戊(무) 己(기) 庚(경) 辛(신) 壬(임) 癸(계)
地支 : 子(자) 丑(축) 寅(인) 卯(묘) 辰(진) 巳(사) 午(오) 未(미) 申(신) 酉(유) 戌(술) 亥(해)

사주의 구조 및 핵심사항

임진년(壬辰年)에 18세인 여자 사주다.

사주의 구조는, 돼지띠 해의 늦여름에 자신을 나타내는 글자를 야산의 土에 비유해서 해석하는 기토(己土)로 태어나 金과 水의 성분이 많아서 자신의 힘이 약하므로 土가 용신이고, 火가 길신이며, 木이 病神이고, 水와 金이 흉신이다.

사주 밑 글자에는 해수(亥水)와 미토(未土)가 만나서 木의 다발을 이루는 해미목국(亥未木局)을 이루고 있다.

필자 | 이런 사주로 태어나면, 두뇌도 좋고, 성실합니다만, 운이 안 따라줘서 공부실력이 안 나옵니다.

손님 | 우리 딸이 무척 성실하고 착합니다만 선생님 말씀대로 자기 실력이 안 나온 것 같습니다.

필자 | 금년(임진년)에도 성적이 안좋겠는데요?

손님 | 아직 성적은 모릅니다만 공부는 제대로 안합니다.
이 아이의 진로는 어느쪽입니까?

필자 | 사람의 진로는 자기 사주에서 가장 필요로 한 성분이 무엇이냐에 따라서 그 방향으로 가고요, 또, 여러가지 인연중에서 어떤 인연을 가장 많이 가지고 태어났느냐에 따라서 진로를 결정하게 되는데, 운이 좋으면, 1순위 진로를 선택해서 그길로 가게 되고요, 운이 나쁘면 나쁜 만큼 차 순위로 밀려나게 됩니다.
그런데, 이 아이는 1순위가 보건 또는 의료분야인데, 의사나 약사는 실력이 안나와서 안 되겠고, 그 대신 간호학과나 사회복지학과 같은 데가 잘 맞겠습니다.

손님 | 우리 딸이 지금 문과를 공부하고 있는데요?

필자 | 문과를 무슨이유로 정했습니까?

손님 | 그냥 제가 정해줬습니다.

필자 | 올바른 선택이 아니었네요?

손님 | 이제 문제를 봐주세요?

필자 | 손님의 운으로 이사를 해도 좋겠습니다.
요사이 부동산 경기가 안 좋아서 이사하는 사람들이 많지 않기 때문에 이사를 하시려면 충분한 시간을 갖고 하시는 것이 좋은 것 같습니다.

손님 | 알겠습니다.
남편 사주도 봐주세요?

남편 사주

66	56	46	36	26	16	6		時柱	日柱	月柱	年柱
癸	壬	辛	庚	己	戊	丁	大	辛	癸	丙	甲	남
酉	申	未	午	巳	辰	卯	運	酉	卯	寅	午	자

天干: 甲(갑) 乙(을) 丙(병) 丁(정) 戊(무) 己(기) 庚(경) 辛(신) 壬(임) 癸(계)
地支: 子(자) 丑(축) 寅(인) 卯(묘) 辰(진) 巳(사) 午(오) 未(미) 申(신) 酉(유) 戌(술) 亥(해)

사주의 구조 및 핵심사항

임진년(壬辰年)에 온 50대 후반의 남자 사주다.

사주의 구조는, 말띠 해의 초 봄에 자신을 나타내는 글자를 빗물에 비유해서 해석하는 계수(癸水)로 태어나 자신의 힘이 약한데, 약하다고 해서 水와 金을 용신으로 써서는 안되고, 사주가 약해도 초봄이라서 날씨가 습기 때문에 火가 용신이고, 木이 길신이며, 水가 病神이고, 金이 흉신이다.

사주 밑 글자에는 태어난 月의 밑 글자인 인목(寅木)과 태어난 年의 밑 글자인 오화(午火)가 만나면 불덩어리를 만드는 인오화국(寅午火局)이 있고, 일지 배우자궁에 있는 묘목(卯木)과 태어난 시간의 밑 글자에 있는 유금(酉金)이 만나면 충돌을 하는 묘유충(卯酉沖)이 있다.

필자 | 손님의 태어난 시간이 맞습니까?

손님 | 남편의 말씀이 새벽 5시 10분경이라고 말을 해줘서 알고 있습니다.

필자 | 왜 다시 묻느냐 하면요, 이 시간에 태어났으면, 부부 사이가 나빠야 하는데, 손님의 얼굴에 전혀 그런 그늘이 보이지 않아서 재차 묻는 것입니다.

손님 | 전에도 언젠가 그 시간으로 사주를 봤는데 맞던데요?

필자 | 그렇다면, 남편이 직업상 해외 파견근무나 지방파견근무가 많습니까?

손님 | 예, 남편이 회사 생활할 때 중국, 러시아 등 여러 나라에 파견근무를 많이 했었습니다.

필자 | 그렇다면, 태어난 시간이 맞습니다.
남편사주에 일지 배우자궁이 충돌(묘유충, 卯酉沖)을 일으켜서 깨졌고, 손님 사주에서는 자신을 나타내는 글자인 일간(日干)이 고란살(孤鸞殺)이기 때문에 부부가 떨어져 지내는 기간이 길어야 부부관계를 지속할 수가 있지, 만약, 365일 같이 지낸다면 부부관계를 유지할 수가 없게 됩니다.
도, 이런 사주를 가지면, 부부가 많아 토닥거리면서 다투는 일이 많습니다.

손님 | 선생님 말씀대로 우리부부는 떨어져서 지내는 기간이 길고요, 또, 만나면 자주 다툽니다.

필자 | 남편사주는 좋은 사주라서 기술직이나, 엘리트 직업을 가지고 살 것인데, 무슨 직업을 가졌습니까?

손님 | 대기업에서 컴퓨터관련 일을 해오다가 2010년(경인년)에 퇴사를 했습니다.

필자 | 대운(10년간씩 구분해서 보는 운)에서 보면, 이미 56세부터 운이 약해졌지만, 과거 경력이 화려해서 아직도 일을 하시는 것 같습니다.

壬辰女年 來情法
고객의 마음을 꿰뚫어 봐라

03 자식궁이 비어있으므로 남의 자식들을 키워주는 어린이 집을 운영하고 있다.
(종로구에 사는 손님)

68	58	48	38	28	18	8		時柱	日柱	月柱	年柱	
丁	丙	乙	甲	癸	壬	辛	大	癸	壬	庚	丁	坤
巳	辰	卯	寅	丑	子	亥	運	卯	子	戌	未	命

天干 : 甲(갑) 乙(을) 丙(병) 丁(정) 戊(무) 己(기) 庚(경) 辛(신) 壬(임) 癸(계)
地支 : 子(자) 丑(축) 寅(인) 卯(묘) 辰(진) 巳(사) 午(오) 未(미) 申(신) 酉(유) 戌(술) 亥(해)

사주의 구조 및 핵심사항

임진년(壬辰年) 늦봄에 온 40대 중반의 여자 사주다.

사주의 구조는, 양띠 해의 늦가을에 자신을 나타내는 글자를 강물에 비유해서 해석하는 임수(壬水)로 태어나 자신의 힘이 약한 것 같지만, 사주는 자연의 현상을 인용해서 만든 학문이라서 자연의 이치에 맞게 설명을 한다면, 늦가을은 곡식을 거두는 계절이고, 또, 거둔 곡식을 말리는 계절이기 때문에 날씨가 청명해야 하고, 태어난 시간에 있는 묘목(卯木)을 키워야 하므로 임수(壬水)의 강한 것 보다는 火가 와서 따뜻하게 해줘야 묘목(卯木)이 잘 자라기 때문에 火가 용신이고, 木이 길신이며, 水가 병신(病神)이고, 金이 흉신이며, 土가 약신(藥神)이다.

혹자들은, 이 사주가 약한 사주라서 水나 金을 용신으로 보는 사람들이 있을 수 있는데, 전혀 맞지 않는 이론이고, 이 사주는 반드시 火가 필요하다는 것을 강조하는 바이다.

사주 밑 글자에 남자를 나타내는 미토(未土)와 술토(戌土)가 만나서 서로에게 상처를 주는 형살(술미형살, 戌未刑殺)을 만들어서 土를 깨드렸기 때문에 결혼하기가 어렵고, 또, 남편궁에 병(病)인 자수(子水)가 자리잡고 있으면서 태어난 시간의 묘목(卯木)과 만나서 서로에게 상처를 주는 자묘형살(子卯刑殺)을 일으켜서 켜서 부부궁에 손상을 입었고, 태어난 年을 기준해서 태어난 시간이 비어 있다는 의미의 공망(空亡)인데, 태어난 시간은 자식궁을 나타내는 곳이므로 자식궁이 비어있음을 나타내므로 자식이 없다는 뜻을 의미하고 있는데, 이런 사주를 가지면, 자식이 없거나, 그렇지 않으면, 남의 자식을 기를 수 있으므로 어린이 집을 운영하고있다.

필자 | 손님은 남자문제로 오셨습니까, 아니면, 하시는 일 문제로 인해서 돈 손실이 날 것인데 그 일로 오셨습니까?

손님 | 전에부터 한번 와보고 싶어서 지나가다가 왔습니다.

필자 | 아무 일이 없는데도 오셨다는 말씀인가요 ?

손님 | 그런 것은 아니고요, 제가 하는 일이 잘될 것인지가 궁금해서 왔습니다.

필자 | 손님은 남편을 나타내는 글자 미토(未土)와 술토(戌土)가 깨져있어서 결혼생활을 지속하기가 어려울 깃인데, 부부관계는 어떠하십니까?

손님 | 결혼을 안했습니다.

필자 | 남자를 나타내는 글자가 태어난 年과 月에 있으면, 남자를 일찍 만날 수 있는 사주인데, 혹시 남자를 만났다가 헤어진 것은 아닙니까?

손님 | 결혼한 것은 아니고 몇 번 만났다가 헤어졌습니다. 누구라도 그런 것 아닙니까?

필자 | 그럴 수 있습니다.
제 말씀은 단지 사주의 모양새대로 이야기했을 뿐입니다. 손님은 남자와 헤어진 시기가 28세에서 37세 사이였는데, 보통사람들의 삶의 형태로 보면, 결혼초기에 헤어지게 됩니다.

손님 | 저도 그랬습니다.

필자 | 손님은 초년운이 안 좋았고, 고등학교 시기인 83(癸亥年), 84(甲子年), 85(乙丑年)운이 水운이라서 가고 싶은 대학에 갈 수 없었겠네요?

손님 | 예, 그래서, 재수를 해서 예능을 전공했습니다.

필자 | 손님의 직업은 사업이 가장 잘 맞는데, 무슨 사업을 하십니까?

손님 | 어린이 학원을 운영하고 있습니다.

필자 | 직업 참 잘 맞습니다.
그런데, 돈 창고인 술토(戌土)가 깨져서 문이 열려있고, 운이 안 따라줘서 돈을 벌 기회가 적었네요?

손님 | 예, 돈은 별로 못벌었습니다.
그러나, 금년 운이 어떻습니까?

필자 | 앞에서도 말씀드렸지만, 금년 운이 안 좋습니다. 금년에 오는 임수(壬水)가 사주에 돈 글자인 정화(丁火)를 정임합(丁壬合)으로 묶어서 꼼짝 못하게 만들고, 또, 진토(辰土)가 돈 창고인 술토(戌土)를 진술충(辰戌沖)으로 깨뜨리기 때문에 돈이 나갈 수 있고, 또, 이 사주에 土는 국가기관으로 보기 때문에 관재(경찰서에 조사받을 일)이 있고, 다른 문제로는 土는 남자이기 때문에 남자문제가 따를 수 있습니다.

손님 | 다른 철학원을 3군데 다녀왔는데, 가는 곳마다 금년 운이 좋다고 하던데요?

필자 | 그러던가요?
그렇다면, 그 말이 맞는가 안 맞는가를 논리적으로 설명드리지요. 금년은 임진년(壬辰年)으로 水입니다. 그런데, 손님은 초년 운이 水운이었는데, 초년운이 좋았습니까, 나빴습니까?

손님 | 저는 어렸을 때 운이 별로 좋지 않아서 좋은 대학도

못갔습니다.

필자 | 그것보세요? 그 문제만 가지고도 간단하게 금년 운을 알 수 있습니다.
그러면, 왜, 다른 철학원에서는 금년이 좋은 해라고 말을 했을까를 분석해 보면, 그 철학원에서는 손님의 사주가 약하기 때문에 도와주는 水운이 좋은 것으로 운을 거꾸로 봤기 때문입니다. 이러한 이유로, 손님은 10년간씩 구분해서 보는 운(대운, 大運)으로 볼 때 38세 이후부터 운이 좋아졌지만, 정밀하게 분석하는 한해, 한해의 운인 세운(歲運)으로 보면, 2004년(甲申年)부터 2009년(己丑年)까지의 운이 안 따라줬기 때문에 돈 벌 기회가 없었습니다.

손님 | 예, 저는 돈 벌어 놓은 것이 하나도 없습니다.
저는 다른 철학원 3곳 모두 올해 운이 좋다고 해서 운이 좋은 줄로만 알았는데, 잘못 알고 있었네요?

필자 | 제가 말씀드린대로입니다.
혹시, 금년에 손해 본 일이나 관재수 같은 것은 없었습니까?

손님 | 사실은 선생님이 많은 원생을 데리고 나가는 바람에 큰 손해를 입고 있습니다.
언제쯤 회복이 되겠습니까?

필자 | 올해운이 안 좋기 때문에 만족스럽지 못할 것입니다만, 여름에는 다소 낳아질 것이나, 본격적으로는 내년부터 좋아질 것입니다.

손님 | 다행입니다.

壬辰女年 來情法
고객의 마음을 꿰뚫어 봐라

04 | 자식 글자(食神)와 남편 글자(官星)가 한 기둥을 이루면 셋이서 결혼한다.

(마포에서 온 손님)

64 54 44 **34** 24 14 4	時柱 日柱 月柱 年柱
戊 丁 丙 乙 甲 癸 壬 大	壬 乙 辛 己 坤
寅 丑 子 亥 戌 酉 申 運	午 未 未 未 命

天干 : 甲(갑) 乙(을) 丙(병) 丁(정) 戊(무) 己(기) 庚(경) 辛(신) 壬(임) 癸(계)
地支 : 子(자) 丑(축) 寅(인) 卯(묘) 辰(진) 巳(사) 午(오) 未(미) 申(신) 酉(유) 戌(술) 亥(해)

사주의 구조 및 핵심사항

임진년(壬辰年) 초여름에 온 30대 초반의 여자 사주로, 결혼 날자를 잡아달라고 온 손님이다.

사주의 구조는, 양띠 해의 늦여름에 자신을 나타내는 글자를 꽃나무에 비유해서 해석하는 을목(乙木)로 태어나 자신을 도와주는 세력은 약한데, 土가 너무 많아서 약해졌는데, 여기서 土는 돈 글자로 재성(財星)이므로 재다신약(財多身弱)사주라서 木이 용신이고, 水가 길신 길신이며, 土가 병신(病神)이고, 金이 흉신이며, 火도 흉신이다.

혹히, 이 사주는 水가 약해서 여름더위에 심한 가뭄을 겪고있는 나무다.

여자사주에 자식을 나타내는 식신(食神)과 남편을 나타내는 관성(官星)이 한 기둥(年柱, 月柱, 日主, 時柱를 의미함)을 이루면 임신을 한 상태로 결혼하거나, 그렇지 않으면, 아이를 낳고 결혼하는 경우가 많은데, 이 사주의 경우는, 남편글자인 관성(官星)은 나타나

있지만, 자식글자인 식신(食神)이 미토(未土)속에 들어있는 정화(丁火)로, 여태까지의 이론으로는 식신(食神)과 관성(官星)이 나타나 있을 때만 셋이서 결혼한다고 알려져왔으나, 이 사주의 사례에서는 글자 속(지장간, 地藏干)에 들어 있어서도 셋이서 결혼한다는 사실이 새로이 입증되어 이 책에 실었다.

손님 | 선생님, 결혼 날자를 잡으려고 왔으니, 좋은 날자로 잡아주세요.

필자 | 결혼하시게요. 축하드립니다. 좋은 날자를 잡아드리겠습니다. 사주도 보시겠습니까?

손님 | 예, 봐주세요.

필자 | 우선 여자분 사주부터 봐드리겠습니다. 손님은 날씨가 무더운 늦여름에 태어난 꽃나무인데, 물이 부족해서 가뭄에 시달리고 있는 형국입니다. 이 사주에서 물(水)은 엄마에 해당하고, 어려서는 공부에 해당하는데, 물 공급이 원활치 못해서 체력이 약하겠습니다.

손님 | 건강은 괜찮은 편입니다.

필자 | 손님은 10년간씩 구분해서 보는 대운(大運)으로 볼 때는 초년운이 金운이 와서 좋지 못했으나 한해 한해의 운으로 보는 세운(歲運)은 95(乙亥年), 96(丙子年), 97(丁丑年)으로 괜찮았는데, 대학을 나왔습니까?

손님 | 대학을 안갔습니다.

필자 | 공부를 잘하지는 못했어도 못갈 정도는 아니었는데, 왜 안갔습니까?

손님 | 그냥 안 갔습니다.

필자 | 손님운은 24살부터 33살까지의 운이 안좋았는데, 무슨 일을 하고 지냈나요?

손님 | 특별히 하는 것도 없이 시간이 지나갔습니다.

필자 | 손님은 재작년(2010, 경인년)에 남자를 만날운이었는데, 그 때 만난남자와 결혼할 예정입니까?

손님 | 맞습니다. 결혼을 빨리 해야 하니까 날자를 빨리 잡아주세요.

필자 | 결혼 날자를 빨리 잡아야할 특별한 이유라도 있습니까?

손님 | 예, 제가 임신을 해서 올 11월 달에 아이를 낳을 예정입니다.

필자 | 그렇습니까? 그러면, 몇 월 달로 잡아드릴까요?

손님 | 가능하면 빨리 잡아주세요.

壬辰女年 來情法
고객의 마음을 꿰뚫어 봐라

05 | 남자로 인한 구설수와 진로문제로 왔다.
(송파구에 사는 손님)

63	53	43	33	23	13	3		時柱	日柱	月柱	年柱	
己	戊	丁	丙	乙	甲	癸	大	癸	丁	壬	丁	坤
未	午	巳	辰	卯	寅	丑	運	卯	卯	子	未	命

天干 : 甲(갑) 乙(을) 丙(병) 丁(정) 戊(무) 己(기) 庚(경) 辛(신) 壬(임) 癸(계)
地支 : 子(자) 丑(축) 寅(인) 卯(묘) 辰(진) 巳(사) 午(오) 未(미) 申(신) 酉(유) 戌(술) 亥(해)

사주의 구조 및 핵심사항

임진년(壬辰年) 초여름에 온 40대 중반의 여자 사주다.

사주의 구조는, 양띠 해의 한 겨울에 자신을 나타내는 글자를 인공 火(불)에 비유해서 해석하는 정화(丁火)로 태어나 자신의 힘이 약하므로 火가 용신이고, 木이 길신이며, 水가 병신(病神)이고, 金이 흉신이며, 土가 약신(藥神)이다.

사주 밑 글자에는 자수(子水)와 미토(未土)가 만나면 자미원진살(子未怨嗔殺)이고, 자수(子水)와 묘목(卯木)이 만나면 묘목(卯木)에게 상처를 입히는 자묘형(子卯刑)이 성립한다.

正 남편을 나타내는 임수(壬水)가 태어난 年의 윗글자인 정화(丁火)와도 정임합(丁壬合)을 하고, 자신을 나타내는 일간(日干)인 정화(丁火)와도 정임합(丁壬合)을 하고 있는데, 이는 남편이 양다리를 걸치고 있는 형상이라서 이에 대하여 물어본 바, 남편이 다른 여자를 사귀었는지에 대하여 전혀 아는 바가 없다는 대답을 했다.

필자 ㅣ 손님은 한겨울에 인공불로 태어났는데, 약하기 때문에 감성적이고, 조심성이 많은 성격이라서 돌다리도 두들겨 보고 건너자 하는 성격이시네요

손님 ㅣ 예, 제가 그런 성격입니다.

필자 ㅣ 손님은 감성적이라서 소녀시절에 시(詩) 쓰기 같은 것에 좋아하셨을것 같은데 맞습니까?

손님 ㅣ 예, 어려서 시(詩)를 좋아했고요, 지금도 여행작가가 되었으면 하는데, 사주에 맞습니까?

필자 ㅣ 여행 작가가 되는 것은 손님이 감성이 풍부하기 때문에 사주와는 맞습니다만, 문제는 나이가 중년인데, 어떤 일을 하려면 돈이 돼야만 지속적으로 할 수 있을 것인데, 지금의 나이로는 작가로 활동하기에는 어려움이 많을 것으로 판단되기 때문에 실제로 현금이 되는 사업을 해보시는 게 좋겠습니다.

손님 ㅣ 알겠습니다.

필자 ㅣ 손님은 금년(壬辰年)에 오는 임수(壬水)가 남자이고, 진토(辰土)는 자식이나 진로라서 남자문제로 인한 관재구설이 생기거나 진로문제또는 자식문제가 생겼을 것인데, 그 일로 오셨지요?

손님 | 사실은 제가 종교를 믿는데, 그 종교와 관련된 남자와 이성적인 문제는 전혀 없었는데도 불구하고, 주변 사람들한테 종교생활을 하면서 남자문제가 생겼다는 소문이 나서 무척 고민을 하고 있고, 또,
일을 해보려고 하는데, 남자문제가 언제해결이 될 것인지가 궁금하고, 또, 무슨 일을 해야 좋을지가 궁금해서 온 것입니다.

필자 | 그렇군요.
남자문제로 인한 구설수는 앞에서 이미 제가 말씀드렸었는데, 이런일은 금년 운에서 온 것으로 금년 중에서도 양력 4월 경에 그런 일이 생기게 됩니다.

손님 | 맞습니다.
지난 4월 달에 마음고생을 많이 했습니다. 언제 해결이 되겠습니까?

필자 | 금년 5월부터는 많이 낳아질 것입니다만, 내년(계사년, 癸巳年)이 되어야 완전히 해결될 것입니다.

손님 | 너무 오래 걸리네요.
그리고, 저는 무슨 일을 해야 좋겠습니까?

필자 | 손님한테 필요로한 오행이 火와 木인데, 사람들은 대부분 자기한테 가장 필요로 한 오행과 관련된 직업을 선택하므로 火 또는 木과 관련된 직업을 선택

해야 하기 때문에 지금 연령대에 맞는 직업은 옷장사를 하거나 그렇지 않으면 묘목(卯木)을 갖고 있어서 꾸미는 직업이 가장 잘 맞겠습니다.
그런데, 손님은 무슨 일을 하고 싶으세요?

손님 | 제가 하고 싶은 일은 웨딩부케 또는 웨딩컨설팅사업을 하고 싶습니다.

필자 | 웨딩이라면 웨딩드레스도 맞겠고, 꾸미는 것이니까 웨딩부케도 맞겠고, 그와 관련하여 웨딩컨설팅도 좋겠습니다.

손님 | 그러면 언제 하는 것이 좋을까요?

필자 | 내년부터는 火운이 오므로 좋습니다.

손님 | 성공하겠습니까?

필자 | 앞으로의 흐르는 운이 대단히 좋아서 성공할 것입니다.

손님 | 감사합니다.

필자 | 손님은 남편을 나타내는 자수(子水)와 엄마나 공부를 나타내면서 일지(日支) 배우자궁에 있는 묘목(卯木)이 만나면 묘목(卯木)에게 상처를 입히는데, 이런 현상

은 남편과 성격이 안 맞다거나, 어렸을 때 공부에 지장을 받았거나, 친정 엄마와 사이가 나빴을 것인데, 이중에서 어떤 일이 맞습니까?

손님 | 남편하고의 성격은 안맞지만, 심각한 것은 아니고요, 친정 엄마와도 사이가 나쁜 것은 아니고, 다만, 어려서 공부를 제대로 잘 하지 못했기 때문에 공부에 대한 미련을 갖고 있습니다.

필자 | 손님은 正 남편을 나타내는 임수(壬水)가 손님을 나타내는 글자와 똑 같은 글자이기 때문에 친구나 다른 여자로 해석하는 태어난 年의 윗 글자인 정화(丁火)와도 정임합(丁壬合)을 하고, 자신을 나타내는 일간(日干)인 정화(丁火)와도 정임합(丁壬合)을 하고 있는데, 이는 남편이 양다리를 걸치고 있는 형상이라서 남편이 다른 여자를 사귀었을 수 있는데, 혹시, 그런 일이 없었습니까?

손님 | 저희 남편은 다른 여자를 사귄적이 전혀 없는 것으로 알고 있습니다.

壬辰女年 來情法
고객의 마음을 꿰뚫어 봐라

06 남편한테 잘 못해줘서 양심의 가책을 느낍니다.
(대치동에 사는 손님)

68	58	48	38	28	18	8	大	時柱	日柱	月柱	年柱	
辛	庚	己	戊	丁	丙	乙	運	己	丁	甲	丁	여
亥	戌	酉	申	未	午	巳		酉	未	辰	未	자

天干 : 甲(갑) 乙(을) 丙(병) 丁(정) 戊(무) 己(기) 庚(경) 辛(신) 壬(임) 癸(계)
地支 : 子(자) 丑(축) 寅(인) 卯(묘) 辰(진) 巳(사) 午(오) 未(미) 申(신) 酉(유) 戌(술) 亥(해)

사주의 구조 및 핵심사항

임진년(壬辰年) 초여름에 온 40대 중반의 여자 사주다.

사주의 구조는, 양띠 해의 늦 봄에 자신을 나타내는 글자를 인공 火에 비유해서 해석하는 정화(丁火)로 태어나 자신의 힘이 약하므로 木이 용신이고, 火가 길신이며, 습토(濕土)인 진토(辰土)와 金이 흉신이고, 기토(己土)도 흉신이나, 열토(熱土)인 미토(未土)는 길신이다.

여기서, 열토(熱土)인 미토(未土)를 길신이라고 한 이유는, 자신을 나타내는 정화(丁火)가 약하기 때문에 도움이 필요한데, 미토(未土) 속에는 정화(丁火)가 들어있기 때문이다.

필자 | 손님은 늦봄에 인공불인 정화(丁火)로 태어나서 약하기 때문에 성격이 여리고, 정이 많으시겠네요?

손님 | 예, 제 마음이 좀 여린 편입니다.

필자 | 금년이 임진년(壬辰年)인데, 손님은 금년 운에서 임수(壬水)는 남자 또는 남편 문제로 나타나고, 진토(辰土)는 자식문제로 나타날 것이기 때문에 이 두 가지 문제로 오셨지요?

손님 | 예, 남편의 하는 일이 잘 될 것인지가 궁금하고, 큰딸은 재수를 했는데, 금년에 원하는 대학에 갈수 있을지가 궁금하고, 작은 딸은 이름을 바꾸고 싶어서 왔습니다.

필자 | 그러면, 가족사주는 나중에 보기로 하고, 본인 것부터 차근차근 보도록하겠습니다.
아이들이라든가 남들은 손님의 성격이 인정이 많고, 좋은 엄마이고, 친구라고 할 것이지만, 남편한테는 공경을 안해주기 때문에 남편이 불만이 많을 것입니다.

손님 | 사실 그렇습니다.

필자 | 그 이유를 설명드릴까요?

손님 | 그렇게 해주세요.

필자 | 사람마다 자기 사주에서 어떤 육친이 나타나있지 않

으면, 인연이 먼 경우가 많고, 또, 어떤 육친이 글자 속에 들어있으면 그 육친이 시원찮아 보이게 되는데, 손님 사주에는 남편이 겉으로 나타나있지 않고, 자식글자인 진토(辰土)속에 들어있기 때문에 어쩐지 남편이 작아 보이거나, 시원찮아 보일 것이고, 또 한 가지는 손님 사주에 자식 글자가 많아서 남편글자를 공격을 하기 때문에 남편을 공경하지 않고, 만만하게 대할 것입니다.

손님 | 맞습니다. 저는 아이들과는 잘 지내고 있는데, 남편과는 정이 많지 않습니다.

필자 | 손님은 무슨 이유로 남편을 공경하지 않습니까?

손님 | 남편이 아이들하고도 정이 없이 지내고 있고, 또, 남편이 바람을 피우는 것 같아서 그렇습니다.

필자 | 남편 사주는 여자들이 따르는 사주입니다. 그래서 바람을 피울 수는 있습니다. 그런데, 더 큰 문제는 본인 사주에 남편을 공격하는 인자를 많이 가지고 있어서 있기 때문입니다. 남편과 거리감이 생기는 이유가 손님한테 있다는 말입니다. 오늘부터 당장 생각을 바꿔보세요. 가정 행복의 출발점이 어디입니까? 부부아닙니까?
손님은 아이들이 행복해야 가정이 행복하다고 생각하시지요 ? 아닙니다.

물론, 아이들을 포함해서 가족 모두가 행복해야겠지요? 가정이 행복하기 위해서는 우선 부부가 행복해진 다음에 비로소 자식들도 행복해 질 수 있습니다. 당연한 이치 아닙니까?

손님 | 말씀을 듣고 보니까 그런 것 같습니다.

필자 | 앞으로 식사를 하실 때도 생선 가운데 토막은 남편을 드리고요, 꼬리는 자식들 먹이세요?
가장이 집에서 존경을 받아야 밖에서도 힘을 내서 돈을 잘 벌어 올 수 있는 것이지, 집에서도 존경을 받지 못한 사람이 어떻게 밖에서 존경을 받을 것이며, 힘이 나겠습니까?

손님 | 선생님의 말씀을 듣고 보니까 그동안 남편한테 잘못해드린 것에 대해서 양심의 가책을 느낍니다. 앞으로 제가 반성을 하겠습니다.

필자 | 손님은 남편을 공경하지는 않았어도 남편궁에 있는 미토(未土)속에 자신의 뿌리를 갖고 있어서 이혼할 생각은 없겠네요?

손님 | 이혼할 생각은 전혀 없습니다.

필자 | 손님 사주에서 보면, 자식한테 올인한 이유는 자식 글자인 미토(未土)속에 자신의 뿌리인 정화(丁火)가

들어있기 때문에 뗄래야 뗄 수 없는 강한 연대감이 있을 것입니다만, 마음속에 그런 인연의 법칙
이 작용할 것입니다만, 부부의 행복이 가정의 행복의 출발점이라는 것을 마음 속 깊이 새기시는 것이 좋을 듯 싶습니다.

손님 | 정말 남편한테 미안합니다.

필자 | 손인 성격은 인정많고, 정확해서 남들은 신용있고, 약속 잘 지키는 사람이라고 좋아하겠지만, 정작 자신한테는 정신건강에 해롭습니다.

손님 | 제가 좀 너무 정확한 것을 좋아하는데, 그 것이 정신적으로는 나쁘군요?

필자 | 당연히 나쁩니다.
그래서, 매사에 적당히 넘어가려는 마음을 가져야 합니다. 손님은 고등학교 때의 운이 83 癸亥年, 84 甲子年, 85 乙丑年으로 水운이라서 火를 공격하기 때문에 공부를 제대로 안했겠는데, 재수를 했습니까 진학을 안했습니까?

손님 | 재수를 해서 대학을 갔습니다. 남편 사주를 봐주세요.

남편 사주										
67	57	**47**	37	27	17	7	時柱	日柱	月柱	年柱
辛	壬	**癸**	甲	乙	丙	丁	甲	壬	戊	癸	남
亥	子	**丑**	寅	卯	辰	巳	辰	寅	午	卯	자
						大運				

天干 : 甲(갑) 乙(을) 丙(병) 丁(정) 戊(무) 己(기) 庚(경) 辛(신) 壬(임) 癸(계)
地支 : 子(자) 丑(축) 寅(인) 卯(묘) 辰(진) 巳(사) 午(오) 未(미) 申(신) 酉(유) 戌(술) 亥(해)

사주의 구조 및 핵심사항

임진년(壬辰年) 초여름에 위 여자가 가지고 온 50대인 남편의 사주다.

사주의 구조는, 토끼띠 해의 한 여름에 자신을 나타내는 글자를 강물에 비유해서 해석하는 임수(壬水)로 태어났는데, 태어난 年의 윗 글자에 나타나있는 계수(癸水)는 태어난 月의 윗 글자에 있는 무토(戊土)와 무계합(戊癸合)을 지어서 없어졌고, 또, 태어난 시간의 밑 글자에 진토(辰土) 가 있어서 임수(壬水) 일간(日干, 자신을 나타내는 글자)의 뿌리가 될 수 있다고 볼 수 있으나, 이 진토(辰土)는 인목(寅木)과 묘목(卯木)을 만나서 나무 다발인 인묘진목국(寅卯辰木局)을 형성해서 木으로 변했으므로 土가 아니기 때문에 하는 수 없이 임수(壬水) 일간(日干, 자신을 나타내 는 글자)이 水로서의 주체성을 확보할 수 없게 되어 火로 변신한 사주다.

이렇게, 水가 火로 변한 것을 전문용어로, 종재격(從財格)사주라고 하는데, 이렇게 되면, 火가 주체가 되므로 火가 용신이고, 木이 길신이며, 水가 병신(病神)이고, 무토(戊土)는 약신(藥神)이며, 운에서 오는 金이 흉신이고, 습토(濕土)인 진토(辰土)도 흉신이다.

여기서, 혹자들은 태어난 月의 윗 글자에 무토(戊土)가 있어서 살성(殺星)인 土로 변한, 즉, 종살격(從殺格)으로 보는 사람들이 있을 수 있으나, 이 사주에서는 木이 많아서 목극토(木剋土)로 木이 土를 공격하므로 土로 따라가지 않고, 火로 종(從)을 한 것이다.

필자 | 남편 사주는 돈에 대한 감각이 무척 발달해 있는 분이시네요?

손님 | 맨날 돈 돈합니다.

필자 | 이런 사주는 사업가가 많고, 금융업이나 공무원에 종사하는 사람이 많은데, 초년운이 좋으면, 금융업이나 공무원으로 갈 수도 있지만, 남편운은 공부할 시기인 초년운이 안좋아서 사업쪽으로 갔을 것으로 보이는데, 무슨 직업을 가졌습니까?

손님 | 사업을 하고 있습니다.

필자 | 운을 보니까 47세 이후부터 돈을 못 버시겠네요?

손님 | 예, 지금 굉장히 어렵습니다.

필자 | 2004년 이후부터는 내리막길이라서 옛날만큼 돈이 안됩니다. 손님은 빛과 관련된 직업이 가장 잘 맞겠는데, 구체적으로는 무슨 일을 하십니까?

손님 | 전에는 영화 필름사업을 했는데, 미디어 산업이 발

달하면서 그 사업이 쇠태해서 지금은 조명사업을 하고 있습니다.

필자 | 남편의 사주와 잘 맞긴 합니다만, 조명사업은 부동산 경기와 밀접한 관련이 있는 사업인데, 요즘 부동산이 안되기 때문에 어려움이 많겠습니다. 남편의 사주와 국내외 경기가 안 좋게 맞물려서 고전하시겠지만, 내년(계사년)부터는 火운이 오기 때문에 지금보다 점차적으로 낳아질 것입니다만, 남편의 운으로 볼 때 사업을 확장하시는 것은 경계하시고, 있는 것을 잘 지켜나가야 합니다.

손님 | 감사합니다. 궁금증이 다 풀려서 가슴이 후련합니다. 오늘은 다른 약속이 있어서 아이들 사주는 다시 와서 보겠습니다.

壬辰女年 來情法
고객의 마음을 꿰뚫어 봐라

07 | 약한사주지만, 용신(用神, 사주에서 가장 필요한 글자)이 火다.

61 51 41 **31** 21 11 1	時柱 日柱 月柱 年柱
己 庚 辛 壬 癸 甲 乙 **大**	戊 癸 丙 己 **乾**
巳 午 未 **申** 酉 戌 亥 **運**	午 丑 子 未 **命**

天干 : 甲(갑) 乙(을) 丙(병) 丁(정) 戊(무) 己(기) 庚(경) 辛(신) 壬(임) 癸(계)
地支 : 子(자) 丑(축) 寅(인) 卯(묘) 辰(진) 巳(사) 午(오) 未(미) 申(신) 酉(유) 戌(술) 亥(해)

사주의 구조 및 핵심사항

임진년(壬辰年) 한 여름에 엄마와 같이 아들 이름을 지으려고 온 30대 중반의 남자 사주다.

사주의 구조는, 양띠 해의 한 겨울에 자신을 나타내는 글자를 빗물에 비유해서 해석하는 계수(癸水)로 태어나 자신의 힘이 약하지만, 한 겨울이므로 따뜻하게 해주는 火가 용신이고, 水가 병신(病神)이며, 마른 土인 무토(戊土), 기토(己土) 미토(未土)가 약신(藥神)이고, 濕한 土인 축토(丑土)는 흉신이다.

사주 밑 글자에 축오귀문살(丑午鬼門殺)이 있고, 자미원진살(子未怨辰殺)이 있다.

필자 | 사주에 일간(日干, 자신을 의미함)인 계수(癸水)가 약신(藥神)인 무토(戊土)와 합(合)을 하고 있고, 火가 있어서 조후가 잘되어 있으므로, 손님은 정직한 성격이

시고, 합리적이시네요?

손님 | 감사합니다.
(이 때, 옆에 앉아있던 엄마가 "맞습니다. 우리 아들은 참 착합니다."라고 대답했다.)

필자 | 손님은 한겨울에 빗물로 태어나서 자신의 힘이 약한 듯 하지만, 사실은 가장 추운 계절이기 때문에 水의 힘이 강해서 힘이 강한 것과 같기 때문에 火운이 와야 발전을 하게 되는데, 고등학교 때의 운이 95을해년(乙亥年), 96 병자년(丙子年), 97 정축년(丁丑年)으로, 추운기운인 水운이라서 공부를 제대로 못했겠네요?

손님 | 공부를 잘 하지 못했습니다.

필자 | 재수를 해서 지방대학에 갔습니까?

손님 | 재수는 안했습니다만, 공부는 못했습니다.

필자 | 손님은 2006년(丙戌年)에 취업을 했을 것 같은데, 맞습니까?

손님 | 2005년(乙酉年)에 일반회사에 취업을 했는데, 마음에 안들어서 곧바로 퇴사하고, 나와서 2006년(丙戌年)부터 아버지회사에서 근무를 하고 있습니다.

필자 | 이 사주에 火가 발달해 있고, 용신인데, 火는 아버지요, 마누라이고, 돈을 나타내므로, 손님의 아버지는 유능하신분이고, 처복도 있으십니다만, 다만, 처궁에 흉신인 축토(築土)가 앉아있고, 축토(丑土)와 오화(午火)가 만나면, 축오귀문살(丑午鬼門殺)이 형성되므로 마누라와 성격이 안맞겠네요?

손님 | (대답은 안하고 웃기만 하다가.) 제가 사업을 할 수 있겠습니까?

필자 | 손님은 火가 발달해있어서 마음속에 사업을 하고 싶은 마음이 많겠지만, 지금은 그대로 경영수업을 하다가 41세 넘어서 큰 운이 오니까 그 때부터 본격적으로 하시면 되겠습니다.

손님 | 감사합니다.

壬辰女年 來情法
고객의 마음을 꿰뚫어 봐라

08 남자(결혼)문제와 직업문제로 왔다.
(송파구에 사는 손님)

69	59	49	39	**29**	19	9		時柱	日柱	月柱	年柱	
丙	乙	甲	癸	**壬**	辛	庚	大	戊	丙	己	己	여
子	亥	戌	酉	**申**	未	午	運	子	子	巳	未	자

天干 : 甲(갑) 乙(을) 丙(병) 丁(정) 戊(무) 己(기) 庚(경) 辛(신) 壬(임) 癸(계)
地支 : 子(자) 丑(축) 寅(인) 卯(묘) 辰(진) 巳(사) 午(오) 未(미) 申(신) 酉(유) 戌(술) 亥(해)

사주의 구조 및 핵심사항

임진년(壬辰年) 한 가을에 온 30대 중반의 여자 사주다.

사주의 구조는, 양띠 해의 초여름에 자신을 나타내는 글자를 태양 火에 비유해서 해석하는 병화(丙火)로 태어나 土가 지나치게 많아서 자신의 힘이 매우 약하므로 도와주는 火가 용신이고, 木이 길신이며, 土가 흉신이나 미토(未土)는 약신(藥神)이며, 水가 병신(病神)이다.

사주 밑 글자에 남자를 나타내는 水가 두개이면서 병신(病神)이므로 재혼할 팔자다.

또한, 이 사주는 언뜻 보면, 여름 병화(丙火)이고, 미토(未土)까지 있기 때문에 건조해서 水를 용신으로 보기 쉬우나, 水가 병신(病神)임에 틀림없다.

필자 | 손님은 여름 태양으로 태어났기 때문에 환하게 생겨

서 인물이 잘 생겼고, 똑똑하겠네요?

손님 | 감사합니다.

필자 | 손님 사주에 성격을 나타내는 土가 너무 많아서 개성적으로 작용하기 때문에 개성이 너무 강한데다가 병화(丙火)는 자존심이 강하기 때문에 남들한테 잘해주다가도 본인 마음에 안들면 과감하게 돌아서는 기질을 가지셨네요?

손님 | 예, 제 성격이 그렇습니다.

필자 | 손님 사주에는 남자를 나타내는 글자가 자식을 나타내는 글자인 土의 밑에 깔려 있고, 남자를 나타내는 글자가 두개이면서 자자자형(子子自刑)을 하고 있어서 재혼할 팔자신데, 결혼을 했습니까?

손님 | 결혼을 했다가 혼인신고도 안하고 곧 헤어졌습니다.

필자 | 남자운이 지난 2008년(戊子年)에 왔었는데, 언제 결혼했었습니까?

손님 | 예, 2008년에 남자를 만나서 2009년에 결혼을 했다가 2010(庚寅年)에 혼인신고도 안하고 헤어졌습니다.

필자 | 손님은 금년(壬辰年)운에서 남자운이 들어왔지만, 금

	년운이 나쁘기 때문에 결혼을 하실려면 신중을 기해야 합니다. 그리고, 금년운에서 직장이나 직업운이 들어왔는데, 어떠세요?
손님	그렇지 않아도 다른 철학원에 가서 사주를 봤더니, 사주에 물이 필요하다고 음식장사가 맞다고 그래서 커피 샵을 해보려고 하는데요?
필자	다른 철학원에서 水가 필요하다고 하지요? 그렇지만, 그 역술인은 공부를 덜한 사람입니다. 손님 사주는 물이 필요한 것이 아니고, 오히려 火가 부족하기 때문에 火와 木이 필요한 사주입니다. 사주학에서 대부분의 먹는 장사는 水로 보는데, 火가 필요한 사람한테 무슨 물이 필요하다고 합니까? 맞지 않는 소리입니다. 증명을 해 볼까요?
손님	다른 철학원에 여러군데를 가봤는데 다 그렇게 이야기 하데요?
필자	그렇다면, 손님은 대체로 초년운이 좋아서 부모님의 보살핌을 크게 받고 자랐을 것이나, 고등학교 1학년 때가 95년 乙亥年(을해년)이고, 2학년 때가 96년 병지년(丙子年), 3학년 때가 정축년(丁丑年)으로 水운이 왔기 때문에 따라주지 않아서 공부를 안했기 때문에 재수를 했거나, 그렇지 않으면, 본인이 원하는 대학을 갈 수 없었을 것인데, 어땠어요?

손님 | 예, 고등학교 다닐 때 공부를 못해서 재수를 해서 대학에 갔습니다.

필자 | 水운이 나쁘다는 것이 증명되었지요? 또, 한 가지는 손님은 29세 이후 金운이 왔기 때문에 결혼을 하면서 고통을 겪게 되는데, 31살에 결혼해서 32살에 이혼했는데 그것도 水가 나쁘게 작용하기 때문입니다.

손님 | 그러면 무슨 직업을 가지는 것이 좋겠습니까?

필자 | 본인을 나타내는 글자가 火라서 디자인 감각이 있고, 또, 木이 필요한데, 木은 옷을 의미하므로 옷이나 잡화류 장사를 하시는 것이 좋을 것 같습니다.

손님 | 저는 결혼을 할 수 있겠습니까?

필자 | 그럼요. 결혼을 할 수 있지요. 그런데, 이런 사주는 남자가 나이가 본인보다 몇살 적거나, 그렇지 않으면 본인보다 훨씬 나이가 많은 사람과 인연을 맺어야 결혼생활이 평탄할 수 있습니다.

손님 | 그럼, 언제 결혼하는 것이 좋겠습니까?

필자 | 2013년부터 3년간 火운이 와서 운이 좋아지니까 그때 결혼하세요.

壬辰女年 來情法
고객의 마음을 꿰뚫어 봐라

09 명문대학을 나왔지만, 놀고먹는다.
(서초구에 사는 손님)

61	51	41	31	21	11	1	大		時柱	日柱	月柱	年柱	
癸	壬	辛	庚	己	戊	丁	大		戊	庚	丙	己	女
酉	申	未	午	巳	辰	卯	運		寅	午	寅	未	子

天干: 甲(갑) 乙(을) 丙(병) 丁(정) 戊(무) 己(기) 庚(경) 辛(신) 壬(임) 癸(계)
地支: 子(자) 丑(축) 寅(인) 卯(묘) 辰(진) 巳(사) 午(오) 未(미) 申(신) 酉(유) 戌(술) 亥(해)

사주의 구조 및 핵심사항

임진년(壬辰年) 초 겨울에 엄마와 같이 온 30대 중반의 여자 사주다.

사주의 구조는, 양띠 해의 초봄에 자신을 나타내는 글자를 무쇠에 비유해서 해석하는 경금(庚金)으로 태어나 火가 지나치게 많아서 자신의 힘이 매우 약하므로 도와주는 土가 용신이고, 金이 길신이며, 火가 병신(病神)이고, 木이 흉신이며, 열기를 가진 미토(未土)도 흉신이고, 水가 약신(藥神)이나 없으므로 운에서 오길 기대해야 한다.

사주 밑 글자에 미토(未土)와 인목(寅木)이 있어서 인미귀문살(寅未鬼門殺)이 2번에 걸쳐서 형성하므로 우울증이 심한데다가 火가 너무 강해서 金을 녹이려 하므로 정신질환을 앓고 있으며, 인목(寅木)과 오화(午火)가 인오화국(寅午火局)을 지으므로 흉함을 가중시키고 있다.

필자 | 손님은 무쇠인 경금(庚金)으로 태어나 겉보기에는 카리스마가 있는것처럼 보이지만, 火가 너무 많아서 火로부터 녹여지지 않고 살아남기 위해서 너무 예민하다 못해서 정신질환이 있어서 신경정신과 치료를 받아야 할 것 같은데 어떻습니까?

손님 | 예, 지금 병원 약을 먹고 있습니다.

필자 | 손님사주에서 운의 흐름을 보면, 11살부터 20살까지의 운이 그나마도 좋았었는데, 특히, 고등학교 때 사주의 열기를 식혀주는 水운이 왔었기 때문에 좋았었고, 또, 사주에서 자신을 공격하는 기운인 살(殺)을 많이 가진 사람들은 두뇌가 좋기 때문에 좋은 대학을 갈 수 있었을 것인데, 어땠었습니까?

손님 | Y대 영문학과를 나왔습니다.

필자 | 그러셨어요? 손님은 대학 다닐 때부터 운이 나빠졌는데 어떻게 공부를 하셨어요?

손님 | 대학 다닐 때 성적이 안 나와서 학점 받느라고 애를 먹었습니다.

필자 | 손님은 조직성 직장생활을 하기가 힘들겠는데, 직장생활을 하세요?

손님 | 직장은 없습니다. 외국에 나가면 어떻겠습니까?

필자 | 외국에 나가는 것은 얼마든지 할 수 있습니다만, 외국 나가는 것이 중요한 것이 아니라 외국에 나가서 어떻게 먹고 살 수 있는가가 중요하지요? 결론은 외국에 나갈 수가 없습니다. 손님은 남자와 인연을 맺기가 어렵겠는데, 남자친구가 있습니까?

손님 | 없습니다.

필자 | 손님은 남자 만나는 것을 반기지 않을 것인데, 남자에 대한 생각이 어떻습니까?

손님 | 남자한테 전혀 관심조차 없습니다.

필자 | 그럴 것입니다.

壬辰女年 來情法
고객의 마음을 꿰뚫어 봐라

10 목다화식(木多火熄) 사주라서 답답한 사람이다.
(성북구에 사는 손님)

69	59	**49**	39	29	19	9		時柱	日柱	月柱	年柱
丁	戊	己	庚	辛	壬	癸	大	癸	丁	甲	乙	남
丑	寅	卯	辰	巳	午	未	運	卯	卯	申	未	자

天干 : 甲(갑) 乙(을) 丙(병) 丁(정) 戊(무) 己(기) 庚(경) 辛(신) 壬(임) 癸(계)
地支 : 子(자) 丑(축) 寅(인) 卯(묘) 辰(진) 巳(사) 午(오) 未(미) 申(신) 酉(유) 戌(술) 亥(해)

사주의 구조 및 핵심사항

임진년(壬辰年) 초겨울에 부인이 가지고 온 50대 후반의 남자 사주다.

사주의 구조는, 양띠 해의 초가을에 자신을 나타내는 글자를 인공 불에 비유해서 해석하는 정화(丁火)로 태어나 木이 지나치게 많아서 자신의 힘이 강한 듯 보이지만, 이런 사주는 너무 많은 나무(木)로 불(火)을 덮어버려 연기만 나는 격이므로 오히려 자신인 정화(丁火)의 힘이 매우 약하므로 도와주는 火가 용신이고, 木이 병신(病神)이고, 水가 흉신이며, 金도 흉신이고, 화기를 가진 미토(未土)는 길신이다.

사주 밑 글자에 두개의 묘목(卯木)과 신금(申金)이 묘신귀문살(卯申鬼門殺)을 이루고 있어서 쌍귀문살(雙鬼門殺)이므로 우울증을 심하게 겪은적이 있었다고 했다.

자신인 정화(丁火)를 계수(癸水)가 정계충(丁癸冲)하므로 성격이 매우 예민하다고 하며, 木이 많아서 목다화식(木多火熄)하므로 사고가 무척 답답하다고 하며, 木이 병신(病神)이므로 90살이 넘은 부모를 모시고 있다고한다.

이 남자는 초년에는 자신의 하는 일이 잘되었으나, 39세이후 경진(庚辰) 대운부터는 하는 일마다 실패를 하여 부인이 식당을 해서 생계를 유지하고 있다고 한다.

이 男命은 임진년에 임수(壬水) 관성(官星)운이 왔으므로 자식문제나 관재구설 또는 골치아픈 문제가 생기게 되는데, 이 사주를 갖고 온 부인의 말에 의하면, 올해 결혼한 큰 아들 분가를 시켜야 하는데, 돈이 없어서 마음고생이 무척 심했고, 또, 둘째 아들 결혼문제로 고심하고 있다고 했다.

申年生
원숭이띠 생 사주

01 삼수생이라서 걱정인데, 올해 운이 어떻습니까?
02 꿩 대신 닭이라도 잡아야 겠습니다.
03 남편과 이혼을 해야할까요, 살까요?
04 이 여인은 부동산 중개업을 하고 싶어서 왔다.
05 재다신약(財多神弱)사주로, 육친관계에 특이점이 있다.
06 사주에 木局(나무다발)이 있어도 육친관계에 특이점이 없다.
07 충북 단양에서 왔는데, 사주 좀 잘 봐주세요.
08 상관운이 왔으므로 손자 이름도 짓고, 사업확장 문제도 궁금하단다.
09 殺(살)이 많아서 종살격이 되면 수재이고, 殺(살)이 지나치게 많으면, 도라이다.
10 이 사주가 신약사주인가, 종격 사주인가?

壬辰女年 來情法
고객의 마음을 꿰뚫어 봐라

01 삼수생이라서 걱정인데, 올해 운이 어떻습니까?
(분당에서 온 손님)

61	51	41	31	21	11	1	大	21	時柱	日柱	月柱	年柱	
壬	癸	甲	乙	丙	丁	戊	運		庚	庚	己	壬	坤
寅	卯	辰	巳	午	未	申			辰	寅	酉	申	命

天干 : 甲(갑) 乙(을) 丙(병) 丁(정) 戊(무) 己(기) 庚(경) 辛(신) 壬(임) 癸(계)
地支 : 子(자) 丑(축) 寅(인) 卯(묘) 辰(진) 巳(사) 午(오) 未(미) 申(신) 酉(유) 戌(술) 亥(해)

사주의 구조 및 핵심사항

임진년(壬辰年)중춘에 엄마가 가지고 온 21살 여자 사주다.

사주의 구조는, 원숭이 띠 한가을에 자신을 나타내는 글자를 무쇠 金에 비유해서 해석하는 경금(庚金)으로 태어나 자신의 힘이 세므로, 인목(寅木)속에 들어있는 火가 용신이고, 木이 길신이며, 金이 병신(病神)이고, 土가 흉신이다.

사주 밑 글자에는 인목(寅木)과 유금(酉金)이 만나면 서로 미워하고 원망하는 인유원진살(寅酉怨辰殺)이 있고, 일지(배우자궁)에 있는 인목(寅木)과 태어난 年의 밑 글자인 신금(辛金)은 서로가 많이 움직이게 하는 역마살(役馬殺)이 있다.

필자 | 이 사주의 주인과는 어떤 사이입니까?

손님 | 제 딸입니다. 사주 좀 봐주세요?

필자 | 딸 아이는 한가을에 무쇠 金으로 태어나 자신의 힘이 강하기 때문에 카리스마가 있고, 남성적인 성격을 가졌네요?

손님 | 예, 좀 그렇습니다.

필자 | 이렇게 무쇠 金으로 태어난 사람들은 용광로 불에 녹여지는 것을 가장 좋아하기 때문에 나중에 결혼을 하면서 큰 발전이 있게 됩니다.

손님 | 그렇습니까?

필자 | 그런데 이 아이의 사주에는 火가 없는 아쉽습니다만, 다행히도 대운(10년씩 구분해서 보는 운)에서 좋습니다.

손님 | 운이 좋다는 말씀입니까?

필자 | 기본적인 운(대운을 의미함)은 좋습니다만, 이 아이가 고등학교 1~2학 때의 운이 무자(戊子), 기축년(己丑年)으로 나빴기 때문에 공부를 안했는데, 3학년(경인년, 庚寅年)들어서 정신이 번쩍들었어요? 이 아이가 지방대학을 갔습니까? 아니면, 재수를 했습니까?

손님 | 하 하 하 하 ....

필자 | 아니, 대답은 하지 않고, 왜 그렇게 웃으시나요?

손님 | 선생님 말씀하시는 것이 하도 맞혀서 우습기도 하고, 우리 아이의 하는 짓이 어이가 없기도 해서 웃음이 나옵니다.

필자 | 어떻다는 이야기입니까?

손님 | 사실은, 우리 아이가 지금 3수를 했습니다. 선생님 말씀대로 1 ~ 2학년 때 공부를 안했는데, 3학년 때 공부를 열심히 했습니다만 결국 3수까지 했는데, 금년에 제대로 갈 수 있을까 해서 상담을 받으려고 왔습니다.

필자 | 그래요? 이 아이는 고 3때 아쉽지만 눈높이를 낮춰서라도 갔어야 했습니다. 괜히 고생만 많이 시켰습니다. 올해는 水운이라서 이 아이한테는 별로 좋은 운이 아닙니다. 내년에 火가 들어오므로 좋은 운인데, 4수를 하라고 어떻게 말을 하겠습니까? 그래서, 금년에 지방대학이라도 꼭 보내도록 하세요 ?

손님 | 아이구! 운이 그렇다면 걱정이네요? 그러면, 진로를 봐주세요?

필자 | 이 아이는 첫 번째 인연이 의사인데, 의대는 갈 수 없을 것 같으니까 지방대라도 약대를 가라고 하세

요? 그렇지 않으면, 간호대이고, 그것도 아니면, 경영학을 공부하는 것이 좋은 것 같습니다.

손님 | 우리 아이가 의대를 가려고 준비해왔습니다만 실력이 안돼서 못가고 있습니다.

필자 | 의대는 약 1% 안에 들어야 갈 수 있는 데, 이 실력으로는 못갑니다. 약대도 지방대나 가야 가능합니다. 간호대는 어떻답니까?

필자 | 간호대는 절대 안가겠다고 합니다. 결론은 올해 꼭 대학에 들어가야 하니까 딸 아이하고 지방대 가는 문제나 경영학을 공부하는 것을 의논해 보세요?

손님 | 그렇게 하겠습니다.

壬辰女年 來情法
고객의 마음을 꿰뚫어 봐라

02 꿩 대신 닭이라도 잡아야 겠습니다.
(지방에서 온 손님)

70 60 50 40 30 20 10		時柱 日柱 月柱 年柱	
壬 辛 庚 己 戊 丁 丙	大	戊 丙 乙 丙	남
寅 丑 子 亥 戌 酉 申	運	戌 子 未 申	자

天干 : 甲(갑) 乙(을) 丙(병) 丁(정) 戊(무) 己(기) 庚(경) 辛(신) 壬(임) 癸(계)
地支 : 子(자) 丑(축) 寅(인) 卯(묘) 辰(진) 巳(사) 午(오) 未(미) 申(신) 酉(유) 戌(술) 亥(해)

사주의 구조 및 핵심사항

신묘년(辛卯年) 중추에 임진년(壬辰年) 총선을 한 달여 앞두고 온 50대 후반의 남자 손님이다.

이 사주의 구조는, 늦여름(미월, 未月)에 자신을 나타내는 글자를 태양火에 비유해서 해석하는 병화(丙火)로 태어났는데, 사주가 건조하므로 水가 용신이고, 金이 길신이며, 土가 병(病)이고, 木이 약신(藥神)이며, 火가 흉신이다.

병화(丙火)일주는 자존심이 강하고, 체면을 중시하며, 직선적인 성격의소유자이고, 또, 병화(丙火)와 갑목(甲木)일주는 리더격이라서 관리형이다.

필자 | 반갑습니다. 작년에도 오셨던 것 같은데 또 오셨네요?

손님 | 이번에 두 번째 왔습니다.

필자 | 사시는 곳이 어디입니까?

손님 | 서울에서 승용차로 5~6시간 정도 걸리는 거리입니다.

필자 | 사주를 보시려고 합니까?

손님 | 예, 제 사주를 보려고 왔습니다.

필자 | 그렇게 먼 거리에서 저를 찾아오셨으니까 정성을 다해서 진단해 드리겠습니다.

손님 | 감사합니다. 그런데, 시간이 없으니까 중요한 핵심만 말씀해주세요.

필자 | 자질구레한 문제는 생략하고, 중요한 사항만 말씀드리도록 하겠습니다. 손님을 나타내는 글자가 병화(丙火)인데, 금년(임진년, 壬辰年)운에서 윗 글자인 임수(壬水)는 직장이나 명예를 나타내는 성분이고, 사주 밑 글자의 진토(辰土)는 원래는 진로를 나타내는 글자인데, 이 진토(辰土)가 사주 원국(사주 틀)에 있는 신금(辛金)과 자수(子水)가 만나서 물바다를 이루는 신자진수국(申子辰水局)이 되는데, 이 신자진수국(申子辰水局)은 병화(丙火)일간을 기준으로 해서 볼때 직

장 또는 명예를 나타나기 때문에 직업문제와 명예에 관한 문제가 생기기 때문에 그 일로 오셨겠네요?

손님 | 선생님, 맞습니다.

필자 | 이 연세에 직업문제나 명예문제라면, CEO를 하시려고 합니까, 아니면 정치라도 하실 생각입니까? 구체적으로 말씀을 해보세요?

손님 | 사실은 국회의원 선거를 곧 하지않습니까?
주변에서 국회의원에 출마를 하라고 하는데, 과연 운이 어떤지가 궁금합니다.

필자 | 손님이 사시는 곳이 지방이라면, 지역정서가 강할텐데요? 말하자면, 여당과 야당에 대해서 말입니다.

손님 | 그렇습니다. 제가 사는 곳은 야당세가 강합니다.

필자 | 그러면, 어느 당으로 출마를 하실 계획입니까?

손님 | 여당으로 출마할 계획입니다.

필자 | 아니, 야당세가 강한데, 여당으로 나오면 되겠습니까?

손님 | 여당으로 나오게 되면, 설령, 국회의원에 떨어진다

고 해도 나중에 단체장에도 한번 시켜주지 않겠나 싶어서 여당을 선택했습니다.

필자 | 그 생각은 맞다고 판단합니다. 금년(壬辰年)운으로 봐서 그렇게 될 수 있겠습니다. 말하자면 꿩 대신 닭이네요?

손님 | 그렇지요 뭐.

필자 | 아무튼 성공을 빌겠습니다.

壬辰女年 來情法
고객의 마음을 꿰뚫어 봐라

03 남편과 이혼을 해야할까요, 살까요?
(강동구에서 온 손님)

69	59	**49**	39	29	19	9		時柱	日柱	月柱	年柱	
戊	己	**庚**	辛	壬	癸	甲	大	庚	癸	乙	丙	여
子	丑	**寅**	卯	辰	巳	午	運	申	卯	未	申	자

天干: 甲(갑) 乙(을) 丙(병) 丁(정) 戊(무) 己(기) 庚(경) 辛(신) 壬(임) 癸(계)
地支: 子(자) 丑(축) 寅(인) 卯(묘) 辰(진) 巳(사) 午(오) 未(미) 申(신) 酉(유) 戌(술) 亥(해)

사주의 구조 및 핵심사항

임진년(壬辰年) 늦봄에 온 50대 후반의 여자 사주다.

사주의 구조는, 원숭이띠 해의 늦여름에 자신을 나타내는 글자를 빗물에 비유해서 해석하는 계수(癸水)로 태어나 자신의 힘이 약하므로 도와주는 金이 용신이고, 水가 길신이며, 火가 凶神이고, 木도 흉신이며, 미토(未土)도 흉신이다.

사주 밑 글자에 신금(申金)과 묘목(卯木)이 만나면 우울증 같은 정신적인 작용을 하는 卯申鬼門殺이 있는데, 이 귀문살(鬼門殺) 두 번 이루어지므로 쌍귀문(雙鬼門)이라고 하는데, 귀문살이 쌍으로 있으면 귀문살의 작용이 강하다.

또한, 계수(癸水)가 배설한 기운이 식신(食神)으로 자식을 나타내는데, 이 식상(食神)이 을목(乙木)과 묘목(卯木)이고, 남편을 나타내는 글자가 미토(未土)인데, 식신(食神)인 을목(乙木)이 남편인 미토(未

土)를 누르고 있고, 역시, 식신(食神)인 묘목(卯木)이 남편인 미토(未土)와 합(묘미합,卯未合)을 해서 木으로 변했기 때문에 남편이 없어졌음을 나타내므로 남편덕이 없다.

필자 | 손님은 인정이 많고, 마음씨가 착하십니다만, 남편덕이 없으시네요?

손님 | 제 사주좀 봐주세요.

필자 | 손님은 작년(2011년, 辛卯年)부터 정신적인 우울증이 심해졌고, 금년에 남편문제가 생기는데, 그 일로 오셨지요?

손님 | 예, 뭐, 그런 것도 있고요.

필자 | 그런데, 남편하고의 갈등이 작년에 생긴 것이 아니고, 30대 말(신묘대운, 辛卯大運)부터 왔네요.

손님 | 예, 오래전부터 남편하고 갈등은 있었읍니다만, 심각한 것은 아니었는데, 최근에 그렇게 됐습니다.

필자 | 무슨 문제인지 구체적으로 말씀을 해보세요?

손님 | 사실은 남편 젊어서 직장생활을 하다가 지금은 건설사업을 하고 있는데, 사업도 안되고, 바람만 피우고 있이시 이혼을 해야 하느냐, 마누라를 놓고 고민중

입니다.

필자 | 2008년 미국발 금융위기 때문에 경기가 나쁜데, 남편이 건설업을 하신다면, 애로사항이 많으시겠습니다. 손님 운에서도 재작년(2010년, 庚寅年)부터 2015년(乙未年)까지가 가장 운이 안 좋습니다.

손님 | 선생님, 우리 남편이 사업이 부진해서 채무가 많고, 다른 여자와 바람이 나더니 저를 심하게 헐뜯기까지 하는데, 어떻게 하면 좋겠습니까?
또, 남편이 진 채무에 대해서 저한테 법적인 책임이 있습니까?

필자 | 원칙적으로 사업주가 책임을 지는 것인데, 만약에 손님이 회사의 경영진으로 등록이 되어 있다면 당연히 법적인 책임을 져야할 것으로 보입니다.

손님 | 제가 변호사한테 자문을 받았는데, 책임이 없다고 하데요?

필자 | 회사는 상법상 법인등록을 할 때 대표이사 또는 이사나 감사 같은 직책이 있어야 하는데, 손님은 어떤 직책을 갖고 계셨나요?

손님 | 저는 이사 겸 감사 직책을 맡고 있었습니다.

필자 | 물론, 변호사가 저보다 법적인 문제에 대해서 지식이 월등할 것입니다만, 저가 철학원을 하기 전에 법을 다루던 공무원으로 수십년을 근무하다가 명예퇴직을 하고 나왔기 때문에 일반인보다는 법률지식이 많다고 자부하는데, 저의 상식으로는 책임이 있다고 봅니다. 그래서, 채권자의 압류에 대비할 필요가 있습니다.

손님 | 잘 알겠습니다.

壬辰女年 來情法
고객의 마음을 꿰뚫어 봐라

04 이 여인은 부동산 중개업을 하고 싶어서 왔다.
(마포구에 사는 손님)

65	55	45	35	**25**	15	5		時柱	日柱	月柱	年柱
丙	丁	戊	己	**庚**	辛	壬	大	癸	丁	癸	庚	坤
子	丑	寅	卯	**辰**	巳	午	運	卯	酉	未	申	命

天干 : 甲(갑) 乙(을) 丙(병) 丁(정) 戊(무) 己(기) 庚(경) 辛(신) 壬(임) 癸(계)
地支 : 子(자) 丑(축) 寅(인) 卯(묘) 辰(진) 巳(사) 午(오) 未(미) 申(신) 酉(유) 戌(술) 亥(해)

사주의 구조 및 핵심사항

임진년(壬辰年) 초여름에 온 30대 초반의 여자 사주다.

사주의 구조는, 원숭이띠 해의 늦여름에 자신을 나타내는 글자를 인공 火에 비유해서 해석하는 정화(丁火)로 태어나 자신의 힘이 약하므로 도와주는 火가 용신이고, 木이 길신이며, 水가 병신(病神)이고, 金이 흉신이며, 未土는 길신이다.

사주 밑 글자에 일지(日支) 배우자궁에 있는 유금(酉金)과 태어난 時間의 밑 글자에 있는 묘목(卯木)이 서로 싸우는 묘유충(卯酉沖)을 하고 있어서 부부관계가 불안하다.

필자 | 손님은 늦여름에 인공불로 해석하는 정화(丁火)로 태어나 힘이 약하기 때문에 마음씨가 여리고 감성적이며, 또, 자기(丁火)를 중심으로 양쪽에 있는 계수(癸水)가 공격을 하고 있어서 예민하시겠네요?

| 손님 | 예, 저의 성격이 여린 편이고, 예민한 편입니다.

| 필자 | 손님은 금년(壬辰年)운에서 임수(壬水)는 직업과 남자 문제이고, 진토(辰土)는 진로라서 역시 일과 관련된 문제인데, 종합해서 판단해보면, 올해 어떤 일을 해볼까 하거나, 일과 관련된 문제가 궁금해서 오셨을 텐데 맞습니까?

| 손님 | 사실인 아이 둘을 낳아서 어느 정도 컸으니까 이제는 직업을 가져볼까 해서 왔습니다.

| 필자 | 손님 사주로 봐서 火와 木과 土를 쓰기 때문에 이와 관련된 직업이 맞을 것인데, 火는 말이므로 상담업무이고, 火는 빛이므로 디자인 계통이며, 木은 옷에 잘 맞고, 土는 부동산에 잘 맞는데, 본인이 생각하고 있는 직업은 무엇입니까?

| 손님 | 예, 저는 부동산중개업을 하고 싶습니다.

| 필자 | 부동산 중개업 잘 맞습니다. 손님 사주에 있는 미토(未土)에 자신을 나타내는 글자인 정화(丁火)가 뿌리를 내리고 있을 뿐만 아니라, 土는 이 사주의 병신(病神)인 水를 막아주는 인자라서 土가 필요하기 때문입니다.

| 손님 | 감사합니다. 그런데, 돈을 벌겠습니까?

필자 | 금년(壬辰年)운은 좋지 않기 때문에 돈이 안 벌릴 것입니다만, 내년(癸巳年)부터는 火운이 오기 때문에 돈을 벌 수 있겠습니다. 준비를 해보세요. 그런데, 손님 사주에 남자를 나타내는 글자가 태어난 年의 밑 글자인 신금(申金)속에 들어 있는 임수(壬水)인데, 이 임수(壬水)가 태어난 年에 나타나 있다는 것은 일찍 나타났다는 것과 같으므로 이성교제가 일찍부터 있었을 것이고, 2007년(丁亥年)부터 남자운이 들어왔는데, 결혼을 언제했습니까?

손님 | 저는 2008년(戊子年)에 결혼을 했습니다.

필자 | 손님 사주에 배우자궁인 일지(日支)가 충돌해서 깨졌고, 작년(辛卯年)에 충돌하는 운이 왔는데, 부부관계는 어땠어요?

손님 | 싸워서 며칠동안 말을 안해본 기억은 있습니다만, 더 이상 악화되지는 안았습니다.

필자 | 그 정도로 약했었다면 굉장히 다행스런 일입니다. 그런데, 앞으로 10년간씩 구분해서 보는 운(대운, 大運)에서 35 기묘대운(己卯大運)이 오면, 본격적인 묘유충(卯酉冲)이 오게 되어 남편과 크게 다툴 수 있습니다. 그런 때에 많은 인내를 해야 합니다.

손님 | 알겠습니다.

壬辰女年 來情法
고객의 마음을 꿰뚫어 봐라

05 재다신약(財多神弱)사주로, 육친관계에 특이점이 있다.
(성남에 사는 손님)

69	59	49	39	**29**	19	9		時柱	日柱	月柱	年柱	
乙	丙	丁	戊	己	庚	辛	大	丁	丙	乙	庚	남
巳	午	未	申	酉	戌	亥	運	酉	戌	酉	申	자

天干: 甲(갑) 乙(을) 丙(병) 丁(정) 戊(무) 己(기) 庚(경) 辛(신) 壬(임) 癸(계)
地支: 子(자) 丑(축) 寅(인) 卯(묘) 辰(진) 巳(사) 午(오) 未(미) 申(신) 酉(유) 戌(술) 亥(해)

사주의 구조 및 핵심사항

임진년(壬辰年) 한 여름에 이 사주의 아버지가 가지고 온 30대 초반의 남자 사주다.

사주의 구조는, 원숭이띠 해의 중추(中秋)에 자신을 나타내는 글자를 태양 火에 비유해서 해석하는 병화(丙火)로 태어나 金이 지나치게 많아서 자신의 힘이 매우 약하므로 도와주는 火가 용신이고, 木이 길신이며, 金이 병신(病神)이고, 술토(戌土)는 두 가지의 기능을 겸하고 있는데, 신금(申金)과 유금(酉金)이 만나서 쇳덩어리를 이루어 병신(病神) 작용을 하고, 다른 면으로는 불(火)의 뿌리 역할을 하므로 길신작용도 겸하고있다.

사주 밑 글자에는 을목(乙木)과 경금(庚金)이 만나서 을경합금(乙庚合金)을 이루고, 사주 밑 글자에는 신금(申金)과 유금(酉金)과 술토(戌土)가 만나서 이 만나서 쇳덩어리를 이루는 신유술금국(申酉戌金局)을 이루고 있어서, 金이 여러개이다.

05 원숭이띠 생(申年生)사주
재다신약(財多神弱)사주로, 육친관계에 특이점이 있다.   413

필자 | 아들 사주는 무척 똑똑해 보입니다만, 자신의 힘이 너무 약해서 뒷심과 인내심이 부족한데다가 운마저 따라주지 않아서 자기의 능력을 제대로 발휘하지 못하고 있네요?

손님 | 회사에 잘 다니고 있는데요?

필자 | 아들은 지금 다니고 있는 회사에서 자신의 능력발휘가 안되거나, 발전이 없어서 불만일 것입니다.

손님 | 그래서, 우리 아들이 회사를 옮기려고 하는가 봅니다.

필자 | 내년부터 운이 좋아지니까 옮기는 것도 괜찮겠습니다.

손님 | 감사합니다.

필자 | 아들 사주에 부친과 여자를 나타내는 글자가 여러개라서 여러가지 형태의 육친관계가 나타날 수 있는데, 사주가 이런 구조로 태어나면, 아버지가 두 분이거나 아버지의 배다른 형제가 있을 수 있는데, 어떻습니까?

손님 | 아버지의 배다른 형제는 없고, 아들이 양자를 갔기 때문에 엄밀하게 말하면 아버지가 두 분인셈입니다.

| 필자 | 그렇네요. 그런데, 또 다른 가족관계가 나타날 수 있는데, 그것은 아들이 두번 장가를 갈 수도 있습니다.

| 손님 | 그 것은 왜 그렇습니까?

| 필자 | 아까도 말씀 드렸지만, 金을 아버지로도 보지만, 마누라로도 보기 때문입니다. 그리고, 사주가 이렇게 생기면, 결혼을 하기가 굉장히 어렵습니다. 아들이 여자를 마음에 들어하면 여자가 싫어하고, 여자가 아들을 좋아하면, 아들이 여자를 싫어하기 때문입니다.

| 손님 | 그러면, 언제쯤 결혼을 하는 것이 좋겠습니까?

| 필자 | 2013년(癸巳年)부터 2015년(乙未年)까지가 아들한테 좋은 火운이 오니까 그때 결혼하면 좋을 것 같습니다.

壬辰女年 來情法
고객의 마음을 꿰뚫어 봐라

06 사주에 木局(나무다발)이 있어도 육친관계에 특이점이 없다.
(강동구에 사는 손님)

62 52 42 **32** 22 12 2	時柱	日柱	月柱	年柱	
辛 壬 癸 **甲** 乙 丙 丁 大	庚	乙	戊	庚	여
未 申 酉 **戌** 亥 子 丑 運	辰	卯	寅	申	자

天干: 甲(갑) 乙(을) 丙(병) 丁(정) 戊(무) 己(기) 庚(경) 辛(신) 壬(임) 癸(계)
地支: 子(자) 丑(축) 寅(인) 卯(묘) 辰(진) 巳(사) 午(오) 未(미) 申(신) 酉(유) 戌(술) 亥(해)

사주의 구조 및 핵심사항

임진년(壬辰年) 늦 여름에 온 30대 중반의 여자 사주다.

사주의 구조는, 원숭이띠 해의 초 봄에 자신을 나타내는 글자를 꽃나무에 비유해서 해석하는 을목(乙木)으로 태어나 木의 힘은 강한데, 따뜻해야 꽃을 피우기 때문에 火가 용신이고, 무토(戊土)가 길신이나, 진토(辰土)는 습한 土이므로 흉신이나, 나무 다발을 의미하는 목국(木局)을 이루어 木으로 변했고, 습한 土이므로 흉신이다.

사주 윗 글자에는 을목(乙木)과 경금(庚金)이 을경합(乙庚合)을 하고 있고, 사주 밑 글자에는 신금(申金)과 인목(寅木)이 만나서 인신충(寅申沖)을 하고 있고, 인목(寅木)과 묘목(卯木)과 진토(辰土)가 만나서 나무다발을 만드는 목국(木局)을 이루고 있다.

필자 | 손님 사주에는 金이 남자인데 金이 여러개이면서 사

주 윗 글자에는 을목(乙木)과 경금(庚金)이 을경합(乙庚合)을 하고 있고, 사주 밑 글자에는 신금(申金)과 인목(寅木)이 만나서 인신충(寅申沖)을 하고 있어서 마음에 꼭 드는 남자를 만나기가 힘들겠는데, 사귀는 남자가 있습니까?

손님 | 예, 결혼할 남자가 있습니다.

필자 | 운으로 보면, 가깝게는 재작년인 2010년(庚寅年)에 인신충(寅申沖)이 생겨서 남자와 헤어질 운이었는데, 실제는 어땠어요?

손님 | 그 때 사귄 한 남자와는 헤어졌고, 그해에 사귄 다른 남자와도 사귀다가 헤어졌는데, 다시 만나서 내년(癸巳年)에 결혼하려고 합니다.

필자 | 손님과 같은 사주로 태어나면, 재혼하기가 쉽기 때문에 부부생활에 많은 공을 들여야 합니다.

손님 | 왜 그렇습니까?

필자 | 사주하저인 해서은 사주 밑 글자에 신금(申金)과 인목(寅木)이 만나서 인신충(寅申沖)을 하고 있기 때문에 일찍 만난 남자 한 명과는 인연이 없기 때문에 헤어지겠고, 사주 윗 글자에 자신을 나타내는 글자인 을목(乙木)과 남자를 나타내는 경금(庚金)이 을경합

(乙庚合)을 하고 있는데, 이런 구조는 먼 훗날 또 다시 남자를 만날 것이라는 말하고 있어서 입니다.

손님 | 그러면, 결혼을 안하면 어떻습니까?

필자 | 결혼을 하라는 인연이라서 결혼을 안할 수도 없습니다. 손님은 사주 밑 글자에 신금(申金)과 인목(寅木)이 만나서 인신충(寅申沖)을 하고 있는데, 이 두 글자는 역마살(役馬殺)이라서 삶의 과정속에서 움직임이 굉장히 많았겠습니다.

손님 | 예, 저는 어려서 학교 다릴 때부터 여기서 살았다가 저기서 살았다가 하면서 이사를 많이 다녔습니다.

필자 | 손님은 결혼을 해서도 남편과 많이 떨어져 사시겠습니다.

손님 | 그 이유는 무엇입니까?

필자 | 사주에 남편을 나타내는 글자인 신금(申金)과 인목(寅木)이 인신충(寅申沖)을 하고 있기 때문입니다.

손님 | 그렇지 않아도 결혼할 남자가 회사 일 관계로 외국에 많이 나가있어야 한다고 합니다.

필자 | 손님은 고등학교 때의 운이 고등학교 1~2학년때 水

	운 이라서 공부가 제대로 안됐겠습니다.
손님 |	맞습니다. 그 때 공부를 안해서 겨우 대학을 하게 되었습니다.
필자 |	손님은 火가 필요하므로 디자인 계통에 인연이 있고, 현침살(懸針殺)이 있어서 보건계통에도 인연이 있겠는데, 무슨 대학을 나왔고, 직업이 무엇입니까?
손님 |	간호대학을 나왔고, 보건과 관련된 일을 하고 있습니다.
필자 |	손님 사주에 자신을 나타내는 글자인 木이 다발로 해석하는 국(局)을 이루고 있는데, 이렇게 목국(木局)을 이루고 있으면, 100%는 아니지만, 많은 숫자가 배다른 형제가 있을 수 있는데, 혹시, 배다른 형제가 있습니까?
손님 |	전혀없습니다.

壬辰女年 來情法
고객의 마음을 꿰뚫어 봐라

07 | 충북 단양에서 왔는데, 사주 좀 잘 봐주세요.

63	53	43	33	23	13	3		時柱	日柱	月柱	年柱
癸	甲	乙	丙	丁	戊	己	大	丙	庚	庚	丙	여
未	申	酉	戌	亥	子	丑	運	子	戌	寅	申	자

天干 : 甲(갑) 乙(을) 丙(병) 丁(정) 戊(무) 己(기) 庚(경) 辛(신) 壬(임) 癸(계)
地支 : 子(자) 丑(축) 寅(인) 卯(묘) 辰(진) 巳(사) 午(오) 未(미) 申(신) 酉(유) 戌(술) 亥(해)

사주의 구조 및 핵심사항

임진년(壬辰年) 초 가을에 온 70대 후반의 여자 사주다.

사주의 구조는, 원숭이띠 해의 초봄에 자신을 나타내는 글자를 무쇠 金에 비유해서 해석하는 경금(庚金)으로 태어났는데, 초봄이라서 날씨가 차고, 또한, 경금(庚金)은 火를 좋아하며, 그리고, 봄에는 나무를 길러야 하므로 火가 용신이고, 木이 길신이며, 金이 병신(病神)이고, 戌土(술토)는 길신이며, 水가 흉신이다.

사주 밑 글자에는 인목(寅木)과 신금(申金)이 만나 인신충(寅申沖)으로 충돌을 하고 있는데, 신금(申金)이 남편을 나타내는 병화(丙火)를 품고있는 인목(寅木)을 충돌하여 깨뜨리므로 남편한테 변고가 있을 것임을 예고하고 있으며, 술토(戌土)속에도 남자를 나타내는 글자가 숨어있고, 이 술토(戌土)가 인목(寅木)과 인술합(寅戌合)을 해서 새로운 남자를 만들어내며, 태어난 시간의 윗 글자에 남자를 나타내는 병화(丙火)가 나타나 재혼팔자임에 틀림이 없다.

420 | 임진년 래정법

| 손님 | 저는 충북 단양에 사는데요, 강남에 사는 친척이 하도 선생님께서 사주를 잘 보신다고 하면서 가보라고 해서 오게 됐는데 잘좀 풀어봐주세요.

| 필자 | 그렇습니까? 멀리서 오셨는데, 성의껏 봐드리겠습니다. 손님은 봄에 무쇠 金으로 태어나서 의리도 있고, 카리스마도 있으며, 남자다운 스타일의 성격을 가지셨네요?

| 손님 | 예, 저는 한번 한다고 하면 하는 성격입니다.

| 필자 | 손님은 사주의 특성상 남자(火)를 꼭 필요로 하는 사주인데, 남자글자를 품고 있는 인목(寅木)이 신금(申金)과 충돌해서 깨졌기 때문에 나쁜데, 10년간씩 구분해서 보는 운에서 신금(申金)이 또 나타나서 충돌을 했기 때문에 남자한테 나쁜 일이 생기게 되는데, 지금 남편하고 사십니까?

| 손님 | 혼자 살고 있습니다.

| 필자 | 손님운으로 보면, 가깝게는 2010년(庚寅年)에 남편과 이별수가 왔었고, 그보다 조금 멀리는 2004년(甲申年)에도 남편과 이별수가 왔는데, 어떻습니까?

| 손님 | 2010년(庚寅年)에 남편이 돌아가셨습니다.

필자 | 손님은 작년에 묘목(卯木) 도화(桃花)운이 와서 남편 궁에 있는 술토(戌土)와 合을 해서 연애사가 생겼는데, 지금 그 남자와 만나야 하느냐, 아니면 헤어져야 하느냐를 놓고 고민하고 있는것 아닙니까?

손님 | 예, 사실은 그 문제로 오게되었습니다. 어떻게 하는 것이 좋겠습니까.

필자 | 손님은 미래궁에 남자가 나타내는 병화(丙火)가 나타나 있어서 내심 남자를 기다리고 있는 중이며, 또, 그 남자를 만나서 재혼할 팔자입니다. 잘 해보도록 하세요.

손님 | 잘되겠습니까?

필자 | 잘 될 것입니다.

손님 | 제 운은 어떻습니까?

필자 | 손님은 초년운에서 水운이 와서 나빴고, 33살부터 43세까지는 좋았으며, 43세부터 62세까지가 운이 약하시신데요, 43세부터 52세 사이에 관재수(官災數 : 경찰서 같은데 가서 조사받을 일)가 있었을 것인데, 어땠었습니까?

손님 | 저한테 관재수가 있었던 것은 아니고, 남편한테 그

런 일이 있어서 무척 마음고생을 많이 했었습니다.

필자 | 손님은 63세부터 좋은 운이 옵니다만, 당장은 내년부터 3년간은 좋은 운이 옵니다.

손님 | 고맙습니다.

壬辰女年 來情法
고객의 마음을 꿰뚫어 봐라

08 상관운이 왔으므로 손자 이름도 짓고, 사업확장 문제도 궁금하단다.
(서초구에 사는 손님)

71	61	51	41	31	21	11	1	時柱	日柱	月柱	年柱
庚	己	戊	丁	丙	乙	甲	大	丙	辛	壬	甲	남
辰	卯	寅	丑	子	亥	戌	酉	申	未	申	子

天干 : 甲(갑) 乙(을) 丙(병) 丁(정) 戊(무) 己(기) 庚(경) 辛(신) 壬(임) 癸(계)
地支 : 子(자) 丑(축) 寅(인) 卯(묘) 辰(진) 巳(사) 午(오) 未(미) 申(신) 酉(유) 戌(술) 亥(해)

사주의 구조 및 핵심사항

임진년(壬辰年) 한 가을에 온 60대 말의 남자 사주다.

사주의 구조는, 원숭이띠 해의 초 가을에 자신을 나타내는 글자를 보석에 비유해서 해석하는 신금(申金)으로 태어나 자신의 힘이 매우 강하므로 힘을 분산시키는 水가 약신(藥神) 겸 용신이고, 신강 사주라도 金이 길신이며, 火가 병신(病神)이고, 木이 흉신이며, 미토(未土)가 흉신이다.

필자 | 손님은 보석으로 태어나서 보석을 씻어주는 강물(壬水)를 갖고 태어나셨고, 보석을 비춰주어 조명역할을 해주는 태양 화(丙火)를 갖고 태어났기 때문에 두뇌도 좋고, 잘생기셨으며, 인정이 많지만, 성격은 까칠하시겠네요?

손님 | 예, 저는 한다면 하고, 안한다면 안하는 사람입니다.

필자 | 사주가 이렇게 생기면, 번쩍번쩍 빛나는 보석이라서 귀하고 아름다운 보석이라서 여자들한테 대단해 인기가 많았을 것 같습니다.

손님 | 예, 여자들이 지금 이 나이에도 안떨어지려고 합니다.

필자 | 손님은 금년(壬辰年)에 상관(傷官)운이 와서 손자문제가 생길 것이고, 사업확장문제가 궁금하실 것 같은데, 무슨 문제로 오셨습니까?

손님 | 예, 손녀가 태어나서 이름도 짓고, 제 사업을 확장시키려고 하는데, 운이 어떤가 해서 궁금해서 왔습니다.

필자 | 손녀 이름은 잠시 후에 말씀을 나누기로 하고요, 사주부터 보도록 하시지요?

손님 | 그렇게 합시다.

필자 | 손님 사주는 그릇이 무척 크고, 사주에 가장 필요하게 씌이는 글자가 임수(壬水)인데, 이런 구조를 가지면, 기술성 사업이나, 유통업과 인연인데, 무슨 직업을 가지셨습니까?

손님 | 젊어서는 건축사업을 하다가 10여년 전부터 식품류 납품업을 하고 있습니다.

필자 | 사주에 물이 필요하므로 식품류 사업과 잘 맞습니다.
그런데, 손님은 초년에 고생이 많으셨네요?

손님 | 예, 어머니를 9살(壬辰年)에 여의고, 무척 고생을 했습니다.

필자 | 손님은 사주에 의료관련 분야와 인연인 현침살(懸針殺)이 많아서 의료분야의 직업과 인연이지만, 초년운이 나빠서 의료계로는 가지 못할 운이었습니다.

손님 | 예, 저는 어려서 의료계에는 전혀 관심이 없었습니다.

필자 | 손님은 21살이후부터 水(물)운이 들어왔기 때문에 일찍 발전을 하셨겠습니다.

손님 | 예, 저는 일찍부터 돈을 벌기 시작했습니다.

필자 | 손님은 51세부터 木(나무)운이 들어왔는데, 木(나무)은 돈이고, 부인으로 해석을 하는데, 木(나무)운이 들어오면, 돈은 들어오지만, 여러가지 잡음을 일으키면

서 오기 때문에 여자문제가 따르고 돈 손실이 올 수 있는데, 52세 을해년(乙亥年)에 돈 손실이나, 부부이별 수가 왔는데, 어땠습니까?

손님 | 예, 52세에 부도가 나서 경제적문제 때문에 처와 이혼을 했었습니다.

필자 | 손님은 51살이후에 여자가 많이 따르는 사주라서 여자들한테 대단하셨겠습니다.

손님 | 그랬습니다.

필자 | 재혼은 언제 하셨습니까?

손님 | 몇년 전에 했습니다.

필자 | 07년(丁亥年)경에 재혼하셨습니까?

손님 | 맞습니다. 그 때 재혼했습니다.

필자 | 재작년인 경인년(庚寅年)에 돈 손실이나, 그렇지 않으면 이사수가 생겼는데, 어땠었습니까?
경인년

손님 | 재작년에 이사를 했습니다.
저는 사업을 확장시키려고 하는데, 운이 어떻습니까?

필자 | 금년까지는 운이 좋습니다만, 내년부터 3년간은 火운이 오므로 운이 약합니다.
특히, 관재구설 수가 생기는 운이니 조심하셔야 합니다.

壬辰女年 來情法
고객의 마음을 꿰뚫어 봐라

09 살(殺)이 많아서 종살격이 되면 수재이고, 살(殺)이 지나치게 많으면, 도라이다.

종살격 : 수재사주

62	52	42	**32**	22	12	2		時柱	日柱	月柱	年柱
甲	乙	丙	**丁**	戊	己	庚	大	庚	乙	辛	庚	여
戌	亥	子	**丑**	寅	卯	辰	運	辰	酉	巳	申	자

天干 : 甲(갑) 乙(을) 丙(병) 丁(정) 戊(무) 己(기) 庚(경) 辛(신) 壬(임) 癸(계)
地支 : 子(자) 丑(축) 寅(인) 卯(묘) 辰(진) 巳(사) 午(오) 未(미) 申(신) 酉(유) 戌(술) 亥(해)

사주의 구조 및 핵심사항

이 두 가지 사주는 살(殺)의 작용이 운명에 미치는 영향에 대하여 극명하게 설명해주는 사례로, 독자들의 이해를 돕기 위해서 이 책에 실었다.

임진년(壬辰年) 늦 가을에 개인병원 의사이신 필자의 지인께서 가지고 온 30대 초반의 여자 사주다.

사주의 구조는, 원숭이띠 해의 초여름에 자신을 나타내는 글자를 꽃나무에 비유해서 해석하는 을목(乙木)으로 태어나 온통 숲으로 구성되어 있면서 사주의 윗 글자에서 을경합금(乙庚合金)이 되어 있고, 을신충(乙辛沖)도 하며,

사주 밑 글자에 진토(辰土)속에 을목(乙木)이 들어 있어서 을목(乙木) 꽃나무의 뿌리가 될 수도 있겠다싶었는데, 진토(辰土)가 유금(酉金)과 진유합금(辰酉合金)이 되는 바람에 진토(辰土)속의 을목(乙

木)이 없어졌으므로 결국 을목(乙木) 일간(日干)은 金으로 따라가는 수밖에 없다.

따라서, 종살격(從殺格) 또는 종관격(從官格)이 되었기 때문에 金이 주체(主体)가 되므로 金이 용신이고, 水가 길신이며, 木이 병신(病神)이고, 火가 흉신이며, 습토인 진토(辰土)와 축토(丑土)는 길신이나 운에서 열을 가진 미토(未土)나 술토(戌土)가 나타나면 흉신이다.

이렇게, 종살격이 되면, 두뇌가 좋아서 수재이며, 성격이 얌전하고, 훌륭한 남편과 직장을 얻게 된다.

이 사주의 주인은 하버드대학을 졸업했고, 동 대학원을 졸업하였다.

특히, 이 사주의 특징은, 10년간씩 구분해서 흐르는 운을 진단하는 대운에서 보면, 12대운과 22대운에서 묘목(卯木)운과 인목(寅木)운으로 흘러서 格이 깨졌다고 보기 쉬우나, 金과 木을 동시에 보호해주는 진토(辰土)가 존재하고 있어서 木운이 와도 큰 문제가 없이 공부를 잘 할 수 있었다.

필자가 배울 때는 종격사주가 격에 반대하는 운이 오면, 格이 깨져서 무조건 나쁘다고 배웠으나, 실무경험에 의하면, 그 이론은 맞지 않고, 앞에서 설명한 것처럼 格에 반대세력이 등장해하더라도 그 格을 보호하는 글자가 있을 때는 큰 문제가 없다는 것을 알 수 있다.
이 이론은, 흔히 접할 수 없는 고차원적인 이론이므로 반드시 기억해 주기 바란다.

살이 지나치게 많으면, 도라이가 된 사주

64 54 44 34 **24** 14 4		時柱	日柱	月柱	年柱
癸 甲 乙 丙 丁 戊 己 **大**		丁	庚	庚	己	**남**
亥 子 丑 寅 卯 辰 巳 **運**		亥	戌	午	巳	**자**

天干 : 甲(갑) 乙(을) 丙(병) 丁(정) 戊(무) 己(기) 庚(경) 辛(신) 壬(임) 癸(계)
地支 : 子(자) 丑(축) 寅(인) 卯(묘) 辰(진) 巳(사) 午(오) 未(미) 申(신) 酉(유) 戌(술) 亥(해)

사주의 구조 및 핵심사항

임진년(壬辰年) 한 가을에 이 사주 주인의 엄마가 가지고 온 20대 중반의 남자 사주다.

사주의 구조는, 뱀띠 해의 한여름에 자신을 나타내는 글자를 무쇠에 비유해서 해석하는 경금(庚金)으로 태어나 火가 지나치게 많아서 자신의 힘이 매우 약하므로 金이 용신이고, 기토(己土)는 길신이나, 열토인 술토(戌土)는 흉신이며, 火가 병신(病神)이고, 水가 약신(藥神)이다.

이 사주는 살(殺)인 火가 지나치게 많은데, 차라리 종살격이나 종관격이 되었더라면, 좋았을 것인데, 자신을 나타내는 일간(日干)인 경금(庚金)이 巳火에 장생(長生)을 하고, 金을 도와주는 기토(己土)가 있어서 종살격이나 종관격이 되지 못하고, 殺이 지나치게 많아서 신약해졌고, 주로 정신적인 작용을 일으키는 사술귀문살(巳戌鬼門殺)이 있어서 도라이 사주다.

이 부분은 2010년(庚寅年)에 대화 중 일부분이다.

손님 | 작년(己丑年)에 우리 아들이 사법고시 1차 시험에 합격을 했는데, 올해(庚寅年) 2차 합격을 하겠습니까?

필자 | 아들이 사법고시 1차에 합격했다고요?
정상이 아닌데요?

손님 | 무엇이 정상이 아니란 말씀입니까?

필자 | 사주가 이렇게 생기면, 신경이 너무 예민해서 두뇌는 좋을 수가 있습니다만, 정신이 안정적이지 못하기 때문에 정상적으로 공부를 할 수가 없습니다.
그래서, 사법시험에 합격하리라는 것은 기대할 수 없습니다.

손님 | 그러면, 올해 안된다는 말씀입니까?

필자 | 저의 진단으로는 안됩니다.
아들이 결벽증이 심하고, 우울증이 있지 않습니까?
이 아들은 공부가 문제가 아니고 신경정신과에 가서 치료를 받아야할 것 같은데요?

손님 | 우리 아들이 결벽증이 심해서 식구들하고 같이 식사하는 것도 어렵고, 성격이 날카로운 것은 맞습니다. 이 같이 날카로운 것은 공부를 하느라고 스트레스를 받아서 그런것이 아닙니까?

필자 | 아닙니다. 분명이 아들은 정상적인 사고를 갖고 있지 않습니다. 그래서, 사법시험에 합격하리라는 것은 매우 어려운 일입니다.

| 손님 | (믿기지 않는 다는 듯) 정말 그럴까요?

- 이 부분은 2011년에 엄마가 재차 방문해서 상담한 내용이다.

| 손님 | 선생님, 우리 아들사주를 다시 한번 봐주세요?
올해는 꼭 합격하겠다고 공부를 하고 있습니다.

| 필자 | 그러세요?
사람이 어떤 희망을 갖고 공부를 열심히하는 것은 좋습니다만, 제가 작년에 말씀드린 것처럼 정상적인 사고를 하지 않기 때문에 올해도 사업시험에 합격하지 않을 것입니다.

| 손님 | 사실은, 올해 사법시험 보는 날 시험을 보러가지 않았다고 합니다. 이런 날벼락이 어디있습니까?

| 필자 | 날벼락이라고 생각하지 마세요? 사법시험에 합격하리라는 것이 무립니다.

| 손님 | 그러면 어떻게 해야합니까?

| 필자 | 자기 눈 높이에 맞는 직업을 선택하거나 일을 찾아야 합니다.
지금 나이가 군대에 갈 나이가 되었는데요?

손님 | 맞습니다.
올해 시험에 안됐으니까 이제는 군대에 가야 합니다.

필자 | 군대에 가서도 문제입니다.

손님 | 건강한데 무슨문제요?

필자 | 몸은 건강하더라도 정신도 건강해야 하는데, 아들은 그렇지가 않기 때문에 잘 적응할지가 궁금합니다.

- 이 부분은 2012년 10월에 상담한 내용중 일부분이다.

손님 | 선생님, 우리아들이 지난 7월달에 군대에 갔는데, 몇일전에 부대에서 면회를 와달라는 전화가 와서 가보니까 '훈련소에서 동기들한테 따돌림을 당해서 끈으로 목을 매 자살을 시도했다가 실패했다고 합니다.

필자 | 큰 일입니다.
군대에서 상급자들한테 괴롭힘을 당하는 것은 흔히 있을 수 있는 일이지만, 서로 의지하고 가장 친하게 지내야 할 동기생한테 따돌림을 받았다는 것은 심각한 문제입니다.

손님 | 저도 걱정이 태산같습니다.

운은 어떻습니까?

필자 | 금년운이 좋는데도 불구하고 이 정도인데, 내년에 사화(巳火)운이 오면 우울증을 일으키는 술귀문살(巳戌鬼門殺)이 작용하게 되기 때문에 내년이 더 어렵기 때문에 의가사 제대를 할 수도 있을 것 같습니다.

손님 | 그렇게 되면 큰 일인데요?

필자 | 안 그러면 좋겠지만, 혹시라도 그럴 수도 있다는 말이니까 너무 신경 쓰지 마세요?

壬辰女年 來情法
고객의 마음을 꿰뚫어 봐라

10 | 이 사주가 신약사주인가, 종격 사주인가?

68 58 48 **38** 28 18 8	時柱 日柱 月柱 年柱
戊 丁 丙 乙 甲 癸 壬 大	辛 丙 辛 戊 남
辰 卯 寅 丑 子 亥 戌 運	卯 戌 酉 申 자

天干 : 甲(갑) 乙(을) 丙(병) 丁(정) 戊(무) 己(기) 庚(경) 辛(신) 壬(임) 癸(계)
地支 : 子(자) 丑(축) 寅(인) 卯(묘) 辰(진) 巳(사) 午(오) 未(미) 申(신) 酉(유) 戌(술) 亥(해)

사주의 구조 및 핵심사항

임진년(壬辰年) 늦 겨울에 부인이 가지고 온 40대 중반의 남자 사주다.

사주의 구조는, 원숭이띠 해의 한 가을에 자신을 나타내는 글자를 태양에 비유해서 해석하는 병화(丙火)로 태어나 金氣가 강하므로 자신의 힘이 매우 약한 사주다.

이 사주의 특징은 일간(日干, 자기를 나타내는 글자)이 잘 변하지 않으려는 특성을 갖고 있는 양간(陽干)인 병화(丙火)이고, 태어난 시간의 밑글자에 묘목(卯木)이 나타나 있어서 목생화(木生火)를 하고 있어서 이 사주를 신약사주(身弱四柱)로 봐야 하느냐, 그렇지 않으면 金이 너무 많으니까 종재격(從財格) 사주로 봐야 하느냐를 놓고 손님을 앞에 앉혀 놓고 순간적으로 갈등이 심했다.

그럴 수 밖에 없는 것이 이 사주는 일간(日干)인 병화(丙火)를 가운데 두고 양 옆에서 신금(辛金)이 병신합(丙辛合)을 하려고 경쟁을 벌이고있고, 사주 밑 글자에는 신유술금국(申酉戌金局)을 형성하고 있기 때문이다.

독자 여러분들의 생각은 어떠하신가요?
아마도 어떤 이는 필자의 의견에 수긍하는 이도 있을 것이고, 어떤 이는 묘목(卯木)이 있으니 신약사주가 분명하다고 말하는 이도 있을 것이고, 또 다른 이는 사주에 金이 많아서 金으로 종(從 : 따라갔다는 뜻)하는 수 밖에 없어서 종재격(從財格)이라고 말할것이다.
필자는 이 사주는 애매한 사주이므로 몇 가지 사전 진단을 한 후 사주풀 이를 하겠다고 손님에게 양해를 구하고 아래와 같이 문진을 했다.

필자 | (필자는 종재격(從財格) 을 염두에 두고) 남편이 금융계에 종사하거나, 회계분야에 종사하십니까?

손님 | 아닙니다.

필자 | 남편이 고위공무원이나 대기업에 근무하십니까?

손님 | 공무원은 아니고, 대기업에 근무를 하고 있습니다.

필자 | 이제 진단이 끝났습니다.
이 사주는 전문용어로 종재격(從財格) 사주라고 해서 매우 좋은 사주입니다.
남편이 능력이 대단한 분이시네요?

손님 | 맞습니다.
능력이 있는 분이십니다.

필자 | 남편이 머리가 대단히 좋은 분이시네요?

손님 | 네. 남편이 머리가 좋습니다.

필자 | 남편이 회사에서 회계파트에서 일하지 않습니까?

손님 | 맞습니다.
원래는 회계파트가 아니었는데, 회사에서 회계를 맡으라고 권유해서 그 분야에서 일을 했었습니다.

필자 | 남편이 가깝게는 2010년과 2011년에 회사에서 애로사항이 있었을 것인데, 어떻했습니까?

손님 | 네. 그 때 고생을 많이 했습니다.

필자 | 남편은 작년(임진년)에 승진하거나 영전을 했을 것으로 보이는데, 어떴습니까?

손님 | 네. 작년(임진년) 12월 달에 임원으로 승진을 해서 올해(계사년)부터 외국 지사장으로 발령이 났습니다.

필자 | 남편 사주를 보기가 헷갈리는 사주인데, 이전에 사주를 다른 철학원에서 보신적이 있습니까?

손님 | 네. 다른 철학원에서 몇번 봤는데, 자세하게는 말하지 않고 사업을 하면 절대 안되고 직장생활을 해야한다고 말씀해주셨습니다.

필자 | 아마 그분이 사주를 잘 못보신 것입니다.
남편 사주가 약한 사주라고 보면 직장생활을 해야하고, 사업은 안된다고 말을 할 수가 있습니다.
그러나, 남편 사주는 대단히 돈 감각이 탁월해서 사업을 잘 하실 수 있는 좋은 사주입니다.
이런 사주로 태어나면, 돈복이 많고, 처복도 많은 사주입니다.
그래서, 부인의 입장에서 보면 행복한 분이십니다.

손님 | 감사합니다.

酉年生
닭띠 생 사주

01 문서운이 왔으므로 중개사시험에 응시하려고 한다.
02 아무 것도 되는 것이 없단다.
03 암 투병중에 치료를 중단해도 괜찮겠습니까?
04 직장 이직운을 보려고 왔는데, 제 사주를 야자시로 봐야합니까, 조자시로 봐야합니까?
05 사주에 병(病)이 깊으면 몸에도 질병이 있다.
06 사주에 아버지를 나타내는 글자가 깨져서 부친이 일찍 사망했다.
07 훼과 훼을 만난 것 같지만 좋은 궁합이라서 행복하단다.

壬辰女年 來情法
고객의 마음을 꿰뚫어 봐라

01 문서운이 왔으므로 중개사시험에 응시하려고 한다.
(분당에서 온 손님)

61	51	41	31	21	11	1	大	時柱	日柱	月柱	年柱	
甲	癸	壬	辛	庚	己	戊		丙	甲	丁	己	坤
申	未	午	巳	辰	卯	寅	運	寅	寅	丑	酉	命

天干 : 甲(갑) 乙(을) 丙(병) 丁(정) 戊(무) 己(기) 庚(경) 辛(신) 壬(임) 癸(계)
地支 : 子(자) 丑(축) 寅(인) 卯(묘) 辰(진) 巳(사) 午(오) 未(미) 申(신) 酉(유) 戌(술) 亥(해)

사주의 구조 및 핵심사항

임진년(壬辰年) 중춘에 온 40대 초반의 여자 사주다.

사주의 구조는, 닭띠 해의 늦겨울에 자신을 나타내는 글자를 큰 나무에 비유해서 해석하는 갑목(甲木)으로 태어나 자신의 힘이 약하지만, 추운계절에 태어난 나무라서 따뜻해야 하므로 火가 용신이고, 木이 길신이며, 金이 흉신이며, 土도 흉신이다.

사주 밑 글자에 유금(酉金)과 축토(丑土)가 만나서 쇳덩어리를 형성하는 유축금국(酉丑金局)이 있고, 인목(寅木)과 유금(酉金)이 만나면 서로 미워하고 원망하는 인유원진살(寅酉怨嗔殺)을 형성하고 있다.

필자 | 손님은 인상이 참 좋으십니다.
(여기서, 인상이 좋다고 한 이유는, 사주에서 나타난 것처럼, 자신을 나타내는 글자가 갑목(甲木)인데, 甲木을 중심으

로 태어난 月의 위 글자에는 정화(丁火)가 있고, 태어난 시간의 윗 글자에는 병화(丙火)가 있어서 있는데, 木을 기준해서 볼 때, 火는 꽃에 비유하기 때문에 이런 구조는 큰 나무에 예쁜 꽃이 활짝피어 있는 것과 같아서 아름답고 향기가 있기 때문이다.)

손님 | 아니, 뭐 ....

필자 | 손님은 겨울나무라서 따뜻하게 해주는 火가 필요한데, 10년간씩 구분해서 보는 대운(大運)에서 木운에서 火운으로 이어졌기 때문에 운의 흐름이 좋아서 잘 살고 계시네요.

손님 | 큰 부자는 아닌데요?

필자 | 사주 구조가 이렇게 구성되고, 운이 좋게 흐르면, 잘 삽니다.

손님 | 고맙습니다.

필자 | 손님은 금년(壬辰年)운이 안좋은 운입니다만, 올해 운의 윗 글자인 임수(壬水)는 문서에 해당하므로, 문서를 쥘 계획이거나, 드물게는 공부를 할 수도 있겠고, 밑 글자인 진토(辰土)는 부동산이 움직이는 운인데, 무엇을 계획하고 계십니까?

손님 | 우리 남편이 금년에 이사를 하자고 하는데, 부동산 경기가 나빠서 가지말자고 약속을 했고, 제가 올해 부동산중개사 시험을 보려고 하는데, 운이 어떤지 궁금해서 왔습니다.

필자 | 금년에 水운이라서 손님한테는 불리한 운입니다. 그래서, 금년보다는 火운인 내년 운이 더 좋습니다.

손님 | 제 사주에 돈이 많습니까?

필자 | 손님사주에서 돈은 축토(丑土)인데, 丑土가 흉신이면서 유금(酉金)과 합을 이루어 금국(金局, 쇳덩어리를 의미)을 이루는데, 금국(金局)도 흉신이기 때문에 돈이 많지 않은 사주입니다만, 사주에서는 돈을 나타내는 글자만으로 부(副)의 척도를 나타내는 것은 아니고, 설령, 돈을 나타내는 글자가 흉신이더라도 흘러가는 운이 좋으면, 돈이 따르는 법인데, 손님은 운이 좋게 흘러가고 있기 때문에 큰 부자는 아닙니다만, 잘 살게 됩니다.

손님 | 우리 부부관계는 어떻습니까?

필자 | 부부관계를 볼 때는 남편을 나타내는 글자가 흉신인가, 길신인가를 먼저보고, 또, 자기의 밑 글자인 일지(日支)의 글자가 흉신인가, 길신인가를 보고 판단을 하는데, 손님 사주에 남편을 나타내는 글자는 나

타나 있지 않고, 흉신인 축토(丑土)속에 들어있어서 손님의 논 높이에는 보잘 것 없는 남편이고, 또, 남편 궁에 있는 인목(寅木)과 남편을 나타내는 글자인 유금(酉金)이 만나면 서로 미워하고 원망하는 원진살(怨嗔殺)이 작용하는데, 다행히도 일지(日支)에 좋은 글자가 앉아있고, 흐르는 운이 좋아서 남편과 사이가 좋겠습니다.

손님 | 우리 부부문제로는 다투는 일이 거의 없습니다만, 시댁일로 가끔 다툰적이 있습니다.
자식운은 어떻습니까?

필자 | 자식을 나타내는 글자를 용신으로 쓰므로 자식 덕을 보겠습니다.

손님 | 그러면, 남편 사주를 봐주세요.

남편 사주

68	58	**48**	38	28	18	8		時柱	日柱	月柱	年柱
己	庚	**辛**	壬	癸	甲	乙	**大**	乙	庚	丙	**乾**
卯	辰	巳	午	未	申	酉	**運**	酉	申	戌	巳	**命**

天干 : 甲(갑) 乙(을) 丙(병) 丁(정) 戊(무) 己(기) 庚(경) 辛(신) 壬(임) 癸(계)
地支 : 子(자) 丑(축) 寅(인) 卯(묘) 辰(진) 巳(사) 午(오) 未(미) 申(신) 酉(유) 戌(술) 亥(해)

| 사주의 구조 및 핵심사항 | 임진년(壬辰年) 중춘에 부인이 갖고 온 40대 후반의 남자 사주다.

사주의 구조는, 뱀띠 해의 늦가을에 자신을 나타내는 글자를 무쇠 金에 비유해서 해석하는 경금(庚金)으로 태어나 자신의 힘이 세므로 火가 용신이고, 木이 길신이며, 金이 病神이고, 술토(戌土)는 원래가 길신이었으나 금국(金局, 쇳덩어리)을 지었으므로 병신(病神)의 작용도 한다.

사주 밑 글자에는 사화(巳火)와 술토(戌土)가 만나 주로 정신적인 작용을 하는 사술귀문살(巳戌鬼門殺)이 있고, 신금(申金)과 유금(酉金)과 술토(戌土)가 만나서 쇳덩어리를 이루는 신유술금국(申酉戌金局)을 형성하고 있어서 경금 일간(庚金 日干)이 더욱 힘이 강해졌다.

필자 | 남편은 무쇠 金으로 태어난데다가 힘이 강하기 때문에 카리스마가 강하고 의리도 있겠습니다.

손님 | 저희 남편은 카리스마가 강합니다.

필자 | 사주가 이런 구조를 가지면, 점잖습니다.

손님 | 맞습니다.

필자 | 남편사주에 올해 운에서 온 진토(辰土)가 태어난 月의 밑 글자인 술토(戌土)를 충돌(진술충, 辰戌沖)하기 때문에 이사나 이동수가 보이는데, 운이 이렇게 되면, 마음이 들썩거려 이사를 가자고했을 텐데요?

손님 | 아까 제 사주를 볼 때 말씀 드렸다시피 남편이 이사를 가자고 하는 것을 금년에 부동산경기가 나빠서 제가 가지 말자고 말려서 결국 안가기로 했습니다.

필자 | 손님 사주는 큰 무쇠 金으로, 이렇게 큰 무쇠 金은 용광로 불에 넣어서 제련을 해야 가장 좋은데, 아쉽게도 남편 사주에 나타나있는 불(火)은 용광로 불이 아니고, 태양불인 병화(丙火)라서 쇠를 녹이는 데는 부적절합니다.
만약, 이 사주가 용광로 불인 정화(丁火)를 가졌다면, 관직(공무원을 의미)으로 가도 한자리 해먹을 수 있고, 사업가가 되어도 큰 사업가가 될 수 있었는데, 아쉽습니다.
그런데, 이런 사주 구조에서, 초년운이 좋았다면, 관직으로 갔을 것인데, 초년운이 나빠서 관직으로 못가고 사업으로 갔겠습니다.
또, 사업을 가게 된 이유중에서 돈을 나타내는 글자인 을목(乙木)과 합을 했기 때문입니다.

손님 | 예, 저희 남편은 사업을 합니다.

필자 | 남편을 나타내는 글자가 불에 녹여지는 무쇠 金이고, 옆에 火(불)을 봤기 때문에 사물에 빗대어 설명하면, 자기 자신이 불에 녹여지는 재료가 되기 때문에 쇠를 다루는 직업이 알맞겠는데, 무슨직업을 가졌습니까?

손님 | 저희 남편은 카센타를 운영하고 있습니다.

필자 | 잘 맞는 직업입니다.

손님 | 언제 돈을 벌겠습니까?

필자 | 지금까지도 잘 살아왔습니다만, 가깝게는 07정해년(丁亥年)부터 09기축년(己丑年)까지 사업성과가 작았을 것이고, 금년(壬辰年)에도 水운이라서 별 큰 재미가 없겠습니다만, 내년부터는 3년 동안 火운이 오기 때문에 재미를 볼 것입니다.

손님 | 고맙습니다.

壬辰女年 來情法
고객의 마음을 꿰뚫어 봐라

02 아무 것도 되는 것이 없단다.
(광진구에 사는 손님)

64	54	**44**	34	24	14	4		時柱	日柱	月柱	年柱
丁	戊	己	庚	辛	壬	癸	大	丁	戊	甲	己	남
卯	辰	巳	午	未	申	酉	運	巳	辰	戌	酉	자

天干 : 甲(갑) 乙(을) 丙(병) 丁(정) 戊(무) 己(기) 庚(경) 辛(신) 壬(임) 癸(계)
地支 : 子(자) 丑(축) 寅(인) 卯(묘) 辰(진) 巳(사) 午(오) 未(미) 申(신) 酉(유) 戌(술) 亥(해)

사주의 구조 및 핵심사항

임진년(壬辰年) 늦봄에 누나가 가지고 온 40대 초반의 남자 사주다.

사주의 구조는, 닭띠 해의 늦가을에 자신을 나타내는 글자를 큰 산의 土에 비유해서 해석하는 무토(戊土)로 태어나 자신의 힘이 강하고 건조하므로 水가 가장 필요하지만, 없기 때문에 金이 용신이고, 습한 土인 진토(辰土)가 길신이며, 火가 병신(病神)이고, 木이 흉신이며, 마른 土인 무토(戊土)와 기토(己土), 술토(戌土)가 흉신이다.

사주 밑 글자에 직업을 나타내는 갑목(甲木)이 기토(己土)와 합(갑기합, 甲己合)을 해서 변질되었고, 또, 이 갑목(甲木)이 뿌리를 박고 있는 土가 나무의 생장에 부적적한 자갈 땅인 술토(戌土)라서 박토이므로 좋은 직업과는 인연이 없으며, 또, 사주 밑 글자에서, 태어난 月의 밑 글자인 술토(戌土)와 태어난 날의밑 글자이면서 배우자궁에 있는 진토(辰土)가 충돌(辰戌沖)해서 깨졌으므로, 돈과 부부궁이 깨졌는데, 임진년(壬辰年) 초까지는 돈은 벌지 못한것이 맞지만, 부부 궁에 이상은 확인할 수 없었다.

필자 | 이 사주가 남동생인가요?

손님 | 예, 남 동생입니다.

필자 | 동생이 정상적인 부부생활을 하고 있나요?

손님 | 예, 동생 부인이 착해서 잘 살고 있습니다.

필자 | 아무리 착해도 그렇지, 이 사주로 봐서는 잘 살 수가 없는데요?

손님 | 동생이라도 부부관계는 잘 알 수는 없지만, 겉으로 보기에는 잘 살고 있습니다.

필자 | 동생은 금년(壬辰年)운이 임수(壬水)는 돈이라서 돈 문제이고, 배우자궁이 진술충(辰戌沖)해서 깨지기 때문에 부부문제이며, 깨진 술토(戌土)위에 앉아있는 갑목(甲木)이 흔들리므로 직장이나 직업문제인데, 무슨 일로 오셨습니까?

손님 | 동생이 사업을 하니까 직장 문제라기보다는 돈 문제입니다.

필자 | 동생이 사업을 한다고요?

	동생은 말씀드리기 참 어렵지만, 직장생활도 안되고요, 사업도 안됩니다.
손님	젊어서부터 취직은 안해봤고, 사업을 해왔는데, 돈은 하나도 못벌었습니다.
필자	동생의 운이 24세 이후로 안풀렸기 때문에 돈 못 번 것은 이해가 되고, 사업가가 아닌데, 사업을 하시네요?
손님	그러면, 무슨 일을 해야겠습니까?
필자	이 사주는 기술직으로 직장생활을 하거나, 그렇지 않으면, 종교인으로 살아야 할 사주입니다.
손님	사주가 그렇게 나쁩니까?
필자	사주에 자기가 번 돈은 없는데, 무슨 돈으로 사업을 합니까?
손님	부모 유산이 조금 있어서 그 돈으로 사업을 하고 있는데, 다 까먹을 것 같습니다.
필자	동생 사주에는 사화(巳火)와 술토(戌土)가 만나면 사술귀문살(巳戌鬼門殺)이 발동을 하는데, 10년씩 구분해서 보는 대운(大運)에서 사화(巳火)가 왔으므로 귀

문살의 작용이 가중되는데다가 2013년(癸巳年)에 한 해의 운(세운, 歲運)에서 또 사화(巳火)가 오므로 내년에 귀문살 작용이 커지기 때문에 우울증을 조심해야 합니다.

이런 귀문살이 사주에 있다해도 운이 좋은 사람들은 괜찮지만, 운이 나쁜 사람들은 나쁘게 작용할 수가 있습니다.

손님 | 선생님, 그렇지 않아도 동생이 우울증이 있는 것 같아서 걱정입니다.

금년 말에 동생이 갖다 쓴 돈을 형제간들과 정산을 하기로 했는데, 만약에 동생한테 돈을 갚으라고 하면 동생이 자살을 하지 않을가 싶어서 크게 걱정이 됩니다.

필자 | 그럴 것입니다.

내년(2013년)부터 2015년까지 火운이 오므로 아주 나쁩니다.

그리고, 동생사주에 금년(壬辰年)에 임수(壬水)가 돈이라서 돈이 들어 올 것처럼 보일지 모르지만, 이런 사주의 구조에서는 자신과 같은 형제로 해석하는 土가 많기 때문에 서로 돈을 나타내는 水를 빼앗아먹으려고 하는 형상, 즉 전문용어로(군겁쟁재, 郡劫爭財) 형상이 발생하기 때문에 결국에는 자기한테 돈이 없게 됩니다.

손님 | 이런 사주는 어떻게 먹고 살아야 합니까?

필자 | 동생의 부인이 착하시다면, 그 사주를 보고 판단을 해봤으면 하는데 사주를 아십니까?

손님 | 동생 부인은 교회를 다니는데, 사주도 모릅니다. 물어봐서 다시 오겠습니다.

필자 | 그렇게 하시지요?

壬辰女年 來情法
고객의 마음을 꿰뚫어 봐라

03 | 암 투병중에 치료를 중단해도 괜찮겠습니까?
(송파구에 사는 손님)

71	61	51	41	31	21	11	1	大	時柱	日柱	月柱	年柱
丁	丙	乙	甲	癸	壬	辛	庚		辛	丁	己	乙	여
酉	申	未	午	巳	辰	卯	寅	運	亥	未	丑	酉	자

天干 : 甲(갑) 乙(을) 丙(병) 丁(정) 戊(무) 己(기) 庚(경) 辛(신) 壬(임) 癸(계)
地支 : 子(자) 丑(축) 寅(인) 卯(묘) 辰(진) 巳(사) 午(오) 未(미) 申(신) 酉(유) 戌(술) 亥(해)

사주의 구조 및 핵심사항

임진년(壬辰年) 한 여름에 온 60대 후반의 여자 사주다.

사주의 구조는, 닭띠 해의 늦 겨울에 자신을 나타내는 글자를 인공 火에 비유해서 해석하는 정화(丁火)로 태어나 자신의 힘이 약하므로 木이 용신이고, 火가 길신이며, 金이 병신(病神)이고, 水가 흉신이며, 미토(未土)는 길신이지만, 축토(丑土)는 흉신이다.

사주 밑 글자에는 축토(丑土)와 미토(未土)가 만나면 부딛쳐서 서로에게 상처를 입히는 축미충(丑未沖)이 있고, 해수(亥水)와 미토(未土)가 만나면 나무다발을 이루는 해미목국(亥未木局)이 있고, 유금(酉金)과 축토(丑土)가 만나면 쇳덩어리를 이루는 금국(金局)이 있다.

필자 | 이 사주는 늦 겨울에 태어난 인공불인 정화(丁火)가 너무 약해서 열량이 부족하기 때문에 연약한 촛불과 같기 때문에 에너지가 약합니다. 이렇게 되면, 우선

손발이 찰 수 있고, 혈액순환이 원활치 못해서 저혈압도 있을 수 있는데 어떻습니까?

손님 | 젊어서는 손발이 찼고, 지금은 괜찮고, 저혈압입니다.

필자 | 손님은 연약한 인공불로 태어났기 때문에 감성이 풍부해서 음악 등 예술성이 있을 것 같은데요?

손님 | 대학교에서 피아노를 전공했습니다.

필자 | 손님은 어려운 시절에 태어났음에도 불구하고, 유복하게 성장하셨겠는데요?

손님 | 예, 어려서 아버님이 교육자이셨기 때문에 크게 어려움없이 자랐습니다.

필자 | 손님사주에서는 水가 남편인데, 이 사주에서 水는 흉신작용을 하기 때문에 나쁜 작용을 하지만, 다행히도, 남편궁에 火를 품고 있는 미토(未土)가 자리잡고 있어서 남편과 유정하겠습니다.

손님 | 예, 남편과 잘지내고 있습니다.

필자 | 손님은 금년(壬辰年)에 임수(壬水)가 와서 정화(丁火)인 본인을 정임합(丁壬合)으로 묶었으므로 남편문제나,

고민스러운 일이 생길 것인데, 그 일로 오셨지요?

손님 | 고민이 있어서 왔습니다.

필자 | 사주에서 자신을 나타내는 글자가 너무 약하면, 대게 건강이 않좋은 경우가 많은데다가 내 자신인 정화(丁火)의 뿌리를 품고 있는 미토(未土)가 축토(丑土)와 축미충(丑未沖)으로 충돌을 해서 깨져서 더 약해졌기 때문에 건강이 약하실텐데, 그 약한 부위를 나열해 보면, 우선 木이 약하기 때문에 갑상선이나 호르몬 계통이 약할 수 있고, 火도 약하기 때문에 심장이 약할 수 있고, 土가 깨졌기 때문에 소화기 계통도 약할 것 같고, 金이 병(病)이기 때문에 폐나 대장이 약할 것 같은데, 어떠세요?

손님 | 갑상선 수술을 한 번 했고요, 폐에 암이 생겨 치료를 받고 있습니다.

필자 | 손님의 사주를 10년간씩 구분해서 보는 운으로 보면, 61세부터 나빠지기 시작하는데, 한해 한해의 운을 정밀 분석해 보면, 59세인 2004년(甲申年)부터 운이 나빠지기 시작해서 2006년 丙戌年에 축토(丑土)와 술토(戌土)와 미토(未土)가 만나면 축술미삼형(丑戌未三刑)으로 土가 깨지게 되는데, 이럴 때에 수술수가 생기는데, 어땠습니까?

손님 | 예, 2006년에 갑상선 암 수술을 했습니다.

필자 | 2009년 기축년(己丑年)에도 수술수가 있었겠는데요?

손님 | 예, 그 때는 폐암 수술을 했었습니다.

필자 | 작년(辛卯年)에도 사주에 있는 을목(乙木)과 운에서 온 신금(辛金)이 을신충(乙辛冲)으로 충돌을 했고, 사주에 있는 유금(酉金)과 운에서 온 묘목(卯木)이 묘유충(卯酉冲)으로 충돌을 했는데, 작년은 어땠어요?

손님 | 예, 작년에 폐암이 재발을 해서 현재까지 치료를 받고 있는데, 더 이상 암세포가 자라지 않고 있다고 하는데, 항암제를 안먹어도 될련지가 궁금해서 왔습니다.

필자 | 금년까지는 운이 나쁘기 때문에 치료를 계속해서 받으시고, 내년부터 火운이 와서 좋아지기 때문에 그 때 의사와 상의해 보시는 게 좋을 것 같습니다.

손님 | 감사합니다.

壬辰女年 來情法
고객의 마음을 꿰뚫어 봐라

04 | 직장 이직운을 보려고 왔는데, 제 사주를 야자시로 봐야합니까, 조자시로 봐야합니까?

(성동구에 사는 손님)

64	54	**44**	34	24	14	4		時柱	日柱	月柱	年柱
甲	乙	**丙**	丁	戊	己	庚	大	丙	乙	辛	己	남
子	丑	**寅**	卯	辰	巳	午	運	子	未	未	酉	자

天干 : 甲(갑) 乙(을) 丙(병) 丁(정) 戊(무) 己(기) 庚(경) 辛(신) 壬(임) 癸(계)
地支 : 子(자) 丑(축) 寅(인) 卯(묘) 辰(진) 巳(사) 午(오) 未(미) 申(신) 酉(유) 戌(술) 亥(해)

사주의 구조 및 핵심사항

임진년(壬辰年) 한 여름에 온 40대 중반의 남자 사주다.

사주의 구조는, 닭띠 해의 늦 여름에 자신을 나타내는 글자를 꽃나무에 비유해서 해석하는 을목(乙木)으로 태어나 자신의 힘이 매우 약하므로 도와주는 水가 용신이고, 木이 길신이며, 金이 병신(病神)이고, 火가 신금(辛金)을 막아주므로 약신(藥神)역할을 할 때가 많지만, 만약에 병화(丙火)가 운에서 地支(사주 밑 글자)에 火를 달고 온다면 용신(사주에서 가장 필요한 글자)인 자수(子水)를 공격하거나 약하게 만드므로 흉신역할을 할 수도 있으므로 잘 살펴봐야 하며, 土는 흉신이다.

필자 | 손님 사주는 약한데다가 면도칼과 같은 신금(辛金)이 바로 옆에 있어서 성격이 예민하면서도 정확하시겠네요?

| 손님 | 예, 제 성격이 그렇습니다.

| 필자 | 손님은 금년(壬辰年)운이 문서운이라서 부동산계약서를 쓰거나, 혹은, 발령장을 잡을 수 있는 운인데, 이 일로 오셨지요?

| 손님 | 예, 부동산을 매매할 계획은 아직은 없고, 직장을 이직하려고 하는데, 잘 되겠습니까?

| 필자 | 예, 금년 운이 좋아서 원하시는 대로 잘 진행될 것입니다. 그런데, 손님은 기술성이 강한 직업에 종사하실 것 같은데, 무슨 일을 하십니까?

| 손님 | 저는 회사에 다니는데, 디자인을 하고 있습니다. 선생님, 제가 사주학을 독학을 했기 때문에 깊이있게는 모릅니다만, 여쭤봐도 되겠습니까?

| 필자 | 물어보세요.

| 손님 | 저의 사주가 재다신약사주(財多身弱사주, 재성이 많아서 사주가 약해졌다는 뜻임)입니까, 아니면, 혹시, 종재격(從財格, 사주 격의한 종류로, 재성(財星)으로 변했다는 뜻임) 사주가 맞습니까?

| 필자 | 손님의 사주는 재다신약사주가 맞습니다 그러나, 종재격은 되지 않는데, 그 이유는, 미토(未土)속에 을

목(乙木)이 들어있고, 자수(子水)가 있어서 수생목(水生木)을 해주기 때문에 종재격이 안되고 신약사주입니다.

손님 | 한 가지 더 물어볼 게 있는데요? 어떤 책에 보면, 야자시(23:30분~00:29분까지), 조자시(00:30~01: 29분까지)로 보는 경우도 있던데, 제 사주를 야자시로 봐도 됩니까?

필자 | 저는 일반 子時(3:30 ~ 01: 29)로만 보지 야자시와 조자시로 구분해서 보지 않습니다.
사주학의 기본 원칙이 벗어난 틀린 이론이기 때문입니다. 만약, 손님의 사주를 조자시로 보면 아래와 같습니다.

조자시로 본 사주

64	54	**44**	34	24	14	4		時柱	日柱	月柱	年柱	
甲	乙	**丙**	丁	戊	己	庚	大	丙	甲	辛	己	남
子	丑	**寅**	卯	辰	巳	午	運	子	午	未	酉	자

필자 | 만약 손님의 사주를 조자시로 보면, 태어난 날을 양력으로, 1969. 7월 19일이 아니라 그 전날인 18일로 봐야 하는데, 18일로 보면, 갑오일이 되고, 갑오일이 되면 자오충(子午沖)을 하기 때문에 이별했거나 별거를 했거나 부부갈등이 많았을 것인데, 어땠습

	니까?
손님	저희 부부는 그냥 평범하게 살아왔습니다.
필자	그것 보세요. 야자시니, 조자시니 하는 것은 맞지않습니다. 일반 자시(子時)로 봐야 합니다.
손님	감사합니다.

壬辰女年 來情法
고객의 마음을 꿰뚫어 봐라

05 | 사주에 병(病)이 깊으면 몸에도 질병이 있다.
(송파구에 사는 손님)

67 57 47 37 27 17 7	時柱 日柱 月柱 年柱
丙 丁 戊 己 庚 辛 壬 大	己 甲 癸 癸 남
辰 巳 午 未 申 酉 戌 運	巳 寅 亥 酉 자

天干: 甲(갑) 乙(을) 丙(병) 丁(정) 戊(무) 己(기) 庚(경) 辛(신) 壬(임) 癸(계)
地支: 子(자) 丑(축) 寅(인) 卯(묘) 辰(진) 巳(사) 午(오) 未(미) 申(신) 酉(유) 戌(술) 亥(해)

사주의 구조 및 핵심사항

임진년(壬辰年) 늦 여름에 엄마가 가지고 온 20세의 남자 사주다.

사주의 구조는, 닭띠 해의 초겨울에 자신을 나타내는 글자를 큰 나무에 비유해서 해석하는 갑목(甲木)로 태어나 겨울생이라서 추운데다가 水가 지나치게 많아서 얼 지경이라서 따뜻하게 해주는 火가 용신이고, 木이 길신이며, 水가 병신(病神)이고, 金이 흉신이며, 土는 水를 억제시켜 주므로 약신(藥神)이지만, 사실상 기토(己土)는 무토(戊土)에 비해서 약신 작용이 약한다는 약점이 있다.

사주 밑 글자에 인목(寅木)과 사화(巳火)를 보면, 서로에게 상처를 주는 인사형(寅巳刑)이 작용하고, 해수(亥水)와 사화(巳火)가 인목(寅木)을 가유금(酉金)이 인유원진살(寅酉怨嗔殺)을 형성하지만, 아직 나이가 어려서 이런 刑과 冲의 작용을 확인하지 못하였다.

이 사주의 특징은, 겨울에 水가 많아서 병(病)의 기능을 하므로 인체에서 水와 관련된 부위가 질병이 생기게 되는데, 水는 인체에서 귀에 해당하고, 신장이나 방광 등 비뇨기과에 해당하기 때문에 그 위에 질병이 있었다.

필자 | 이 아이는 자신을 나타내는 글자가 큰 나무로 태어났기 때문에 심성이 착하지만, 쉽게 굽히지 않는 남자다운 성격을 가졌겠네요?

손님 | 맞습니다. 착하고 듬직합니다.

필자 | 원래가 겨울은 나무가 자라지 않는 계절인데다가 나무는 火가 약하거나, 운에서 金운이나 水운을 만나면 자기의 능력발휘를 하지 않는 특성이 있는데, 이 아이가 지금 운의 흐름이 약해서 자기의 능력발휘를 안하고 있습니다. 특히, 가장 중요한 시기인 고등학교 1학년때가 2009년 기축년(己丑年)으로 겨울이어서 공부를 안했고, 2010년 경인년(庚寅年)에 조금낳아졌으나, 고 3 때인 2011년 신묘년(辛卯年)에도 신통치 않아서 자기가 가고자 하는 대학에 못갔거나 그렇지 않으면, 자기가 선택한 학과를 선택하지 못했겠네요?

손님 | 맞습니다.
자기가 원하는 학과를 못가고 다른 학과를 선택했습니다.

필자 | 이 아이는 火가 필요하므로 교육이나, 말하는 직업과 인연이거나, 또, 돈 글자인 기토(己土)와 合을 하고 있어서 경영학과와 인연인데, 자기의 희망이 뭐랍니까?

손님 | 성우가 꿈이랍니다.

필자 | 자기 사주와 잘 맞습니다.

손님 | 우리 아이의 건강은 어떻습니까?

필자 | 사람 몸에서의 질병과 그 질병을 치료하는 약(藥)이 있듯이 사주학에서도 병(病)과 약(藥)이 있는데, 이 아이는 오행상 水가 병(病)으로, 病이 심한 편입니다. 그런데, 水는 인체에서 귀와 신장 그리고, 방광부위라서 그 부위가 약할 것 같은데, 어떻습니까?

손님 | 선생님 ! 맞습니다.
우리 아이가 몇년 전에 갑자기 소리가 안들린다고 해서 치료를 받고 지금은 괜찮고요, 또, 중학교때 검도를 시켰는데, 소변색깔이 이상하다고 해서 비뇨기과에 가서 검사를 받았더니 방광염이라고해서 치료를 받은 적이 있습니다.

필자 | 39세 후반이 되면 괜찮을 것입니다. 아직 어리니까 너무 걱정 안해도 됩니다.

손님 | 정말 괜찮아 질까요?

필자 | 운이 좋아지면, 질병도 없어집니다. 그런데, 이 아이는 水가 엄마를 나타내는 글자인데, 水가 病이라서 엄마와 성격이 안맞을텐데, 어떻습니까?

손님 | 저와 성격이 안맞습니다만, 아들과 엄마인데 어떡하겠습니까?

필자 | 이 아이를 임신했을 당시 엄마께서 스트레스를 많이 받았거나, 그렇지 않으면, 눈물을 많이 흘렸습니까?

손님 | 그런 것도 나옵니까? 사실은 이 아이를 임신해서 병원을 갔었는데, 처음에 의사가 임신이 아니라고 하다가 나중에야 임신을 했다고 확인을 해줬는데, 아이의 건강상태가 아주 나쁘니까 집에서 꼼작도 하지 말라고 해서 누워만 지내다가 아이를 낳았었습니다.

필자 | 그 때만해도 지금과 같이 의료수준이 떨어졌을 것이고, 또 의사가 오진을 했던가 봅니다.

06 사주에 아버지를 나타내는 글자가 깨져서 부친이 일찍 사망했다.

(분당에서 온 손님)

64	54	44	34	24	14	4		時柱	日柱	月柱	年柱
癸	甲	乙	丙	丁	戊	己	大	丁	乙	庚	丁	남
卯	辰	巳	午	未	申	酉	運	亥	丑	戌	酉	자

天干 : 甲(갑) 乙(을) 丙(병) 丁(정) 戊(무) 己(기) 庚(경) 辛(신) 壬(임) 癸(계)
地支 : 子(자) 丑(축) 寅(인) 卯(묘) 辰(진) 巳(사) 午(오) 未(미) 申(신) 酉(유) 戌(술) 亥(해)

사주의 구조 및 핵심사항

임진년(壬辰年) 초 가을에 부인이 가지고 온 50대 중반의 남자 사주다.

사주의 구조는, 닭띠 해의 가을에 자신을 나타내는 글자를 꽃나무에 비유해서 해석하는 을목(乙木)로 태어나 금기(찬기운)가 강해서 자신의 힘이 매우 약하고 냉하므로 따뜻하게 해주는 火가 藥용신이고, 金이 병신(病神), 水가 흉신, 습기를 가진 축토(丑土)는 흉신이나 열기를 가진 술토(戌土)는 길신이다.

사주 밑 글자에 축토(丑土)와 술토(戌土)가 만나 서로에게 상처를 입히는 축술형(丑戌刑)이 성립하는데, 여기서, 土는 부친을 나타내고, 돈을 나타내며, 부인을 나타낸다.

이 사주는, 처궁에 있는 土가 깨져있어서 불안한데, 부친이 일찍 사망했고, 신혼 때 부부가 떨어져 살았고, 이 사주에 진(辰)대운이 나쁜데, 진(辰)대운이 오면, 이미 깨져있는 술토(戌土)를 진술충(辰戌沖)하게 되므로 돈이 깨지거나, 부부갈등, 또는 본인의 건강문제가 생기게 된다.

대게, 일지(日支) 처궁이 깨져있는 상태를 보면, 태어난 월지(月支)와 일지(日支)가 깨져있을 수가 있고, 태어난 일지(日支)와 시지(時支)가 깨져있을 수가 있는데, 이런 경우, 日支와 時支가 깨진 경우에 부부이별 확률이 훨씬 높다는 것을 수많은 경험을 통해서 알 수 있었다.

필자 | 남편사주는 가을 꽃나무로 태어나서 불(火)을 봤기 때문에 인성이 착하십니다만, 성격이 예민하시겠습니다.

손님 | 처음 결혼해서 남편의 성격이 예민해서 어려움이 많았습니다.

필자 | 남편은 초년운이 나빴고, 사주에 아버지를 나타내는 글자가 土인데, 깨져서 부친에게 문제가 생겼을 것으로 보이는데, 시 아버지가 계십니까?

손님 | 선생님께서 말씀 하신대로 남편이 중학교 1학년(庚戌年에 丑戌刑이 발생해서 土가 깨졌음)때 시 아버지가 돌아가셔서 어려운 환경에서 자랐다고 합니다.

필자 | 앞에서 말한 土가 부인을 나타내기도 하고, 처궁에 위치하고 있는데, 이 土가 깨신 것은 부인과의 갈등

	이나 직업상 떨어져 사는 기간이 길어야 하는데, 어땠습니까?
손님	저와 결혼하자마자 남편이 외국에 오랫동안 나가 있었기 때문에 신혼때는 떨어져 살았습니다만, 지금은 아무 문제없이 살고 있습니다.
필자	남편이 외국에 나간해가 몇년도입니까?
손님	남편 나이 29살 때인 85년(乙丑年에도 丑戌刑으로 土가 깨졌음)경으로 기억됩니다.
필자	그랬었네요. 남편께서는 10년간씩 구분해서 보는 대운(大運)에서 볼 때 24 정미대운(丁未大運)에 사주에 있던 축토(丑土)와 술토(戌土)와 대운에서 온 미토(未土)가 만나 축술미삼형살(丑戌未三刑殺)이 발생하여 온통 土가 깨졌기 때문에 부부갈등이나 부부 별거수가 생기게 됩니다. 그러나, 24살 이후부터 火운이 들어와서 본인은 발전하게 되기 때문에 이른 나이대부터 잘살아 왔네요.
손님	예, 지금까지 잘살아 오고 있습니다.
필자	남편운으로 볼 때 금년(壬辰年)은 문서계약운이고, 돈이 깨지는 운이며, 그렇지 않으면, 큰 변동수가 왔

	는데, 이 문제로 오셨지요?
손님	예, 금년에 사업상 확장을 하느라고 대출을 받아서 돈을 많이 투자했기 때문에 경제적으로 어렵습니다. 그리고, 코에 암이 생겨서 곧 수술을 받게 됩니다.
필자	보통, 태어난 月의 밑 글자인 술토(戌土)를 운에서 온 글자인 진토(辰土)와 충돌을 하게 되면 이사를 한다거나, 土는 돈을 나타내므로 돈 문제가 생기게 됩니다.
손님	그러면, 언제 좋아지겠습니까?
필자	내년(癸巳年)부터 火운이 오므로 좋아집니다만, 올해 운이 아주 나쁩니다. 그런데, 남편께서는 기술성 직업을 가졌거나, 생산업이 맞겠는데, 무슨 직업을 가졌습니까?
손님	특수한 기술을 가지고 토목사업을 하고 있습니다.

壬辰女年 來情法
고객의 마음을 꿰뚫어 봐라

07 | 刑과 冲을 만난 것 같지만 좋은 궁합이라서 행복하단다.
(서초구에 사는 손님)

69	59	49	39	**29**	19	9		時柱	日柱	月柱	年柱	
丁	丙	乙	甲	癸	壬	辛	大	甲	辛	庚	辛	여
未	午	巳	辰	卯	寅	丑	運	午	酉	子	酉	자

天干 : 甲(갑) 乙(을) 丙(병) 丁(정) 戊(무) 己(기) 庚(경) 辛(신) 壬(임) 癸(계)
地支 : 子(자) 丑(축) 寅(인) 卯(묘) 辰(진) 巳(사) 午(오) 未(미) 申(신) 酉(유) 戌(술) 亥(해)

사주의 구조 및 핵심사항

임진년(壬辰年) 초겨울에 부부가 함께 온 30대 초반의 여자 사주다.

사주의 구조는, 닭띠 해의 가을에 자신을 나타내는 글자를 보석에 비유해서 해석하는 신금(辛金)으로 태어나 金이 많아서 자신의 힘이 매우 강하고, 한 겨울생이라서 춥기 때문에 따뜻하게 해주는 火가 용신이고, 木이 길신이며, 水가 병신(病神)이고, 金이 흉신이다.

사주 밑 글자에 자수(子水)와 유금(酉金)이 만나서 자유귀문살(子酉鬼門殺)을 이루고 있어서 사주에 관심이 많다고 한다.

필자 | 손님은 겨울에 태어난 보석이라서 차고 냉해서 손과 발이 찰 수 있는데, 어떻세요?

손님 | 손은 그리 안찬데, 발이 매우 찹니다.

| 필자 | | 손님은 성격이 매우 정확하고, 깔끔하시겠네요?

| 손님 | | 네, 그렇습니다.(이 때 옆에 잇던 남편이 빙긋이 웃으면서 그렇다고 고개를 끄덕였다.)

| 필자 | | 손님은 친구를 아무나 사귀지 않겠고, 본인 마음에 꼭들어야 사귀겠네요?

| 손님 | | 네. 그런편입니다.

| 필자 | | 원래가 보석은 무쇠를 火(용광로)에 넣어서 가공이 되어 태어난 물건과 같기 때문에 火(불)를 가장 싫어 합니다만, 한겨울은 보석은 너무 추우면 깨지기 때문에 火(불)를 좋아합니다. 火를 가족관계로 해석을 하면, 남편에 해당하기 때문에 이런 사주는 결혼을 하면서 발전을 하게 되고, 또 남편을 사랑하게 되는 데, 손님은 어떻습니까?

| 손님 | | 맞습니다. 저는 남편을 사랑합니다.

| 필자 | | 손님은 고등학교 2~3학년 때의 운이 무인(戊寅)년과 기묘(己卯)년으로 木운이라서 운이 좋아서 공부를 잘 했겠네요?

| 손님 | | 네, 공부를 잘했습니다.

필자 | 손님은 사주에 가장 필요한 五行을 火를 쓰므로 직업이 빛과 관련되거나, 의료분야가 가장 잘 맞겠는데, 대학에서 무슨 공부를 하셨습니까?

손님 | 미술을 공부했습니다.

필자 | 미술보다는 디자인 쪽이 더 잘 맞는데요?

손님 | 그래서, 지금은 스마트폰용 앱 디자인을 하고 있습니다.

필자 | 적성에 잘 맞는 직업을 선택하셨네요. 손님은 의료분야로 진출할 꿈을 갖지 않았습니까?

손님 | 그래서 한대 약대를 편입하려고 했었는데, 실력이 안돼서 포기했습니다.

필자 | 손님은 금년에 아이에 관심이 있으실텐데, 출산을 하셨습니까?

손님 | 결혼한지 1년이 되었는데, 아직 안낳았습니다. 언제 낳으면 좋겠습니까?

필자 | 내년(2013년)이 계사(癸巳)년이라서 자식을 낳을 수 있는 운이고, 또, 운도 좋아서 태교를 잘 하실 수 있기 때문에 내년에 낳으시면 좋겠습니다. 그리고, 부

부 사주를 보니까 사주가 서로 훼과 훼을 만났는데, 이런궁합이 좋은 궁합인데, 부부관계는 어떠세요?

손님 | 저희 부부는 아무 불만이 없이 잘 살고 있습니다.
(이 때 옆에 있던 부인의 대답에 남편도 동의를 하였다.)

戌年生
개띠 생 사주

01 자기운명에 맞는 짝을 골랐다.
02 새로운 사업문제가 궁금해서 왔다.
03 연로하신 노인이 골치아픈 일이 있어서 왔단다.
04 중년이후에 운이 들어와야 부자가 된다.
05 궁합은 내 사주 속에 들어있다.
06 성씨를 바꾸고 싶다는 여인.
07 아버지가 바람을 피워서 어머니가 여러 명이란다.
08 소송에 져서 거지가 되었단다.
09 일본교포로 자식문제를 상담하려고 왔습니다.

壬辰女年 來情法
고객의 마음을 꿰뚫어 봐라

01 | 자기운명에 맞는 짝을 골랐다.
(구의동에 사는 손님)

62	52	42	32	**22**	12	2		時柱	日柱	月柱	年柱	
庚	己	戊	丁	**丙**	乙	甲	大	辛	壬	癸	壬	남
戌	酉	申	未	午	巳	辰	運	亥	子	卯	戌	자

天干 : 甲(갑) 乙(을) 丙(병) 丁(정) 戊(무) 己(기) 庚(경) 辛(신) 壬(임) 癸(계)
地支 : 子(자) 丑(축) 寅(인) 卯(묘) 辰(진) 巳(사) 午(오) 未(미) 申(신) 酉(유) 戌(술) 亥(해)

사주의 구조 및 핵심사항

임진년(壬辰年) 초봄에 온 세 남자 사주다.

사주의 구조는, 개띠 해의 중 봄에 자신을 나타내는 글자를 강물로 해석하는 임수(壬水)로 태어났는데, 자신을 도와주는 다른 水들이 많고, 金도 있어서 힘이 강한데, 봄철의 水는 힘이 강하면 강할수록 차기 때문에 따뜻하게 해주는 火가 용신이고, 木이 길신이며, 水가 病神이고, 金이 흉신이며, 水를 억제 시키는 土가 약신이다.

사주 밑 글자에 묘목(卯木)에 상처를 입히는 殺인 자묘형살(子卯刑殺)이있는데, 이 殺이 있는 위치가 日支(일간 밑 글자) 처궁과 태어난 달의 밑글자에 있기 때문에 부부궁이 불안함을 예고하고 있다.

필자 | 손님사주는 태어난 계절이 중춘(仲春)이라서 비록 큰 추위는 가셨지만 아직도 조석으로는 추운 계절인데, 찬성분인 水가 너무 많아서 마치 봄 장마가 진 것과

같습니다. 이 水들을 친구나 형제로 해석하는데, 水가 나쁘게 작용을 하기 때문에 친구나 형제를 조심해야 하는데, 혹시, 친구나 형제한테 피해를 입은 경험은 없습니까?

손님 | 아직까지는 없습니다.

필자 | 손님 사주는 봄에 강물로 해석하는 임수(壬水)로 태어나 생명체인 木을 기르는 구조인데, 자신이 생명을 기른다는 것은 가장 소중한 일을 하고 있으므로 성실하십니다.

손님 | 예, 저는 성실하게 생활해 왔고, 직장에서도 그렇습니다.

필자 | 손님은 올해(壬辰年)의 래정법으로 보면, 임수(壬水)가 갖고 있는 의미는 친구문제나, 형제문제이고, 진토(辰土)가 갖고 있는 의미는 직장문제인데, 이 두 가지 문제로 오셨습니까?

손님 | 그것이 아니고요, 결혼을 하기 위해서 궁합을 보고, 결혼 날자를 잡으러고 왔습니다.

필자 | 그렇습니까? 모든 손님의 래방 목적이 래정법대로 다 맞는 것은 아닙니다. 그럼, 궁합과 결혼날자는 주금 후에 봐드리기로 하고 손님의 사주를 더 심층 분

석해보기로 하지요.

손님 | 그렇게 해주세요.

필자 | 손님 사주는 초년운이 火운이라서 일생 중에 가장 좋은 시기를 맞고 있습니다. 그런데, 고등학교 때의 운이 무인(戊寅), 기묘(己卯), 경진년(庚辰年)이었는데, 그중에서 고 1, 2학년 때의 운은 좋았으나, 고 3학년 때가 火와 반대성분인 냉하고 습한 성분 진토,(辰土) 의 운이 왔기 때문에 본인의 실력이 100% 발휘가 안됐을 것으로 보이는데, 어느 대학을 갔습니까?

손님 | 고려대학을 갔습니다.

필자 | 손님은 경영학이나 기술계통에 인연인데, 무슨 과목을 전공했습니까?

손님 | 산업공학을 전공했습니다.

필자 | 손님은 22세부터 31세까지가 가장 좋은 운이라서 좋은 직장에 근무하고 있을 것으로 보이는데, 무슨 직장입니까?

손님 | 대기업에 근무하고 있습니다.

필자 | 이제부터 부부인연으로 넘어가겠습니다.

손님 | 저한테 처복이 있습니까?

필자 | 손님 사주에는 妻를 나타내는 글자가 火인데, 나타나 있지않았고, 태어난 年의 밑글자인 술토(戌土)속에 火가 들어있습니다. 그런데, 대부분 나타나있지 않는 성분의 육친과는 인연이 먼 경우가 대부분인데, 그렇다고 해서 부인이 없는 것은 아닙니다만, 배우자궁에도 사주를 나쁘게 작용하는 水가 앉아있으면서 더군다나, 내 자신이 기르고 있는 묘목(卯木)에 상처를 입히는 자묘형(子卯刑)작용을 하고 있어서 부부궁이 불안합니다. 따라서, 내 팔자가 이렇게 구성되어 있기 때문에 내하고 성격이 안맞는 처와 인연이 됩니다.

손님 | 그렇습니까? 지금 결혼하려고 하는 여자친구와는 잘 맞는데요?

필자 | 아직 모릅니다. 결혼해서 아기를 길러봐야 알 수 있습니다.

손님 | 그러면 돈 복은 있습니까?

필자 | 돈 복이 있는지 여부는 첫째로, 사주에 있는 돈 글자가 길신인가, 흉신인가를 보고 판단하게 되는데, 나타나 있지 않으므로 큰 부자는 아니겠고, 두 번 째는 흐르는 운이 어떤지를 보고 판단하게 되는데, 돈 벌

시기인 중년이후의 운이 좋아야 큰 돈을 만지게 되는데, 손님사주는 중년이후인 42세부터 운이 나빠지기 때문에 큰 돈을 만질 운이 아니고, 세 번째는 사주에 돈 창고를 나타내는 글자가 있는지를 보고 판단하게 되는데, 손님 사주에는 돈 창고를 나타내는 글자인 술토(戌土)가 태어난 年의 밑 글자에 나타나 있으면서 손상을 입지 않았으며, 성격도 알뜰하기 때문에 먹고 살 양식은 갖고 태어났지만 종합해서 판단하게 되면, 큰 부자사주는 아니고, 평범한 삶을 살 팔자입니다.

손님 | 저의 직장운은 어떻습니까?

필자 | 41세까지는 좋습니다만 그 이후는 운이 약해지기 때문에 사업을 하기 위해서 직장을 그만둔다거나 사기업으로 옮기지 말고 지금 근무하고 있는 회사에서 계속 근무하세요.

손님 | 왜 그렇습니까?

필자 | 사기업은 구조조정을 수시로 실행하기 때문에 운이 없는 사람들은 그런 때에 탈락하기가 쉽습니다. 그렇지만, 공무원이나 국영기업체 같은 데는 훨씬 더 안전하기 때문입니다.

손님 | 그럼, 여자친구 사주와 궁합을 봐주세요.

결혼상대 여자 사주										
69	59	49	39	29	**19**	9	時柱	日柱	月柱	年柱
庚	己	戊	丁	丙	乙	甲	乙	庚	癸	乙	여
寅	丑	子	亥	戌	酉	申	酉	戌	未	丑	자

天干: 甲(갑) 乙(을) 丙(병) 丁(정) 戊(무) 己(기) 庚(경) 辛(신) 壬(임) 癸(계)
地支: 子(자) 丑(축) 寅(인) 卯(묘) 辰(진) 巳(사) 午(오) 未(미) 申(신) 酉(유) 戌(술) 亥(해)

사주의 구조 및 핵심사항

임진년(壬辰年) 초봄에 결혼할 상대 남자가 가지고 온 28세 여자 사주다.

사주의 구조는, 소띠 해 늦여름에 자신을 나타내는 글자를 무쇠 金으로 해석하는 庚金으로 태어나, 자신을 도와주는 金도 있고, 土도 있어서 힘이 강하므로, 무쇠 金을 녹여주는 火가 용신이고, 木이 길신이며, 水가 病神이고, 金이 흉신이며, 축토(丑土)도 흉신이다.

사주 밑 글자에 축술미삼형살(丑戌未三刑殺)이 있는데, 이는 축토(丑土)와 술토(戌土)와 미토(未土)가 만나면 서로에게 상처를 주는데, 그 중에서 일지(日支) 배우자 궁에 있는 술토(戌土)도 삼형살(三刑殺)에 해당하기 때문에 부부궁이 불안하다.

필자 | 여자 친구의 사주는 카리스마가 있고, 의리도 있는데, 사주 밑 글자가 삼형실(三刑殺)을 일으켜서 손상을 입었기 때문에 심리상태가 때로는 불안할 때가 있을 것입니다.

손님 | 아직까지는 못 느끼고 있습니다.

01 개띠 생(戌年生)사주
자기운명에 맞는 짝을 골랐다.

필자 | 이 여자친구는 대운(10년씩 구분해서 보는 운)으로는 초년운이 金운이라서 약했으나, 고등학교 때의 운이 신사(辛巳), 임오(壬午), 계미년(癸未年)으로 이 사주에 가장 필요로한 火운이라서 좋은 대학에 진학했을 것으로 보입니다.

손님 | 예, 유명 여대를 졸업했습니다.

필자 | 여자친구는 사주에 보건분야와 인연인 현침살이 3개가 있고, 앞에서 설명한 축술미삼형살(丑戌未三刑殺)이 이런 글자를 갖고 있는 사람들은 더욱 의료계와 인연이 큰데, 무슨 직업을 가졌습니까?

손님 | 유명 여대 수학과를 나와서 의료관련 직장에 근무하고 있습니다.

필자 | 아까 본인 사주를 설명할 때 일지 배우자궁을 손상시키는 자묘형살(子卯刑殺)이 있어서 부부궁이 불안하다고 설명했는데, 이는 본인팔자에 부부궁이 불안하기 때문에 나를 만나는 상대 여자 사주에도 부부궁이 불안함을 갖고 있는 사람과 인연이 되기 마련이므로, 이런사주를 가진 여자와 인연이 됩니다. 부부궁합으로 보면 보통입니다만, 살아가면서 티격태격하는 경우가 많을 것입니다. 그런 때를 잘 넘겨야 합니다. 또한, 이 사주는 39세 이후의 운이 水운이므로 운의 흐름이 좋지않습니다.

壬辰女年 來情法
고객의 마음을 꿰뚫어 봐라

02 | 새로운 사업문제가 궁금해서 왔다.
(서초구에 사는 손님)

61	51	41	31	21	11	1	大	時柱	日柱	月柱	年柱	
甲	乙	丙	丁	戊	己	庚		己	庚	辛	戊	여
寅	卯	辰	巳	午	未	申	運	卯	寅	酉	戌	자

天干 : 甲(갑) 乙(을) 丙(병) 丁(정) 戊(무) 己(기) 庚(경) 辛(신) 壬(임) 癸(계)
地支 : 子(자) 丑(축) 寅(인) 卯(묘) 辰(진) 巳(사) 午(오) 未(미) 申(신) 酉(유) 戌(술) 亥(해)

사주의 구조 및 핵심사항

임진년(壬辰年) 중 봄에 온 50대 초반의 여자 사주다.

사주의 구조는, 말띠 해 늦봄에 자신을 나타내는 글자를 무쇠 金에 비유해서 해석하는 경금(庚金)으로 태어났는데, 자신을 도와주는 金과 土가 많아서 힘이 강하므로 술토(戌土)속에 들어있는 정화(丁火)가 용신이고, 木이 길신이며, 金이 病神이고, 土가 흉신이다.

사주 밑 글자의 일간 밑 배우자궁에 있는 인목(寅木)과 태어난 月의 밑에 있는 유금(酉金)이 만나 서로 미워하고 원망하는 인유원진살(寅酉怨嗔殺)을 구성하고 있어서 부부궁이 불안한데다가, 남편으로 해석하는 火가 나타나 있지 않아서 더욱 부부궁이 나쁘다.

필자 | 손님 관상은 부드러워 보이는데, 사주를 보니까 경금일간(庚金日干, 자신을 나타내는 글자)이라서 카리스마가 강하고, 유금(酉金)을 가지고 있어서 매우 정확

	한 것을 좋아하는 성격이시네요?
손님	예, 제가 굉장히 정확한 성격입니다.
필자	손님의 금년 운은 새로운 일을 시작해보려고도 하고, 문서를 잡을 운도 있는데, 무슨 일로 오셨습니까?
손님	큰 식당을 해볼까 하는데 운이 어떤가 싶어서 왔습니다.
필자	금년운은 시원찮기 때문에 매사 신중해야 합니다. 그러나, 내년부터는 운이 좋아지니까 희망을 가지세요. 손님은 남편을 나타내는 글자가 없고, 남편궁에 서로 미워하고 원망하는 원진살(怨嗔殺)을 가지고 있어서 부부궁이 나쁜데, 평생 두 남자와 인연이고, 40대에 남편과 헤어졌을 것으로 보이는데, 맞습니까?
손님	40대에 남편과 헤어졌습니다.
필자	손님은 남편과 헤어진 해운을 보면, 41 진(辰) 대운인 43살 경진년(庚辰年)이었을 것으로 보이는데, 맞습니까?
손님	제 나이 41살에 남편과 헤어지기로 결심을 했는데, 남편이 이혼을 안해줘서 2년을 끌다가 재판을 통해

서 45살인 2002년(壬午年)에 호적을 정리했습니다.

필자 | 손님 사주에는 태어난 년의 밑 글자인 술토(戌土)속에 남자를 나타내는 글자가 들어있고, 배우자궁인 태어난 날의 밑에도 남자 글자가 들어 있어서 두 명의 남자와 인연을 맺으라고 정해져 있기 때문에 또 다른 남자와 인연을 맺을 것입니다.

손님 | 남자가 하나면 됐지 두 명이 뭐가 필요하겠습니까?

필자 | 손님 팔자에 두 남자와 인연을 맺으라고 했기 때문에 어쩔 수 없습니다.
그런데, 운을 보니까 결혼 전에 남자가 사귀던 있었을 것이고, 남편과 헤어지고 난 후인, 06 병술년(丙戌年)이나 07 정해년(丁亥年)에도 남자를 나타내는 火 운이 왔기 때문에 남자가 있었을 것인데요?

손님 | 예, 그 때 남자와 사귀다가 얼마안가서 헤어졌습니다.

필자 | 손님은 2010(경인년, 庚寅年)에 원래 사주에서 남자글자인 火를 품고 있는 배우자궁에 있던 寅木이 나타났기 때문에 남자가 나타났을 것인데요?

손님 | 예, 2010년에 업무중에 남자를 만나서 깊은 관계는 아니고, 알고 지내는 사이인데, 그 남자가 저한테 도

움이 되겠습니까?

필자 | 그 남자는 돈 글자 속에 들어있는 남자라서 경제적인 도움이 될 것같습니다.
손님의 고등학교 때 운을 보니까 갑인(甲寅), 을묘(乙卯), 병진년(丙辰年) 고등학교 3학년 때가 운이 나빴기 때문에 대학을 못갔거나 가고 싶은 대학을 못갔을 것인데, 어땠습니까?

손님 | 그 때 가정 형편이 안좋아서 대학을 못갔습니다.

필자 | 손님은 결혼하기 전 후인 젊었을 때 운이 가장 좋았을 것으로 보이는데, 그 때 직장생활을 했습니까?

손님 | 예, 그 때 전자회사에 근무를 했었는데, 직장에서 인정을 받고 근무를 하다가 결혼을 했습니다.

필자 | 손님은 21 무오대운(戊午大運)에 남자를 나타내는 午火 운이 왔기 때문에 그 시기에 결혼을 했을 것인데, 몇 살에 결혼했습니까?

손님 | 제 나이 22살인 79년에 결혼했습니다.

필자 | 손님은 남편과 헤어진 후 직업을 가지고 있었어야 하는데, 무슨 일을 하십니까?

손님 | 남편과 헤어지고 보험 설계사를 하고 있습니다.

필자 | 손님은 04 갑신년(甲申年)부터 09 기축년(己丑年)까지 실적이 나빴겠고, 사주에 있는 유금(酉金)과 묘목(卯木)이 충돌(묘유충, 卯酉沖)을 하고 있는 상태에서 손재수가 따랐겠고, 2011 신묘년(辛卯年) 운에서 묘목(卯木)운이 와서 충돌(묘유충, 卯酉沖)했으므로 손재수가 있었을 것인데요?

손님 | 제가 작년(신묘년, 辛卯年)에 돈 손해를 많이 봤습니다.
올해 운은 어떻습니까?

필자 | 올해(임진년, 壬辰年)운은 水운이므로 약하기 때문에 매사 신중해야합니다.

壬辰女年 來情法
고객의 마음을 꿰뚫어 봐라

03 | 연로하신 노인이 골치아픈 일이 있어서 왔단다.
(서초구에 사는 손님)

67	57	47	37	27	17	7		時柱	日柱	月柱	年柱
庚	辛	壬	癸	甲	乙	丙	大	乙	丁	丁	坤
申	酉	戌	亥	子	丑	寅	運	巳	酉	卯	戌 命

天干 : 甲(갑) 乙(을) 丙(병) 丁(정) 戊(무) 己(기) 庚(경) 辛(신) 壬(임) 癸(계)
地支 : 子(자) 丑(축) 寅(인) 卯(묘) 辰(진) 巳(사) 午(오) 未(미) 申(신) 酉(유) 戌(술) 亥(해)

사주의 구조 및 핵심사항

임진년(壬辰年) 중춘에 온 80을 앞둔 할머니 사주다.

사주의 구조는, 개띠 해의 중 봄에 자신을 나타내는 글자를 인공火에 비유해서 해석하는 정화(丁火)로 태어났는데, 木이 많아서 자신의 힘이 강한 것처럼 보이지만, 자연의 이치대로 해석을 하면, 많은 나무(木) 때문에 별이 나무 밑둥치까지 빛춰주지 않은 것과 같아서 오히려 火가 약한 것과 같기 때문에 더 많은 火가 와야 하므로, 火가 용신이고, 木이 병신(病神)이며, 土가 길신이고, 金이 약신(藥神)이다.

사주 밑 글자에서 일지 배우자궁에 있는 유금(酉金)과 태어난 月의 밑글자인 묘목(卯木)이 충돌(묘유충, 卯酉沖)을 하고 있어서 부부궁이 나쁘다.

필자 | 할머니 연세가 80정도 되셨습니까?

| 손님 | 제가 80이 넘게 보입니까?

| 필자 | 그 정도는 되어 보이는데, 무척 고우십니다.

| 손님 | 아직 80은 못됐고요, 곱다는 말씀은 과찬의 말씀입니다.

| 필자 | 아닙니다.
정말 고우십니다.
그건 그렇고, 사주를 보려고 오셨습니까?

| 손님 | 네. 제 사주를 봐주세요.

| 필자 | 손님은 사주 금년에 관청문제나 골치아픈 일이 생기게 되는데, 그일로 오셨습니까?

| 손님 | 네. 제가 조그만 건물을 두 개 갖고 있는데, 세입자가 골치아프게 해서 왔습니다.

| 필자 | 그러면, 손님이 건물 관리를 직접하세요?

| 손님 | 그럼요.
제가 직접하고 있습니다만, 이제는 나이가 들어서 그것도 힘이 들어서 못하겠습니다.

| 필자 | 제가 보기에는 무리인 것 같습니다.

관리해줄 자제분들이 없습니까?

손님 | 자식들은 모두 자기 일이 바쁘니까 제가 그동안 관리를 해왔습니다.

필자 | 손님 사주에는 부부궁이 나빠서, 남편과 같이 못살 것 같은데, 어떻습니까?

손님 | 각자가 따로 따로 살고 있습니다.

필자 | 이혼한 것은 아니고요?

손님 | 이혼은 안하고 따로 살고 있습니다.

필자 | 손님은 40대 후반부터 잘 살아오셨고, 자식도 성공시켰겠네요?

손님 | 맞습니다.
40대 중반부터인가 사업을 시작했는데, 잘 돼서 돈을 벌었고, 딸 두명과 아들 한명을 두었는데, 모두 잘살고 있습니다.
큰 딸은 남편이 대학 학장이고, 둘째 딸은 남편이 의사라서 둘 다 사모님소리 듣고 살고요, 아들은 의사로 있습니다.

필자 | 행복하십니다.

손님 ｜ 건물관리가 힘들어서 팔려고 하는데, 언제 팔았으면 좋겠습니까?

필자 ｜ 내년(계사년)부터 좋은 운이 오니까, 내년 이후에 파세요?
지금은 부동산 경기가 나빠서 팔아도 제값을 받을 수도 없고, 손님 운도 내년부터 더 좋아집니다.

손님 ｜ 감사합니다.

壬辰女年 來情法
고객의 마음을 꿰뚫어 봐라

04 | 중년이후에 운이 들어와야 부자가 된다.
(서초구에 사는 손님)

남편 사주											
66	56	46	36	26	16	6	時柱	日柱	月柱	年柱	
庚	己	戊	丁	丙	乙	甲	大	壬	壬	庚	丙	남
寅	丑	子	亥	戌	酉	申	運	寅	戌	寅	戌	자

天干 : 甲(갑) 乙(을) 丙(병) 丁(정) 戊(무) 己(기) 庚(경) 辛(신) 壬(임) 癸(계)
地支 : 子(자) 丑(축) 寅(인) 卯(묘) 辰(진) 巳(사) 午(오) 未(미) 申(신) 酉(유) 戌(술) 亥(해)

사주의 구조 및 핵심사항

임진년(壬辰年) 늦봄에 부인이 갖고 온 60대 말의 남자 사주다.

사주의 구조는, 개띠 해의 초 봄에 자신을 나타내는 글자를 강물에 비유해서 해석하는 임수(壬水)로 태어나, 태어난 月의 윗 글자에 자신을 도와줄 것 같은 경금(庚金)이 있으며, 태어난 시간의 윗 글자에는 같은 임수(壬水)가 있지만, 모두 뿌리가 없어서 水로서의 주체성을 확보할 수 없는데, 사주의 밑 글자에 인목(寅木) 두 개가 두 개의 술토(戌土)와 만나서 불덩어리를 만드는 인술화국(寅戌火局)을 짓고 있으면서 태어난 年의 윗 글자에 병화(丙火)까지 나타나 있어서 火의 세력이 강하므로, 어쩔 수 없이 火로 변한 사주다. 이렇게, 水가 火로 변한 사주를 전문용어로 종재격(從財格)사주라고 하는데, 이런 사주를 가지고 태어난 남자는, 부모 덕과 돈 복과 처 복이 있는 경우가 많다.

사주가 종재격(從財格)이 되었으므로, 주체(主體, 변화된 火를 의미)가

火라서 火가 용신이고, 木이 길신이며, 水가 병신(病神)이고, 金이 흉신이며, 술토(戌土)가 길신이다.
이렇게, 종재격이 되면, 원래의 일간(日干, 자신)인 임수(壬水)가 병신(病神)인데, 주체(主體)인 火의 입장에서 보면, 임수(壬水)가 의미하는 인자가 직업이고, 직장이며, 자식에 해당하므로 이런 요소들과 인연이 박한 경우가 많다.

필자 | 남편 사주는 금년(壬辰年)에 운이 나쁘시네요? 크게 고민거리가 생기거나, 돈이 없어질 수 있는데, 그 일로 오셨습니까?

손님 | 남편사업이 금년에 하도 어렵다고 해서 걱정이 돼서 상담을 받으려고 왔습니다.

필자 | 남편은 돈복과 처복이 있는 좋은 사주로 태어나셨습니다만, 운이 이른 나이인 20대 후반부터 들어와서 50대 중반까지 이어지다가 50대 중반이후부터 약해졌습니다.

손님 | 예, 젊어서는 잘나갔었는데, 나이를 먹고나서부터는 어려워졌습니다.

필자 | 남편운이 어려워지기 시작한 때가 58세인 2004년부터 아닙니까?

손님 | 맞습니다. 그 때부터 사업이 어려워졌습니다.

필자 | 남편사주가 종재격(從財格)인데, 이런 사주로 태어나면, 두뇌가 좋고, 돈과 인연이지만, 한 가지 특징은 같은 돈이라도 병화(丙火)가 돈인 사람들은 병화(丙火)가 나타내는 특성대로, 체면과 명분을 중시하기 때문에 검은 돈은 추구하지 않습니다.

손님 | 맞아요. 우리남편은 머리가 컴퓨터인데요, 이 나이에도 컴퓨터를 능수능란하게 다루고, 서울대 공대 건축과를 나온 사람입니다.

필자 | 이런 사주들은 사업이나, 금융계통에 인연인데, 초년에는 무슨 직업을 가졌습니까?

손님 | 제가 남편과 결혼할 무렵에는 남편이 은행에 근무하다가, 79년도에 은행에서 퇴직한 후에 건축기술사 자격증을 따고나서 건축업을 해서 한 때 많은 돈을 벌었습니다만, 지금 큰 돈은 없습니다.

필자 | 큰 돈을 버는 사람들은 운이 들어오는 시기가 굉장히 중요합니다. 왜냐하면, 너무 젊은 나이에 운이 들어와서 돈을 벌었다 하더라도 중년이후에 운이 나빠지면, 결국 벌어놓았던 돈이 없어집니다. 그래서, 그 시기가 40대 이후부터 60대 후반까지 운이 들어와야 큰 돈이 됩니다.
그런데, 남편은 20대 후반부터 운이 들기 시작해서 50대중반까지가 좋고, 그 이후에 나빠졌기 때문에 돈의 크기가 작을 수 밖에 없습니다.

손님 | 그러면, 우리 남편운은 어떻습니까?

필자 | 금년까지는 어렵고요, 내년(癸巳年)부터 3년간이 火운이 오기 때문에 좋아지다가, 그 이후부터는 다시 나빠집니다. 그러면, 연세 가 70살이 되는데, 보통 사람의 경우, 70살이 넘어서 돈을 버는 경우가 흔치 않습니다.

손님 | 그렇겠지요. 이제 제 사주좀 봐주세요.

본인 사주

인시(寅時, 03:30~05:30)로 본 사주

65	55	45	35	25	15	5		時柱	日柱	月柱	年柱
戊	己	庚	辛	壬	癸	甲	大	壬	壬	乙	戊	여
午	未	申	酉	戌	亥	子	運	寅	子	丑	子	자

天干 : 甲(갑) 乙(을) 丙(병) 丁(정) 戊(무) 己(기) 庚(경) 辛(신) 壬(임) 癸(계)
地支 : 子(자) 丑(축) 寅(인) 卯(묘) 辰(진) 巳(사) 午(오) 未(미) 申(신) 酉(유) 戌(술) 亥(해)

사주의 구조 및 핵심사항

임진년(壬辰年) 늦봄에 온 56대 중반의 여자 사주다.

사주의 구조는, 쥐띠 해의 늦 겨울에 자신을 나타내는 글자를 강물에 비유해서 해석하는 임수(壬水)로 태어나 자신의 힘이 강한데, 겨울 물은 자신의 힘이 강하면 강할수록 차기 때문에 많은 火가 필요하고, 木이 길신이며, 水가 병신(病神)이고, 무토(戊土)는 약신(藥神)이나, 축토(丑土)는 흉신이다.

土가 남편을 나타내는 관성(官星)인데, 태어난 年의 윗 글자인 무토(戊土)는 을목(乙木)의 공격을 받으므로 힘이 없어서 남편이 될 인연이 아니고, 태어난 月의 밑 글자에 있는 축토(丑土)가 남편인데, 이 축토(丑土)는 태어난 年의 밑 글자인 자수(子水)와 합(자축합, 子丑合)을 하고 있으면서 자신의 뿌리인 일지(日支, 자기 밑 글자)와도 합(자축합,子丑合)을 하고 있는데, 이런 형상은 남편(축토, 丑土)이 다른 여자와도 합(자축합, 子丑合)을 했고, 본인도 합(자축합, 子丑合)을 했기 때문에 두 여자와 인연을 맺은 남편이 내 남편이 되는데, 이 명주(命主, 사주의 주인)은 그 사실을 전혀 모르고 있었기 때문에 확인할 방법은 없었다.

필자 | 손님의 태어난 시간을 정확히 아십니까?

손님 | 어머니가 살아계실 때 축시(丑時, 01:30 ~ 03:30)라고 해서 그렇게 알고 있습니다.

필자 | 그렇습니까? 만약에 축시(丑時)가 되면, 복이 없는 사주인데요?

손님 | 글쎄요. 저는 그렇게만 알고 있습니다.

필자 | 제가 보기에는 축시(丑時)가 아닌 것 같습니다. 만약, 축시라면, 이런 복 있는 남편을 만나기가 어렵습니다.

본인 사주

축시(丑時, 01:30~03:30)로 본 사주.

65	55	45	35	25	15	5		時柱	日柱	月柱	年柱
戊	己	庚	辛	壬	癸	甲	大	辛	壬	乙	戊	여
午	未	申	酉	戌	亥	子	運	丑	子	丑	子	자

필자 | 축시(丑時)로 보면, 사주가 너무 나쁘기 때문에 복을 누리고 살 수가 없습니다. 또한, 이 시간이 되면, 본인 자신이 이 남자, 저 남자와 두 번에 걸쳐서 인연을 맺을 수가 있는데, 어떻습니까?

손님 | 저는 우리 남편 하나밖에 모르고 살았습니다. 그런데, 결혼할 때도 축시(丑時)로 알고 있었는데, 결혼하고 얼마지나지 않아서 시 어머니께서 어디 가셔서 사주를 보고 오시더니, 남편한테 " 니 처가 이 남자 저 남자를 만날 사주란다"라고 하시는 말씀을 듣고, 남편이 자기 어머니한테 크게 화를 냈었다는 말을 들었는데, 혹시, 출생시간 때문에 그랬을까요?

필자 | 아마도 그랬을 것입니다. 그런데, 손님의 인정 많은 성격이나, 긍정적인 사고방식 등의 성격과 살아온 과정으로 볼 때 축시(丑時)가 아니고 인시(寅時)가 분명합니다. 인시(寅時)가 되어야 돈이 있지, 축시(丑時)라면 겨울에 꽁꽁 얼어있는 사주라서 돈이 없는 가

난뱅이 사주입니다.

손님 | 아, 선생님 말씀을 듣고 보니까 인시(寅時)가 맞는 것 같습니다.

필자 | 손님은 고등학교 때의 운이 좋아서 공부를 잘 했겠는데요? 그리고, 직업을 가졌습니까?

손님 | 예, 그 당시 공부를 잘 해서 서울여대를 다녔고, 졸업 후에 은행에 근무하다가 남편을 만나서 결혼을 했는데, 그 당시는 여자가 결혼을 은행에 근무할 수 없었기 때문에 그만두고 살림만 했습니다.

필자 | 손님 사주는 50대 초반까지 水운에서 金운으로 흘렀기 때문에 어려웠습니다만, 50대 중반이후부터는 운이 활짝피셨네요.

손님 | 예, 맞습니다. 50대를 넘어서부터 편하게 살아왔습니다.

壬辰女年 來情法
고객의 마음을 꿰뚫어 봐라

05 궁합은 내 사주 속에 들어있다.
(강동구에서 온 손님)

65	55	45	35	**25**	15	5		時柱	日柱	月柱	年柱	
丙	丁	戊	己	**庚**	辛	壬	大	戊	壬	癸	壬	여
申	酉	戌	亥	子	丑	寅	運	申	寅	卯	戌	자

天干 : 甲(갑) 乙(을) 丙(병) 丁(정) 戊(무) 己(기) 庚(경) 辛(신) 壬(임) 癸(계)
地支 : 子(자) 丑(축) 寅(인) 卯(묘) 辰(진) 巳(사) 午(오) 未(미) 申(신) 酉(유) 戌(술) 亥(해)

사주의 구조 및 핵심사항

임진년(壬辰年) 늦봄에 친구와 같이 궁합을 보려고 온 30대 초반의 여자 사주다.

사주의 구조는, 개띠 해의 중 봄에 자신을 나타내는 글자를 강물에 비유해서 해석하는 임수(壬水)로 태어나 자신의 힘이 약하지만 중 봄이라서 날씨가 아직은 춥기 때문에 따뜻하게 해주는 火가 용신이고, 木이 길신이며, 水가 병신(病神)이고, 金이 흉신이며, 土가 약신(藥神)이다.

일지(日支) 배우자궁에 있는 인목(寅木)과 태어난 시간의 밑 글자인 신금(申金)이 충돌(인신충, 寅申沖)하여 부부궁이 깨져있고, 성(性)을 나타내는 글자인 묘목(卯木)이 진도화(眞桃花, 같은 도화살중에서도 도화살의 작용이 강하다는 의미임)인데, 이렇게 성(性)을 나타내는 글자가 진도화인 사람들은 성생활을 즐기는 경향이 있다.

필자 | 손님은 궁합을 보려고 오셨나요?

손님 | 예, 궁합을 봐주세요?

필자 | 손님은 중 봄의 강물(水)로 태어나, 생명체이면서 자식을 나타내는 나무(木)를 기르는 구조인데, 임수(壬水) 자신의 힘이 약하지만, 태어난 계절이 중 봄이라서 아직은 날씨가 차기 때문에 결국 찬물이라서 나무(木)를 기르려면 따듯하게 해주는 火가 많아야 좋은데, 사주에 火가 많지 않고, 또, 운에서도 찬성분인 水운이 왔으므로 초년운이 좋지 않은데, 고등학교 때의 운이 무인(戊寅), 기묘(己卯), 경진(庚辰)년 운이 좋지 않아서 본인이 가고 싶은 대학을 가지 못했겠네요?

손님 | 예, 고등학교 때 공부를 안해서 전문학교를 나왔습니다.

필자 | 대학을 졸업하고 난 후, 2004년(甲申年)부터 2009년(己丑年)까지의 운이 나빠서 큰 발전이 없었겠는데, 그 때 무슨 일을 했었나요?

손님 | 특별히 하는 일이 없었습니다.

필자 | 2010년(庚寅年) 운이 새로운 도약하는 운이었는데, 그때 취업을 안했나요?

| 손님 | 그해에 일반회사에 취업을 했었습니다. |

| 필자 | 금년(壬辰年) 운에서 위에 있는 임수(壬水)가 안좋은 글자이고, 밑에 있는 진토(辰土)도 안좋은 글자이면서 이 사주에서 직장을 나타내는 무토(戊土)의 뿌리인 술토(戌土)를 충돌(진술충, 辰戌沖)하여 깨뜨려서 직업이 깨졌는데, 지금도 직장에 다니는가요? |

| 손님 | 금년 3월부터 쉬고 있습니다. |

| 필자 | 손님은 작년에 도화살(桃花殺)이 작용해서 연애하고 싶었을 것인데, 지금 궁합을 보려고 한 남자를 작년에 만나지 않았어요? |

| 손님 | 예, 작년(辛卯年) 12월 달에 만난 남자인데, 궁합을 보려고요? 우리 엄마가 다른데서 궁합을 보고 오시더니 남자 사주가 도화살이 많고, 결혼을 세 번 할 팔자라고 해서 제가 다시 한 번 보려고 온것입니다. |

| 필자 | 본인사주에 대해서는 무어라고 하던가요? |

| 손님 | 제 사주에 대해서는 말씀이 없었습니다. |

| 필자 | 어머니께서 말씀을 안하신 것은 사주를 봐주신 역술인이 지식이 짧아서 손님의 사주에 대해서 정확하게 파악을 못했을 수도 있을 것이고, 다른 이유는 정확

한 정보를 말해주지 않을 수도 있기 때문에 어떤 이유인지를 알 수가 없습니다. 다만, 분명한 것은 본인 사주에 남자를 공격하는 목이 많고, 더 중요한 것은 배우자궁이 깨져있어서 원만한 결혼생활을 하기가 매우 어렵기 때문에 결혼을 한 후에는 본인이 많은 인내를 해야 합니다.

손님 | 어머니는 그런 말씀을 안하시데요? 남자사주는 어떤데요?

필자 | 남자 사주는 조금 후에 보기로 하고 본인 것부터 더 보고 가지요? 손님은 사주에 사신의 성격을 나타내는 木이 많아서 자신의 할말을 하고 사는 사람이네요?

손님 | 예, 제가 그렇습니다.

필자 | 여자 사주에 성을 나타내는 글자가 진도화살(眞桃花殺)인 사람들은 성생활을 즐기는데, 손님도 그렇습니까?

손님 | (이 때 같이 온 친구의 얼굴을 힐끔 쳐다보더니, 하 하 하 하고 한참을 웃고 나서는) 예, 성생활을 좋아합니다. 안좋아 하는 사람도 있습니까?

필자 | 이런 구조를 가진 사람들은 남편과 싸웠다가도 잠자

리를 하고나면 풀리게 되고, 또, 애교를 잘 부리기 때문에 남자들이 좋아하는 형입니다.

손님 | (같이 온 친구와 함께 깔깔깔 웃으면서) 다른 사람들도 성관계를 하고나면 즐겁지 않을까요?

필자 | 그야, 사람마다 다를 수 있지요?

손님 | 제 사주는 어떻습니까?

필자 | 대체로 운이 너무 약하고요, 부부궁도 깨져있어서 많은 인내를 하면서 살아야 하고, 또, 사주에 남자가 두 명 이상이라서 재혼을 하던지, 아니면, 애인을 두고 살 팔자입니다.

손님 | 이제부터 남자 사주를 봐주세요?

상대 남자 사주

67	57	47	37	27	17	7		時柱	日柱	月柱	年柱	
庚	辛	壬	癸	甲	乙	丙	大	丙	己	丁	乙	男
辰	巳	午	未	申	酉	戌	運	寅	卯	亥	卯	子

사주의 구조 및 핵심사항

임진년(壬辰年) 늦봄에 상대 여자가 가지고 온 30대 후반의 남자 사주다.

사주의 구조는, 토끼띠 해의 초 겨울에 자신을 나타내는 글자를 야산의 土에 비유해서 해석하는 기토(己土)로 태어나 자신의 힘이 약하고 초겨울생이라서 춥기 때문에 火가 용신이고, 土가 길신이며, 木이 병신(病神)이水가 흉신이다.

사주 밑 글자에는 자식을 나타내는 음목(陰木)인 묘목(卯木)이 두 개가 있고, 양목(陽木)인 인목(寅木)도 있으며, 묘목(卯木)과 묘목(卯木) 사이에 있는 해수(亥水)가 양쪽으로 합(해미합, 亥未合)을 해서 가상의 木을 만들고, 또, 해수(亥水)가 인목(寅木)과 합(인해합, 寅亥合)을 해서 또 다른 가상의 木을 만들고 있어서 木이 너무 많은데, 이 사주에서 木을 육친으로 해석하면 자식이 되는데, 이런 현상을 전문용어로 다자무자(多者無者)라고 하는데, 이 말의 뜻은 많은 것은 없는 것이나 마찬가지라는 말이므로 자식이 없거나, 또는, 여러 자식이 있을 수 있음을 의미한다.

필자 | 이 사주는 초겨울에 태어난 土인데, 木이 너무 많고, 춥기 때문에 火가 필요한 사주로, 여기서, 火는 엄마를 나타내는 글자라서 엄마와 같은 포근한 성품을 갖고 있는 사람이지만, 기토(己土)가 많은 木으로부터 공격을 받고 있는 형상이라서 성격이 예민합니다.

손님 | 예, 성격이 예민하고, 욱하는 성질이 있습니다.

필자 | 이렇게 공격하는 인자를 많이 갖고 있는 사주들은 예민해서 두뇌가 굉장히 좋아서 아이큐가 140정도는 될 것 같은데, 이 남자도 어떻습니까?

손님 | 제가 남자한테 듣기로는 아이큐가 150이 넘는다고 들었습니다.

필자 | 이 남자는 아이큐는 높고, 고등학교 때의 운이 이 사주의 병(病)인 木을 쳐주는 약신(藥神)역할을 하는 金 운이 왔기 때문에 좋은 대학을 나왔을 것인데, 어느 대학을 나왔습니까?

손님 | 예, S 대학에서 교육학을 전공했습니다. 이 남자 운은 어떻습니까?

필자 | 초년운은 별로 좋지 않았습니다만, 내년(癸巳年)부터 자신의 능력을 최대한 발휘할 수 있는 좋은 운이 왔으니까 잘 사실 것입니다.

손님 | 두 사람의 궁합은 어떻습니까?

필자 | 단순하게 궁합만 본다면, 보통궁합입니다만, 두 사람의 운을 비교한다면, 남자의 운이 본인 운 보다 훨씬 좋기 때문에 본인 입장에서 보면, 결혼을 하는 것이 좋습니다만, 결혼을 한다해도 본인이 많은 인내를 해야 합니다.

壬辰女年 來情法
고객의 마음을 꿰뚫어 봐라

성씨를 바꾸고 싶다는 여인.
(마포구에 사는 손님)

66	56	46	36	26	16	6	大
壬	癸	甲	乙	丙	丁	戊	運
午	未	申	酉	戌	亥	子	

時柱	日柱	月柱	年柱	여
乙	己	己	○	자
亥	酉	丑	戌	

天干: 甲(갑) 乙(을) 丙(병) 丁(정) 戊(무) 己(기) 庚(경) 辛(신) 壬(임) 癸(계)
地支: 子(자) 丑(축) 寅(인) 卯(묘) 辰(진) 巳(사) 午(오) 未(미) 申(신) 酉(유) 戌(술) 亥(해)

사주의 구조 및 핵심사항

임진년(壬辰年) 초여름에 온 40대 초반의 여자 사주다.

사주의 구조는, 개띠 해의 늦 겨울에 자신을 나타내는 글자를 야산의 土에 비유해서 해석하는 기토(己土)로 태어나 자신의 힘이 약하므로 土가 용신이고, 火가 길신이며, 木이 병신(病神)이고, 水가 흉신이며, 사주 윗 글자에 오는 金은 약신(藥神)이지만, 사주 밑 글자에 오는 金은 흉신이다.

사주 밑 글자에는 술토(戌土)와 축토(丑土)가 만나 서로에게 상처를 주는 축술형(丑戌刑)이 되어 이 사주에서 가장 유용한 성분인 술토(戌土)속에 들어있는 어머니를 나타내는 정화(丁火)불이 깨졌다.

자료를 제공해 주신분의 정보보호를 위해서 태어난 年의 윗 글자를 ○으로 처리하였다.

필자 | 손님 사주는 추운 늦겨울에 태어난 土인데, 土는 원래, 따뜻하게 해주는 火가 사주에 충분할 경우는 설령, 겨울생이라고 해도 나무(木)를 기를 수 있지만, 손님 사주처럼 火가 없어서 춥기 때문에 나무를 기를 수 없는데도 불구하고 나무가 나타나 있으면, 나무 때문에 불편하게 되는데, 이 사주에서 나무는 남편에 해당하므로 남편 덕이 없는 사주입니다.

손님 | 그래서 그럴까요?
저는 첫 남편과 헤어지고, 재혼을 했고요, 지금은 주말부부처럼 삽니다.

필자 | 그렇습니까? 이런 사주구조에서는 주말부부처럼 생활하는 것이 오히려 부부관계를 유지하는데 도움이 될 수 있습니다. 손님 사주는 운에서 木운이 오면 나쁜데, 언제 헤어졌습니까?

손님 | 29세(98, 戊寅年) 되던 해에 헤어졌고, 2003년(癸未年)에 재혼했습니다.

필자 | 손님 시주에는 자식이 金인데, 金이 너무 많아서 흉신이기 때문에 사식이 덕이 없는네요?

손님 | 자식을 낳지 않았습니다.

필자 | 손님 운에서 금년(壬辰年)에 오는 임수(壬水)는 돈 문

제이고, 진토(辰土)는 형제문제인데, 무슨 문제로 오셨나요?

손님 | 사실은 저의 이름을 바꾸려고 왔습니다. 성씨까지도 바꾸려고 하는데, 가능하겠습니까?

필자 | 이름 바꾸는 것은 일반적으로 바꿀 수도 있지만, 성씨를 바꾸는일은 거의 없는 일인데, 무슨 사연이라도 있습니까?

손님 | 최근에 저를 키워주신 양부모님한테 들은 얘기입니다만, 제가 어렸을 때 여자형제가 많아서 아들 많은 집과 서로 바꿔서 길러졌다고 합니다. 그래서, 이번 기회에 성씨도 다른 성씨로 바꾸려합니다.

필자 | 성씨 바꾸는 문제는 법무사나 변호사와 상의를 하시는게 좋을 것 같습니다. 간단한 문제가 아닐텐데요?

손님 | 법무사와 상의를 해 두었습니다. 그런데, 선생님, 저의 사주에 그런 내용이 나옵니까?

필자 | 아들과 딸 문제로 부모가 서로 자식을 바꿔서 길렀다는 말은 저로서도 처음 듣는 말이고, 사주에서도 저는 알 수 없습니다. 다만, 조상궁에 있는 술토(戌土)와 부모궁에 있는 축토(丑土)가 만나면 서로에게 상처를 입히게 되는데, 술토(戌土)속에는 어머니를

나타내는 글자인 정화(丁火)가 깨지고, 축토(丑土)속에는 아버지를 나타내는 계수(癸水)가 깨졌으며, 그리고, 사주에 없는 글자에 해당하는 육친과는 인연이 먼 경우가 많은데, 손님 사주에는 엄마를 나타내는 글자인 火가 없기 때문에 어머니와 인연이 없다고 할 수 있지만, 이와 같은 요인으로 인해서 부모가 바뀌었다는 것은 전혀 경험해 보지 못한 문제입니다. 손님은 교육과 인연인데, 무슨 직업을 가지셨나요?

손님 | 학원 강사입니다.

							時柱	日柱	月柱	年柱
62	52	42	**32**	22	12	2				
庚	辛	壬	**癸**	甲	乙	丙	辛	乙	丁	○	남
午	未	申	**酉**	戌	亥	子	巳	酉	丑	未	자

남편 사주

大運

사주의 구조 및 핵심사항

임진년(壬辰年) 초여름에 위 부인이 가지고 온 30대 초반의 남자 사주다.

사주의 구조는, 양띠 해의 늦 겨울에 자신을 나타내는 글자를 꽃나무에 비유해서 해석하는 을목(乙木)으로 태어나 자신의 힘이 매우 약하지만, 춥기 때문에 火가 용신이고, 木이 길신이며, 금이 병신(病神)이고, 축토(丑土)가 흉신이다.

사주 밑 글자에는 축토(丑土)와 미토(未土)가 만나면 서로에게 상처를주는 축미충(丑未沖)이 있고, 사화(巳火)와 축토(丑土)와 유금(酉金)이 만나면 쇠덩어리를 이루는 사유축금국(巳酉丑金局)이 있다.

필자 | 남편은 겨울 꽃나무로 태어나 연약하지만. 따뜻한 기운을 갖고 있어서 인정있고 착하시네요.

손님 | 예, 저희 남편은 착합니다.

필자 | 남편은 자신을 나타내는 글자가 꽃나무인데, 꽃나무를 공격하는 金이 많고, 면도칼과 같이 날카로운 신금(辛金)이 바로 옆에서 공격하므로 성격이 예민하지만, 두뇌는 좋겠네요?

손님 | 맞아요. 예민하지만, 머리는 좋습니다.

필자 | 남편의 나이가 손님의 나이보다 많이 적네요?

손님 | 나이차이가 많이 납니다.

필자 | 언제 재혼하셨나요?

손님 | 2003년에 재혼했습니다.

필자 | 남편은 부인을 나타내는 글자가 깨져있는데, 손님과 결혼하기 전에 혹시, 헤어진 여자가 있었답니까?

손님 | 무척 좋아하던 여자가 있었지만, 헤어졌다고 들었습니다.

필자 | 손님 부부는 서로의 사주에서 부부궁이 좋지못하고, 남편과 나이 차도 많이 나는데, 부부사이에 불만 같은 것은 없습니까?

손님 | 서로 큰 불만은 없고요, 남편의 직장 때문에 며칠 만에 한 번씩 만납니다.

필자 | 그렇습니까? 부부가 떨어져 사는 것도 모두 다 내 운명이고, 남편의 운명이기 때문에 어쩌면 다행인지도 모릅니다. 손님 부부는 오히려 365일 같이 붙어 있으면 갈등이 더 커집니다.

손님 | 그럴까요?

필자 | 그런데, 작년(辛卯年)에 부부관계가 아주 나빴을 것인데, 어떻했습니까?

손님 | 작년에 크게 싸웠습니다.

필자 | 남편 사주에 자식을 나타내는 글자가 金인데, 금국(金局, 금이 많다는 의미임)이 있는데, 이 금국(金局)은 전문용어로 다자무자(多者無者)라고 해서 너무 많은 것은 없는 것과 같은 것으로 보기 때문에 지금의 남

편과의 사이에서도 자식이 없을 수 있는데, 자식을 낳을 계획이 있으신가요?

손님 | 자식을 낳을 계획이 없습니다.

필자 | 시댁에서나 친정쪽에서 아이를 낳으라고 권하지 않나요?

손님 | 그 문제는 우리부부가 알아서 할 계획입니다.

필자 | 남편은 말하는 직업이나 전기전자계통에 인연인데, 무슨 직업을 가지셨나요?

손님 | 전자회사에서 연구원으로 일하고 있습니다.

壬辰女年 來情法
고객의 마음을 꿰뚫어 봐라

07 | 아버지가 바람을 피워서 어머니가 여러 명이란다.
(강동구에 사는 손님)

62	52	42	32	22	12	2		時柱	日柱	月柱	年柱	
甲	乙	丙	丁	戊	己	庚	大	癸	癸	辛	戊	여
寅	卯	辰	巳	午	未	申	運	丑	巳	酉	戌	자

天干 : 甲(갑) 乙(을) 丙(병) 丁(정) 戊(무) 己(기) 庚(경) 辛(신) 壬(임) 癸(계)
地支 : 子(자) 丑(축) 寅(인) 卯(묘) 辰(진) 巳(사) 午(오) 未(미) 申(신) 酉(유) 戌(술) 亥(해)

사주의 구조 및 핵심사항

임진년(壬辰年) 한 여름에 온 50대 중반의 여자 사주다.

사주의 구조는, 개띠 해의 한 가을에 자신을 나타내는 글자를 빗물에 비유해서 해석하는 계수(癸水)로 태어나 자신의 힘이 세므로 戊土가 용신이고, 火가 길신이며, 水가 병신(病神)이고, 金이 흉신이며, 축토(丑土)는 흉신이나, 술토(戌土)는 길신이다.

사주 밑 글자에는 사화(巳火)와 유금(酉金)과 축토(丑土)가 만나면 쇳덩 어리를 이루는 사유축금국(巳酉丑金局)이 있는데, 이는 육친으로 해석을 하면, 金은 어머니이므로 모친이 여러 명이라는 의미를 담고 있다.

필자 | 금년이 壬辰年인데, 손님한테 壬辰年의 임수(壬水)는 내 돈을 빼앗아 가는 성분인 겁재(劫財)이고, 진토(辰

07 | 개띠 생(戊年生) 사주
아버지가 바람을 피워서 어머니가 여러 명이란다.

513

土)는 직업인데, 임수(壬水)와 진토(辰土)가 모두 다 사주에 나쁜 작용을 하고 있기 때문에 금년에 손재수가 생기게 되는데, 그 일로 오셨지요?

손님 | 예, 올해 운이 어떤가 싶어서 왔습니다.

필자 | 직장생활을 하거나 사업을 한다면, 금년에 재미가 없을 것입니다. 돈 관리를 잘하셔야 하는데, 현실은 어떻습니까?

손님 | 올해 다들 어렵다고 하는데, 저라고 특별하겠습니까?

필자 | 어려서는 운이 나빴고, 고등학교 때도 그리 좋은 편이 아니었는데, 대학 진학을 했습니까?

손님 | 고등학교 졸업후 바로 취업을 했습니다.

필자 | 손님은 일찍부터 운이 좋았기 때문에 잘살아 오다가 40대 중반이후 부터 운이 기울어서 큰 변화가 왔을 것인데요?

손님 | 예, 그 때 남편이 그 무렵에 실직을 하는 바람에 무척 어려워져서 그 때부터 제가 조그마한 사업을 시작해서 지금까지 해오고 있습니다. 그런데, 크게 안하고 조그맣게 하기 때문에 그냥 그냥 유지해 오고

있습니다.

필자 | 손님 사주에 사화(巳火)와 유금(酉金)과 축토(丑土)가 만나면 쇳덩어리를 이루는 사유축금국(巳酉丑金局)이 있는데, 이는 육친으로 해석을 하면, 金은 어머니이므로 모친이 여러 명이라는 의미를 담고있는데, 어머니의 배다른 형제가 계십니까, 아니면, 어머니가 여러분입니까?

손님 | 아버지가 하도 바람을 많이 피워서 어머니가 여러 명 계십니다.

壬辰女年 來情法
고객의 마음을 꿰뚫어 봐라

08 소송에 져서 거지가 되었단다.
(마포구에서 온 손님)

70	60	50	40	30	20	10		時柱	日柱	月柱	年柱	
壬	癸	甲	乙	丙	丁	戊	大	壬	丙	己	戊	여
子	丑	寅	卯	辰	巳	午	運	辰	辰	未	戌	자

天干 : 甲(갑) 乙(을) 丙(병) 丁(정) 戊(무) 己(기) 庚(경) 辛(신) 壬(임) 癸(계)
地支 : 子(자) 丑(축) 寅(인) 卯(묘) 辰(진) 巳(사) 午(오) 未(미) 申(신) 酉(유) 戌(술) 亥(해)

사주의 구조 및 핵심사항

임진년(壬辰年) 늦 여름에 온 50대 중반의 여자 사주다.

사주의 구조는, 개띠 해의 늦여름에 자신을 나타내는 글자를 태양 火에 비유해서 해석하는 병화(丙火)로 태어났으나 土가 지나치게 많아서 자신의 힘이 매우 약하므로 자신인 火가 용신이고, 木이 길신이며, 습한 土인 진토(辰土)가 병신(病神)이고, 임수(壬水)가 흉신이며, 미토(未土)와 술토(戌土)가 길신이다.

사주 밑 글자에 미토(未土)와 술토(戌土)가 서로에게 상처를 입히는 술미형(戌未刑)을 하고 있고, 진토(辰土)가 옆에 진토(辰土) 또 보면, 두개가 서로에게 상처를 입히는 진진자형(辰辰自刑)을 일으키고 있어서 만신창이 된 土다.

土는 이 사주에서 자식을 나타내는데, 土가 너무 많아서 없는 것과 같다는 의미로 다자무자(多者無者)라고 하는데, 이는 너무 많은 것은 없는것과 같다는 뜻이라서 자식이 없고, 남편을 타내는 글자가 임수(壬水)가 흉신이면서 물 창고인 진토(辰土)에 갇혀있으면서 진진자형(辰辰自刑)을 일으키고, 많은 土가 水를 공격하므로 남편을 보존할 수 없는데, 결혼을 하지 않았다고 한다.

필자 | 손님은 자식을 나타내는 土가 너무 많아서 없는 것과 같다는 의미로 다자무자라고 하는데, 이는 너무 많은 것은 없는 것과 같다는 뜻으로 자식이 없을 팔자인데, 자식이 있습니까?

손님 | 자식이 없습니다.

필자 | 손님 사주에는 남편을 나타내는 글자가 임수(壬水)인데, 壬水가 흉신이고, 남편궁도 상처를 입었기 때문에 결혼을 했더라도 결혼생활을 하지 못했을 것 같은데, 사실은 어땠어요?

손님 | 아직 결혼을 안했습니다.

필자 | 앞으로 결혼을 할 생각이십니까?

손님 | 안할 겁니다.

필자 | 손님은 흐르는 운이 좋아서 자신이 하고자 하는 일은 잘 됐을 것인데, 무슨 일을 하셨습니까?

손님 | 부동산 사업을 해왔었습니다.

필자 | 손님은 2007년(丁亥年) 하반기부터 水운이 등장하여 丙火 불을 껐기 때문에 관청에 불려갈 일인 관재수가 생겨서 고전을 해왔을 것이고, 올해(壬辰年)에는 강물이 넘쳐서 태양 불이 꺼졌기 때문에 올해도 마찬가지로 큰 관재수가 생겼을 것인데, 이 일로 오셨지요?

손님 | 아이고!, 선생님 맞습니다. 부동산 사업을 하다가 2007년부터 소송이 붙어서 지금까지 20여회 진행했지만, 일부분 이긴 것도 있지만, 대부분 패소해서 거지가 되었습니다. 그런데, 올해 중요한 것이 남아 있는데, 어떻게 되겠습니까?

필자 | 제 입에서 승소하겠다는 말씀을 해드려야 좋겠는데, 반대로 어렵다는 말씀을 해야 하기 때문에 안타깝습니다.

손님 | 지겠습니까?

필자 | 운으로 보면 지겠습니다. 그런데, 내년부터 火운이 와서 도와주니까 이삭이나 주을 생각을 하셔야 합니다.

손님 | 운이 그렇게 나쁩니까?

필자 | 그래도 내년부터 3년간은 희망이 있습니다만, 2016년
(丙申年)부터는 그 희망마져도 없어집니다. 각오를 단단
히 하셔야 합니다.

壬辰女年 來情法
고객의 마음을 꿰뚫어 봐라

09 일본교포로 자식문제를 상담하려고 왔습니다.
(분당에 사는 손님)

61	51	41	31	21	11	1		時柱	日柱	月柱	年柱
癸	甲	乙	丙	丁	戊	己	大	戊	庚	庚	戊	女
丑	寅	卯	辰	巳	午	未	運	寅	申	申	戌	子

天干: 甲(갑) 乙(을) 丙(병) 丁(정) 戊(무) 己(기) 庚(경) 辛(신) 壬(임) 癸(계)
地支: 子(자) 丑(축) 寅(인) 卯(묘) 辰(진) 巳(사) 午(오) 未(미) 申(신) 酉(유) 戌(술) 亥(해)

사주의 구조 및 핵심사항

임진년(壬辰年) 초 가을에 온 50대 중반의 여자 사주다.

사주의 구조는, 개띠 해의 초가을에 자신을 나타내는 글자를 무쇠 金에 비유해서 해석하는 경금(庚金)으로 태어났는데, 자신을 도와주는 土도 많고, 金도 많아서 지나치게 자신의 힘이 강하므로 무쇠인 경금(庚金)을 녹여주는 火가 용신이고, 木이 길신이며, 金이 병신(病神)이고, 土는 흉신이다.

사주 밑 글자에 신금(申金)과 인목(寅木)이 만나 충돌하는 인신충(寅申沖)을 하고 있는데, 이 충돌이 하필이면 부부궁에서 이루어지므로 부부궁이 나쁘다.

필자 | 손님은 어디에 사십니까?

손님 | 일본에서 살고 있습니다.

필자 | 교포이십니까?

손님 | 맞습니다.

필자 | 그러면, 어떻게 제 사무실을 오셨습니까?

손님 | 한국에 다니러 왔다는데, 친구들이 선생님이 하도 유명하다고 해서 오게 되었습니다.

필자 | 손님은 부부관계가 불안해서 별거하거나, 이혼하거나 그렇지 않으면 남남처럼 살텐데, 실상은 어떻습니까?

손님 | 젊어서는 몇 번이고 이혼을 하려고 했는데, 이제는 나이도 먹고 아이들 포기하고 삽니다.
또, 한가지 중요한 것은 남편이 신혼시절부터 성기능이 약해서 성관계를 거의 하지 못하고 살아왔습니다.

필자 | 그러면, 자식도 없다는 말인가요?

손님 | 그래도, 자식은 두 명을 낳았습니다.

필자 | 어떻게 자식을 낳았는지가 궁금합니다?

손님 | 신혼초부터 남편이 성관계를 제대로 하지 못해서 시

어머니께 말씀드렸더니 그 때마다 무슨 보약을 지어 주셨는데, 그걸 먹고 나면 그 때만 성생활을 해서 아이를 낳고 살다가 30대부터는 거의 성생활을 하지 못하고 살아왔습니다.

필자 | 손님 사주에는 남편을 나타내는 글자가 나타나있지 않고, 돈을 나타내는 인목(寅木)이라는 글자 속에 들어 있어서 내 놓을 수 없는 남편인데, 남편은 무슨 일을 하십니까?

손님 | 평생 놀고 먹는 사람이라서 제가 벌어서 먹고 살고 있습니다.

필자 | 손님은 어려서부터 운이 좋아서 60세까지 운이 좋은데, 사업을 하십니까 그렇지 않으면, 다른 일을 하십니까?

손님 | 교사로 일하고 있습니다.

필자 | 지금시대에는 모든 가족이 직업을 가져야 살 수 있고, 선진국일수록 더 심한데, 혼자서 벌고 있다면 어려움이 많으시겠습니다.

손님 | 예, 어렵게 살아가고 있습니다.

필자 | 손님은 금년에 자식문제가 가장 중요하게 보이는데,

무슨 일이 궁금하십니까?

손님 | 사실은 아들이 금년에 미국에서 고등학교 1학년인데, 공부를 잘 할 것인지가 궁금해서 왔습니다.

필자 | 그러면, 아들사주를 볼까요? 본인 사주에서 궁금한 점이 있습니까?

손님 | 사주는 그만봐주셔도 되고요, 아들사주를 봐주세요.

필자 | 그러면, 아들사주를 보도록 하시지요.

아들 사주								時柱	日柱	月柱	年柱
68	58	48	38	28	18	8					남
乙	甲	癸	壬	辛	庚	己	大	丙	癸	戊	丙
巳	辰	卯	寅	丑	子	亥	運	辰	未	戌	子	자

天干 : 甲(갑) 乙(을) 丙(병) 丁(정) 戊(무) 己(기) 庚(경) 辛(신) 壬(임) 癸(계)
地支 : 子(자) 丑(축) 寅(인) 卯(묘) 辰(진) 巳(사) 午(오) 未(미) 申(신) 酉(유) 戌(술) 亥(해)

사주의 구조 및 핵심사항

임진년(壬辰年) 초 가을에 엄마가 가지고 온 10대 후반의 남자 사주다.

사주의 구조는, 쥐띠 해의 가을에 자신을 나타내는 글자를 빗물에 비유해서 해석하는 계수(癸水)로 태어났는데, 지나치게 土와 火가 많아서 자신의 힘이 매우 약하므로 도와주는 水가 용신이고, 운에서 오는 金이 길신이며, 土가 병신(病神)이나, 진토(辰土)는 길신의 역할도 한다.

사주 윗 글자에서 자신인 계수(癸水)가 자신을 공격하는 인자이면서 병신(病神)에 해당하는 무토(戊土)와 합을 맺고 있어서 계수(癸水)가 자신의 역할을 하지 않고 있으며, 사주 밑 글자에 있는 술토(戌土)와 배우자궁에 있는 미토(未土)가 서로에게 상처를 주는 술미형(戌未刑)을 하고 있어서 나중에 부부관계도 불안해진다.

또한, 사주에 자신인 계수(癸水)를 공격하는 인자인 土가 지나치게 많아서 土克水하는데, 이런 사주를 가지면, 성격이 너무 예민해서 정신적인 정애가 올 수 있다.

필자 | 아들은 너무 예민해서 교우관계나 가족간의 문제에 있어서도 어려움이 많으시겠네요?

손님 | 예, 우리 아들이 굉장히 예민하고, 문제를 자주 일으켜서 걱정입니다.
공부는 하겠습니까?

필자 | 다행히도 10년간씩 구분해서 보는 운이 水운이라서 좋고, 금년운도 水운이라서 좋습니다만, 사주가 근본적으로 많이 기울어져 어렵습니다. 그래서, 이런 아이들은 공부를 잘하느냐 못하느냐가 문제가 아니고, 우선 정신적으로 안정이 되는 것이 더 중요합니다. 제가 말씀드리기가 좀 어렵긴 합니다만, 이 아이

가 공항장애 같은 것은 없습니까?

손님 | 그런 진단은 받지 않았습니다만, 정신과 치료는 받게했습니다.

필자 | 올해가 한국 기준으로 고등학교 1학년에 해당합니까?

손님 | 맞습니다.

필자 | 고등학교 2학년 때인 내년부터 火운이 오게 되는데, 그렇데 되면 운이 더 나빠져서 공부를 안하게 될 것입니다.

손님 | 그러면, 우리 아들을 어떻게 해줬으면 좋겠습니까?

필자 | 엄마 사주에 金이 많아서 궁합이 맞기 때문에 엄마 말은 들을 것 같으니까 살살 달래서 설득시키세요.

亥年生
돼지띠 생 사주

01 수백억원 대 소송중입니다.
02 아호를 지어주세요.
03 올해 사업 부도나겠습니다.
04 11살 아래 노총각을 사랑한 42살 노처녀.

壬辰女年 來情法
고객의 마음을 꿰뚫어 봐라

01 수백억원 대 소송중입니다.
(압구정동에 사는 손님)

남편 사주

70	60	50	40	30	20	10		時柱	日柱	月柱	年柱
癸	甲	乙	丙	丁	戊	己	大	庚	庚	庚	丁	乾
卯	辰	巳	午	未	申	酉	運	辰	寅	戌	亥	命

天干 : 甲(갑) 乙(을) 丙(병) 丁(정) 戊(무) 己(기) 庚(경) 辛(신) 壬(임) 癸(계)
地支 : 子(자) 丑(축) 寅(인) 卯(묘) 辰(진) 巳(사) 午(오) 未(미) 申(신) 酉(유) 戌(술) 亥(해)

사주의 구조 및 핵심사항

임진년(壬辰年) 초봄에 부인이 갖고 온 60대 중반의 남자 사주다.

사주의 구조는, 돼지띠 초가을에 자신을 나타내는 글자를 무쇠 金에 비유해서 설명하는 경금(庚金)으로 태어났는데, 자신의 힘이 강하므로, 무쇠 金을 녹이는 丁火가 용신이고, 木이 길신이며, 水가 병신(病神)이고, 金이 흉신이며, 진토(辰土)도 흉신이다.

사주 밑 글자에는 인목(寅木)과 술토(戌土)가 만나면 火를 발생시키는 인술합(寅戌合)이 있고, 인목(寅木)과 해수(亥水)가 만나면 木을 발생시키는 인해합(寅亥合)도 있으며, 진토(辰土)와 술토(戌土)가 만나면 충돌을 하는 진술충(辰戌沖)도 있고, 진토(辰土)와 해수(亥水)가 만나면 서로 미워하고 원망하는 진해원진(辰亥怨嗔殺)과 진토(辰土)와 해수(亥水)가 만나면 정신적인 문제를 일으키는 진해귀문살(辰亥鬼門殺)이 동시에 작용하고 있다.

필자 | 남편이 유능하고 똑똑한 분이시고, 성실하시네요.

손님 | 그렇지는 않습니다.

필자 | 이런 사주 구조를 가지면, 반드시 그렇습니다. 왜냐하면, 무쇠인 경금(庚金) 자신이 용광로 불에 녹여질 재료가 되기 때문입니다. 그러나, 운이 나빠지면, 남편이 자기의 임무를 성실하게 수행하지 않기 때문에 부인의 입장에서 보면 부정적으로 보일 수도 있습니다.

손님 | 어떻든 현실은 그렇지 못합니다.

필자 | 남편은 초년운이 나빴지만, 사주의 구조가 좋고, 고등학교 때의 운이 좋아서 대학을 갈 수 있었을 것으로 보이네요.

손님 | 예, 대학을 나왔고, 대학 동창회장도 했습니다.

필자 | 남편은 30대에 공직이나 대기업 등 조직성 직장과 인연이었고, 을사(乙巳)대운 50세를 전후해서부터는 사업을 했을 것으로 생각되는데, 직업은 무엇입니까?

손님 | 예, 선생님 말씀대로 처음에는 직장생활을 하다가 오래전부터 사업을 하고 있습니다.

필자 | 남편은 금년(임진년, 壬辰年)에 임수(壬水)가 등장해서 사주의 용신(用神, 가장 필요하게 쓰이는 인자)인 정화(丁火)를 정임합(丁壬合,정화와 임수가 만나 합을 함)으로 묶어서 힘을 못 쓰게 만들고, 진토(辰土)는 정화(丁火)의 뿌리역할을 해주는 술토(戌土)와 충돌하여 서로 깨지므로 관재(官災)나, 골치 아픈 일, 그렇지 않으면, 자식에 대한 일이 생기게 될 것인데, 무슨 문제가 궁금하세요?

손님 | 관재(官災)입니다.

필자 | 관재라면 사업과 관련해서 소송문제 입니까?

손님 | 그렇습니다. 금년 운이 어떻습니까?

필자 | 금년 운이 아주 나쁩니다.그런데, 운을 보니까 대운에서 보면, 60세부터 나빠졌는데, 실제로는 2004(갑신년, 甲申年)년부터 운이 기울기 시작해서 09(기축년, 己丑年)에 화기(火氣)를 품고 있는 술토(戌土)를 축술형(丑戌刑, 축토와 술토가 만나면 서로에게 상처를 줌)하므로 큰 어려움에 닥치게 됩니다.

손님 | 사실은 남편이 큰 사업을 하다가 09(기축, 己丑)년에 수백억원 대 소송에 휘말려 지금까지 시달려왔는데, 금년에 결말이 날 것 같기 때문에 올해의 운이 궁금해서 왔습니다.

필자 | 금년 운이 아주 나쁜데, 금년 중에서도 양력으로 4월이 나쁩니다.

손님 | 4월경에 결판이 나리라고 보는데, 그 때가 나쁩니까?
형사문제도 따르겠습니까?

필자 | 금년에 박살나는 운입니다. 민사, 형사 모두 각오해야 합니다.

손님 | 그러면 제 사주도 봐 주세요?

본인 사주											
68	58	48	38	28	18	8		時柱	日柱	月柱	年柱
乙	甲	癸	壬	辛	庚	己	大	癸	己	戊	辛
巳	辰	卯	寅	丑	子	亥	運	酉	丑	戌	坤命

사주의 구조 및 핵심사항

임진년(壬辰年) 초봄에 온 60대 초반 여자 사주다.

사주의 구조는, 토끼띠 초가을에 자신을 나타내는 글자를 야산의 흙에 비유해서 해석하는 기토(己土)로 태어났는데, 자신을 도와주는 세력이 약해서 힘이 약하므로 기토(己土)를 도와주는 무토(戊土)가 용신이고, 火가 길신이며, 木이 병신(病神)이고, 水가 흉신이며, 金이 약신이다.

사주 밑 글자에는 유금(酉金)과 축토(丑土)가 만나면 금국(金局)을 이루는 유축금국(酉丑金局)이 있고, 묘목(卯木)과 술토(戌土)가 만나면 火를 만드는 묘술합화(卯戌合火)도 있으며, 일지(日支) 배우자궁에 있는 축토(丑土)와 술토(戌土)가 만나면 서로에게 상처를 주는 축술형(丑戌刑)이되어 부부궁이 깨졌다 .

필자 | 손님은 똑똑하고, 분명한 것을 좋아하는 성격이시네요.

손님 | 그렇습니다.

필자 | 손님은 자유분방한 성격도 가졌고, 할 말을 다 하고 사는 형이네요.

손님 | 하고 싶은 말 다 하고 삽니다.

필자 | 손님의 사주는 자신의 언행을 나타내는 글자가 金인데, 金은 남편으로 해석한 木을 공격하는 성분이라서 나쁘고, 일지(日支) 배우 자궁에 있는 축토(丑土)와 그 옆에 있는 술토(戌土)가 만나 서로에게 상처를 주는 축술형(丑戌刑)이 작용해서 남편과 해로하기가 어렵겠는데, 58 辰대운 들어서 묘목(卯木)과 술토(戌土)가 合을 하고 있는 것을 진술충(辰戌沖, 진토와 술토가 만나면 충돌함)하면 술토(戌土)에서 분리된 묘목(卯木)과 유금(酉金)이 충돌을 하므로 남편과 이별수가 생

		기게 되는데, 남편한테 소송이 시작된 기축년(己丑年)에 부부사이도 같이 나빠졌겠네요.
손님	|	그 해에 우리 부부가 서류상 이혼을 했습니다.
필자	|	운명은 속일 수 없습니다. 이런 일이 생기는 것은 남편사주 보다도 손님사주에서 강하게 나타나기 때문에 " 내 탓이요"하고 살아야 합니다.
손님	|	저는 여태까지 남편이 잘못해서 그런가 하고 살았는데요?
필자	|	아닙니다. 본인 탓이라고 생각하세요.
손님	|	저의 금년 운은 어떻습니까?
필자	|	손님 운도 남편과 마찬가지로 올해의 운에서 임진(壬辰)이 오면 태어난 月의 밑 글자인 술토(戌土)와 진술충(辰戌沖)을 일으켜서 온통 사주를 흔들어 놓기 때문에 어려운 일이 닥칩니다.
손님	|	금년에 저도 나쁘네요?
필자	|	그렇습니다.

壬辰女年 來情法
고객의 마음을 꿰뚫어 봐라

02 | 아호를 지어주세요.
(동작구에서 사는 손님)

時柱	日柱	月柱	年柱	
乙	甲	己	己	乾
亥	午	巳	亥	命

62	52	42	32	22	12	2	
壬	癸	甲	乙	丙	丁	戊	大
戌	亥	子	丑	寅	卯	辰	運

天干 : 甲(갑) 乙(을) 丙(병) 丁(정) 戊(무) 己(기) 庚(경) 辛(신) 壬(임) 癸(계)
地支 : 子(자) 丑(축) 寅(인) 卯(묘) 辰(진) 巳(사) 午(오) 未(미) 申(신) 酉(유) 戌(술) 亥(해)

사주의 구조 및 핵심사항

임진년(壬辰年) 한 여름에 온 50대 중반의 남자 사주다.

사주의 구조는, 돼지 해의 한 겨울에 자신을 나타내는 글자를 큰 나무에 비유해서 해석하는 갑목(甲木)으로 태어나 자신의 힘이 약하므로 水가 용신이고, 木이 길신이며, 火가 병신(病神)이고, 土가 흉신이며, 운에서 오는 金은 길신이다.

사주 밑 글자에는 사화(巳火)와 해수(亥水)가 만나면 충돌하는 사해충(巳亥沖)이 있다.

필자 | 손님은 자신을 나타내는 글자가 갑목(甲木)이라서 리더격인데다가 흐르는 운도 좋아서 우리사회에서 상류생활을 하겠네요?

손님 | (구체적으로는 대답을 안하고) 감사합니다.

필자 | 사주에서 자신을 나태는 글자인 갑목(甲木)을 기준해서 금년에 오는 임진년(壬辰年)의 임수(壬水)는 문서문제이고, 진토(辰土)는 돈이나 부인과의 문제가 생기는데, 이 문제를 상담하기 위해서 오셨지요?

손님 | 사실은 저의 호(號)를 하나 지을까 해서 왔습니다.

필자 | 그렇습니까?
잘 지어 드리겠습니다만, 호(號)를 짓는 것은 일정한 공식이 있는 것이 아니고, 순수한 창작에 해당하기 때문에 손님과 제가 많은 대화를 통해서 공감대를 형성하는 것이 필요하고, 그런 후에 제가 손님의 고향이라든가, 취미라든가 그 외에도 여러가지 요소중에서 인연을 찾아서 지어드리겠습니다. 그런데, 손님은 교육계통에 가장 큰 인연을 가지고 있는데, 무슨 직업을 가지고 계십니까?

손님 | 교수입니다.

필자 | 교수도 교수 나름인데, 손님 사주는 명문대학교수로 보이는데요?

손님 | 명문대학에서 경제학을 가르치고 있습니다.

필자 | 손님 사주에 처를 나타내는 土가 흉신이고, 부인궁에 불필요한 글자인 火가 앉아있어서 부인과는 성격이 안맞겠습니다.

손님 | 좀 그런 면이 있습니다만, 처는 착합니다.

필자 | 손님은 고등학교 때 성적이 제대로 나오지 않았었는데, 재수를 했었습니까?

손님 | 맞습니다. 재수를 해서 대학을 갔었습니다.

필자 | 손님의 운을 보면, 32 乙丑대운부터 水운이 와서 좋아졌으므로, 32세 이후부터 발전을 했었네요?

손님 | 맞습니다.
특히, 어린시절부터 40전까지는 어려웠습니다만, 40을 넘으면서부터 일이 순조롭게 진행되었습니다.

필자 | 손님 사주에 육친상으로는 어머니를 나타내고, 다른 해석상으로는 공부에 해당하는 해수(亥水)와 자신의 활동성을 나타내는 사화(巳火)가 충돌을 하고 있어서 어머니와 인연이 멀다는 것을 나타내는데, 실제로는 어떠했습니까?

손님 | 이상하게도 어머님과 인연이 멀었고, 또, 어머니가 일찍 돌아가셨습니다.

壬辰女年 來情法
고객의 마음을 꿰뚫어 봐라

03 | 올해 사업 부도나겠습니다.
(광진구에 사는 손님)

65	55	45	35	25	15	5		時柱	日柱	月柱	年柱
庚	辛	壬	癸	甲	乙	丙	大	癸	己	丁	己	남
午	未	申	酉	戌	亥	子	運	酉	酉	丑	亥	자

天干 : 甲(갑) 乙(을) 丙(병) 丁(정) 戊(무) 己(기) 庚(경) 辛(신) 壬(임) 癸(계)
地支 : 子(자) 丑(축) 寅(인) 卯(묘) 辰(진) 巳(사) 午(오) 未(미) 申(신) 酉(유) 戌(술) 亥(해)

사주의 구조 및 핵심사항

임진년(壬辰年) 늦 여름에 온 50대 중반의 남자 사주다.

사주의 구조는, 돼지띠 해의 늦겨울에 자신을 나타내는 글자를 야산의 土에 비유해서 해석하는 기토(己土)로 태어나 자신의 힘을 분산시키는 金과 수기(물기운)가 지나치게 많아서 자신의 힘이 매우 약하므로 도와주는 火가 용신이고, 土가 길신이며, 水가 병신(病神)이고, 金이 흉신이다.

이 사주는 자신인 기토(己土)가 힘이 약한데, 정화(丁火)마져 뿌리가 없고, 유금(酉金)과 축토(丑土)가 만나서 유축금국(酉丑金局)을 이루므로 혹시, 金으로 변하는 종아격(從亞格)이 아닐까하는 착각을 하기 쉬우나, 분명히 이 사주는 신약사주로 봐야한다.

필자 | 손님은 인품이 고우시고, 정확한 성격이시네요?

손님 | 예, 저는 정확한 것을 좋아합니다.

필자 | 손님은 초년운이 나빴네요?

손님 | 예, 아버지를 일찍 여의고 고생을 많이 했습니다.

필자 | 그러나, 사회 초년 때인 25살 때부터 34살 때 까지는 운이 좋았네요?

손님 | 예, 그 때는 직장생활을 잘했었습니다.

필자 | 손님은 35세를 전후해서 직장이 바뀌었겠고, 가정생활에도 애로가 많았겠습니다.

손님 | 예, 맞습니다.
본처와 이혼하고 재혼을 했습니다.

필자 | 손님사주는 자신이 저수지 둑이 되어 물을 막고 있는 구조인데, 금년(壬辰年)에 큰 물(壬水)이 범람해서 저수지 둑이 무너지는 현상 즉, 사업이 부도나게 생겼습니다. 현실은 어떻습니까?

손님 | 사실은 제가 이 일로 선생님을 찾아왔습니다. 제가 건설업을 하고 있는데, 부도가 나게 생겼습니다. 그

래서, 어떻게 해야 좋을지가 걱정입니다.

필자 | 손님의 금년운으로 보면 당장 회사 문을 닫아야 좋겠지만, 내년(癸巳年)부터는 운이 좋아지니까 어렵더라도 비용을 최대한으로 줄이고 금년을 버텨보세요. 분명히 내년부터 새로운 기회가 오겠습니다.

손님 | 정말 그럴까요? 지금 같아서는 당장 문을 닫고 싶습니다.

필자 | 아닙니다. 견뎌보세요. 좋은 결과가 있을 것입니다.

壬辰女年 來情法
고객의 마음을 꿰뚫어 봐라

04 | 11살 아래 노총각을 사랑한 42살 노처녀.
(강동구에 사는 손님)

64	54	44	34	24	14	4		時柱	日柱	月柱	年柱	
甲	癸	壬	辛	庚	己	戊	大	己	甲	丁	辛	여
辰	卯	寅	丑	子	亥	戌	運	巳	寅	酉	亥	자

天干 : 甲(갑) 乙(을) 丙(병) 丁(정) 戊(무) 己(기) 庚(경) 辛(신) 壬(임) 癸(계)
地支 : 子(자) 丑(축) 寅(인) 卯(묘) 辰(진) 巳(사) 午(오) 未(미) 申(신) 酉(유) 戌(술) 亥(해)

사주의 구조 및 핵심사항

임진년(壬辰年) 초겨울에 온 40대 초반의 여자 사주다.

사주의 구조는, 돼지띠 해의 한가을에 자신을 나타내는 글자를 큰 나무에 비유해서 해석하는 갑목(甲木)으로 태어나 금기(金氣)가 강해서 자신의 힘이 약하고, 기온이 차므로 金을 억제시켜주면서 따듯하게 해주는 火가 용신이고, 木이 길신이며, 水가 병신(病神)이고, 金이 흉신이며 기토(己土)는 흉신이지만, 운에서 水운이 올 때는 약신(藥神)의 역할을 해준다.

사주 밑 글자에 사화(巳火)가 배우자궁에 있는 임목(寅木)을 만나 인사형살(寅巳刑殺)을 이루고, 남편을 나타내는 金이 흉신이며, 또, 배우자궁에 있는 인목(寅木)과 남편글자인 유금(酉金)이 인유원진살(寅酉怨嗔殺)을 이루고 있으며,

특히, 여자 사주에 자식글자인 식상(食傷)로 이 사주에서는 정화

(丁火)와 남편글자인 신금(辛金)이 사주 윗 글자에 나타나 있는 경우는 거의 결혼을 해서 자식을 낳은 후 남편과 이혼하거나, 그렇지 않으면, 남편의 하는 일이 안되어 비실대게 된다.

또한, 여자 사주에 갑인(甲寅) 木은 밤이 외롭다는 의미의 고란살(高欄殺)이다.

필자 | 손님은 가을에 큰 나무로 태어났기 때문에 강직한 성격이고, 火를 봐서 나무에 꽃이 피어있으므로 인정도 많으시겠네요?

손님 | 네, 제가 인정이 많다는 말을 많이 듣고 삽니다. 그리고, 한 번 한다면 하는 성격입니다.

필자 | 손님은 남편덕이 없는데, 결혼을 하셨습니까?

손님 | 아직 미혼입니다.

필자 | 그동안 운도 안따라줘서 벌어놓은 돈도 많지 않겠는데요?

손님 | 네. 벌어놓은 돈도 별로 없습니다.

필자 | 손님은 교육계통이나, 의료분야에 인연인데, 무슨 직업을 가졌습니까?

손님 | 학원 강사입니다.

| **필자** | 손님은 영어나 수학을 가르칠 것 같은데 무슨 과목을 가르칩니까?

| **손님** | 수학을 가르치고 있습니다.

| **필자** | 남자를 나타내는 글자가 年과 月에 나타나있어서 남자를 사귀었을 것같은데요?

| **손님** | 네. 저보다 나이가 11살 아래인 31살 먹은 남자를 만나서 사귀었는데, 저와 남자는 서로 좋아했는데, 남자 집에서 극심한 반대를 해서 그동안 3번 정도 만났다 헤어졌다를 반복해오다가 최근에 헤어지기로 마음을 정리했습니다. 그리고, 아이를 임신 했는데 남자 모르게 지웠습니다.(이 말을 하면서 하염없이 눈물을 흘려서 상담을 진행할 수 없었다.)

| **필자** | 그 남자는 무슨 일을 하는 사람입니까?

| **손님** | 그 남자도 저와 같은 일을 합니다.

| **필자** | 남자 집에서 반대를 한 이유는 무엇입니까?

| **손님** | 제가 나이가 너무 많다고 해서 반대를 하십니다. 저한테 남편 덕이 없으면, 결혼을 못하는 겁니까?

| **필자** | 아닙니다. 결혼을 할 수 있습니다만, 부부관계가 다

른 사람들과 좀 특이한데가 있어야 합니다.

손님 | 어떤 특이한 것을 말씀하세요?

필자 | 첫째는 손님보다 나이가 한참 아래이거나, 두 번째는 손님보다 나이가 한참 위이거나, 그렇지 않으면 이혼 경험이 있는 남자이거나, 그것도 아니면, 외국 남자를 만나야 합니다.

손님 | ....

부록
각종 도표

01 용어해설
02 出生 干支 照見表(출생간지 조견표)
03 出生時間 早見表(출생시간 조견표)
04 육친(六親)관계
05 절기 및 일출과 일몰
06 12운성 조견표
07 썸머타임(일광 절약 시간제)일람표
08 공망(空亡)표
09 많이 쓰는 신살(神殺)
10 12신살 조견표
11 현행 표준시와 지방의 시차표
12 12띠와 계절의 변화
13 오행의 상생상극

1. 용어해설

- **용신** : 사주에서 가장 필요하게 작용하는 인자.

- **길신** : 사주에서 좋게 작용하는 인자.

- **병신** : 사주에서 가장 나쁘게 작용하는 인자.

- **약신** : 사주에서 병을 치유해서 좋게 작용하는 인자.

- **흉신** : 사주에서 나쁘게 작용하는 인자.

- **약길신** : 약신과 길신을 겸하는 인자.

- **여명(女命)** : 여자를 의미함.

- **남명(男命)** : 남자를 의미함.

- **대운(大運)** : 10년간씩 보는 운으로, 현재 년령 대의 숫자를 적색으로 표시했음.

- **계절(季節)** : 사주학에서는 입춘일(立春日)이 1월 1일임.

　　　　寅(초봄),　　卯(중봄),　　辰(늦봄),
　　　　巳(초여름),　午(한여름),　未(늦가을),
　　　　申(초가을),　酉(한가을),　戌(늦가을),
　　　　亥(초겨울).　子(한겨울),　丑(늦겨울)

2. 出生 干支 照見表(출생간지 조견표)

甲年生	乙年生	丙年生	丁年生	戊年生	己年生	庚年生	申年生	壬年生	癸年生
1914 甲寅	15 乙卯	16 丙辰	17 丁巳	18 戊午	19 己未	20 庚申	21 辛酉	22 壬戌	23 癸亥
24 甲子	25 乙丑	26 丙寅	27 丁卯	28 戊辰	29 己巳	30 庚午	31 辛未	32 壬申	33 癸酉
34 甲戌	35 乙亥	36 丙子	37 丁丑	38 戊寅	39 己卯	40 庚辰	41 辛巳	42 壬午	43 癸未
44 甲申	45 乙酉	46 丙戌	47 丁亥	48 戊子	49 己丑	50 庚寅	51 辛卯	52 壬辰	53 癸巳
54 甲午	55 乙未	56 丙申	57 丁酉	58 戊戌	59 己亥	60 庚子	61 辛丑	62 壬寅	63 癸卯
64 甲辰	65 乙巳	66 丙午	67 丁未	68 戊申	69 己酉	70 庚戌	71 辛亥	72 壬子	73 癸丑
74 甲寅	75 乙卯	76 丙辰	77 丁巳	78 戊午	79 己未	80 庚申	81 辛酉	82 壬戌	83 癸亥
84 甲子	85 乙丑	86 丙寅	87 丁卯	88 戊辰	89 己巳	90 庚午	91 辛未	92 壬申	93 癸酉
94 甲戌	95 乙亥	96 丙子	97 丁丑	98 戊寅	99 己卯	2000 庚辰	2001 辛巳	2002 壬午	2003 癸未
2004 甲申	2005 乙酉	2006 丙戌	2007 丁亥	2008 戊子	2009 己丑	2010 庚寅	2011 辛卯	2012 壬辰	2013 癸巳
2014 甲午	2015 乙未	2016 丙申	2017 丁酉	2018 戊戌	2019 己亥	2010 庚子	2021 辛丑	2022 壬寅	2023 癸卯
2024 甲辰	2025 乙巳	2026 丙午	2027 丁未	2028 戊申	2029 己酉	2030 庚戌	2031 辛亥	2032 壬子	2033 癸丑

3. 出生時間 早見表(출생시간 조견표)

			甲己日	乙庚日	丙辛日	丁壬日	戊癸日
子 時		전일 11:30 오전 1:30	甲子	丙子	戊子	庚子	壬子
丑 時	오전	1:30 3:30	乙丑	丁丑	己丑	辛丑	癸丑
寅 時		3:30 5:30	丙寅	戊寅	庚寅	壬寅	甲寅
卯 時		5:30 7:30	丁卯	己卯	辛卯	癸卯	乙卯
辰 時		7:30 9:30	戊辰	庚辰	壬辰	甲辰	丙辰
巳 時		9:30 11:30	己巳	辛巳	癸巳	乙巳	丁巳
午 時		오전 11:30 오후 1:30	庚午	壬午	甲午	丙午	戊午
未 時	오후	1:30 3:30	辛未	癸未	乙未	丁未	己未
申 時		3:30 5:30	壬申	甲申	丙申	戊申	庚申
酉 時		5:30 7:30	癸酉	乙酉	丁酉	己酉	辛酉
戌 時		7:30 9:30	甲戌	丙戌	戊戌	庚戌	壬戌
亥 時		9:30 11:30	乙亥	丁亥	己亥	辛亥	癸亥

4. 육친(六親)관계

	남 자	여 자
比肩	형제	형제. 남편의 첩
劫財	이복형제. 며느리	시아버지. 이복형제. 남편의 첩
食神	할머니. 증조부. 장인. 사위. 장모	할머니. 딸
傷官	할머니. 장모. 손자.	아들. 손녀
正財	처. 고모. 처제. 의붓아버지	고모. 외손자.
偏財	아버지. 첩. 애인.	아버지. 시어머니. 외손녀. (시댁)
正官	딸. 고조부.	남편. 아들의 첩
偏官	아들. 고조부. 조상. 외할머니	며느리. 애인. 남편형제. 외할머니.
正印	어머니. 장인	어머니. 사위. (친정).
偏印	계모. 이모. 父의 첩. 할아버지.	할아버지. 父의 첩. 이모.

5. 절기 및 일출과 일몰

24절기		계절	음력	양력	일출 시각	일몰 시각
입춘	봄이 시작	봄	1월 절	2월 3, 4, 5	7:33	17:58
우수	비가 내림		1월 중	2월 18,19,20	7:17	18:15
경칩	개구리 나옴		2월 절	3월 5, 6	6:57	18:30
춘분	봄의 분기점		2월 중	3월 20,21,22	6:35	18:44
청명	날씨가 맑음		3월 절	4월 4, 5	6:13	18:58
곡우	곡식에 좋은 비		3월 중	4월 20, 21	5:51	19:11
입하	여름이 시작	여름	4월 절	5월 5, 6	5:52	19:26
소만	보리알이 굵어짐		4월 중	5월 21,22, 23	5:19	19:39
망종	보리베는 시기		5월 절	6월 5, 6	5:11	19:50
하지	여름 분기점		5월 중	6월 21,22,23	5:11	19:56
소서	점점 더워짐		6월 절	7월 6, 7, 8	5:17	19:56
대서	매우더운절기		6월 중	7월 22, 23	5:28	19:48
입추	가을이 시작	가을	7월 절	8월 7, 8	5:41	19:33
처서	더위가 물러감		7월 중	8월 22, 23	5:44	19:55
백로	흰이슬이 내림		8월 절	9월 7, 8,	6:07	18:52
추분	가을의 분기점		8월 중	9월 22,24,24	6:20	18:29
한로	찬이슬이 내림		9월 절	10월 7, 8, 9	6:33	18:06
상강	서리가 내림		9월 중	10월 23, 24	6:48	17:44
입동	겨울이 시작	겨울	10월 절	11월 7, 8	7:03	17:27
소설	눈이 조금 옴		10월 중	11월 22, 23	7:18	17:17
대설	눈이 많이 옴		11월 절	12월 6, 7	7:33	17:13
동지	가을의 분기점		11월 중	12월 21,22,23	7:43	17:17
소한	조금추운절기		12월 절	1월 5, 6, 7	7:47	17:28
대한	매우추운절기		12월 중	1월 20, 21	7:44	17:42

6. 12운성 조견표

	長生	沐浴	冠帶	建祿	帝王	衰	病	死	墓	絕	胎	養
甲 (亥卯未)	亥	子	丑	寅	卯	辰	巳	午	未	申	酉	戌
乙 (午寅戌)	午	巳	辰	卯	寅	丑	子	亥	戌	酉	申	未
丙戊 (寅午戌)	寅	卯	辰	巳	午	未	申	酉	戌	亥	子	丑
丁己 (酉巳丑)	酉	申	未	午	巳	辰	卯	寅	丑	子	亥	戌
庚 (巳酉丑)	巳	午	未	申	酉	戌	亥	子	丑	寅	卯	辰
辛 (子申辰)	子	亥	戌	酉	申	未	午	巳	辰	卯	寅	丑
壬 (申子辰)	申	酉	戌	亥	子	丑	寅	卯	辰	巳	午	未
癸 (卯亥未)	卯	寅	丑	子	亥	戌	酉	申	未	午	巳	辰

亥甲, 乙午, 丙寅, 庚巳, 壬申, 癸卯, 辛子, 酉, 戊寅
해갑으로(을오) 병인이 경사라서 임신한 계묘, 신자가 유정터라

계절별 포태 암기법 : 앞 계절 = 생, 욕, 대
　　　　　　　　　　자기계절 = 녹, 왕, 쇠
　　　　　　　　　　다음계절 = 병, 사, 묘
　　　　　　　　　　반대계절 = 절, 태, 양

7. 썸머타임(일광 절약 시간제)일람표

년도	구 분	기 간	내 용
48	썸머타임	5.31–9.12	0시를 1시로 1시간 앞당겨 사용
49	〃	4.1–9.23	〃
50	〃	〃	〃
51	〃	5. 6–9.8	〃
54	시간변경	3. 21–	낮 12 : 30을 12시로 조정 사용
55	썸머타임	5.20–9.29	0시를 1시로 1시간 앞당겨 사용
57	〃	5.5.–9.21	〃
58	〃	〃	〃
59	〃	5. 4–9.19	〃
60	〃	5.1–9.17	〃
61	시간조정		8.10부터 낮 12시를 12 ; 30분으로 30분 앞 당겨 사용
87	썸머타임		5.10 오전 1시를 2시로 맞춰 10.11 오전 1시까지 앞당겨 사용
88	〃		5. 8 오전 1시를 2시로 맞춰 10.9 오전 1시까지 앞당겨 사용

8. 공망(空亡)표

空은 부실하고 亡은 부존재라는 뜻으로, 사주에 공망이 있으면 그 오행이 무력하게 된다는 의미이며, 고질병에 걸리거나 인덕이 좋지 않은 것을 의미한다. 사주에 空亡이 두 개 이상 있으면 더욱더 그 작용이 강하게 나타난다고 한다.

日干에 따른 空亡표									空亡
甲子	乙丑	丙寅	丁卯	戊辰	己巳	庚午	辛未	壬申	癸酉	戌亥
甲戌	乙亥	丙子	丁丑	戊寅	己卯	庚辰	辛巳	壬午	癸未	申酉
甲申	乙酉	丙戌	丁亥	戊子	己丑	庚寅	辛卯	壬辰	癸巳	午未
甲午	乙未	丙申	丁酉	戊戌	己亥	庚子	辛丑	壬寅	癸卯	辰巳
甲辰	乙巳	丙午	丁未	戊申	己酉	庚戌	辛亥	壬子	癸丑	寅卯
甲寅	乙卯	丙辰	丁巳	戊午	己未	庚申	辛酉	壬戌	癸亥	子丑

*일지를 기준하여 日支위에 日干을 붙여 순행해서 癸가시 간 후 다음 두자가 空亡이다.

㉠ 乙일주라면 酉金위에다 乙木을 얹어놓고 乙丙丁戊己庚辛壬癸
　酉　　　　　　　　　　　　　　　酉戌亥子丑寅卯辰巳
　까지 간후 다음에 오는 지지글자 午未가 空亡이다.

9. 많이 쓰는 신살(神殺)

1	孤鸞殺 (일지)	甲寅	乙巳	丁巳	戊申	辛亥		일주기준 女子에 해당. 고독하다는 뜻으로 과부		
2	年支	亥子丑		寅卯辰		巳午未		申酉戌		
	孤神殺	寅		巳		申		亥		다음 계절 첫 글자
	寡宿殺	戌		丑		辰		未		전 계절 끝 글자
3	魁罡殺	戊戌	壬辰	庚辰	庚戌			신왕을 뜻함. 남자는 대부대귀, 여자는 부부 궁이 나쁨.		
4	急脚殺 (월,시지)	春 = 亥子, 夏 = 卯未 秋 = 寅戌, 冬 = 丑辰						月이나 時에 있으면 手足이상		
5	鬼門殺	辰亥 子酉 未寅 午丑 巳戌 乙卯申						남자 = 의처증 여자 = 의부증, 정신이상, 변태, 신경통		
6	文昌星	甲	乙	丙	丁	戊	己	庚	辛	壬 癸
		巳	午	申	酉	申	酉	亥	子	寅 卯
7	文曲星 음악장생충	甲	乙	丙	丁	戊	己	庚	辛	壬 癸
		巳亥	子午	寅申	卯酉	寅申	卯酉	巳亥	辰戌	寅申 卯酉
	白虎殺	甲辰	戊辰	丙戌	壬戌	丁丑	癸丑	乙未		지장간의 작용을 중점으로 본다.
8	囚獄殺 (년,월)	亥卯未생 = 酉, 寅午戌생 = 子 巳酉丑생 = 卯, 申子辰생 = 午						형무소 생활, 천재지변 병원입원.		
9	三災	亥卯未 생 = 巳午未 년 寅午戌 생 = 申酉戌 년 巳酉丑 생 = 亥子丑 년 申子辰 생 = 寅卯辰 년						三合生이 다음 계절 方合 年을 만날 때 작용 : 전란, 병란, 기아.		
	地支	子	丑	寅	卯	辰	巳	午	未	申 酉 戌 亥
10	喪門殺	寅	卯	辰	巳	午	未	申	酉	戌 亥 子 丑
11	弔客殺	戌	亥	子	丑	寅	卯	辰	巳	午 未 申 酉

12	怨嗔殺	子 未, 丑 午, 寅 酉, 卯 申, 辰 亥, 巳 戌					원수처럼 미워함. 귀문과 같이 있으면 정신병
13	天羅地網	男 = 辰 巳, 女 = 戌 亥					매사가 침체, 변화가 심하여 파란곡절
14	天乙貴人 天貴乙人	甲 戊 庚	乙 己	丙 丁	辛	壬 癸	천을귀인 일주 丁 丁 癸 癸 亥 酉 巳 卯
		丑 未	申 子	酉 亥	寅 午	卯 巳	
15	湯火殺 湯火殺	甲 丙 戊 庚 壬 = 寅 午					日干기준, 寅丑午는 음독, 화상, 독극물 취급, 특히, 丑 午는 강하게 작용
		乙 丁 己 辛 癸 = 丑					
16	紅艶殺 (일주)	甲, 丙 = 午, 乙, 丁 = 未, 戊, 己 = 辰,					각 일주가 해당, 방탕, 호색가로 바람기
17	活人星	月支 전월					주로 의사 직업
18	懸針殺	천간 : 甲, 辛					地支 : 卯, 午, 申, 酉, 戌

10. 12신살 조견표

살 \ 년지	劫殺 (삼합의 다음 글자)	災殺 숙옥 (제왕을 충)	天殺	地殺 (삼합의 첫글자)	年殺 도화	月殺 곶초	亡身	獎星 제왕 (제왕)	攀鞍 축세	驛馬 (삼합의 첫글자와 충)	六害	華蓋 고장 (삼합의 끝글자)
申子辰 (겨울)	巳 여름시작	午 한여름	未 늦여름	申 가을시작	酉 도화	戌 고장충	亥 겨울시작	子 한겨울	丑 늦겨울	寅 申과충	卯	辰
寅午戌 (여름)	亥 겨울시작	子 한겨울	丑 늦겨울	寅 봄시작	卯 도화	辰 고장충	巳 여름시작	午 한여름	未 늦여름	申 寅과충	酉	戌
巳酉丑 (가을)	寅 봄시작	卯 중봄	辰 늦봄	巳 여름시작	午 도화	未 고장중	申 가을시작	酉 한강	戌 늦강	亥 巳와충	子	丑
亥卯未 (봄)	申 가을시작	酉 중추	戌 늦강	亥 겨울시작	子 도화	丑 고장중	寅 봄시작	卯 한봄	辰 늦봄	巳 亥와충	午	未

11. 현행 표준시와 지방의 시차표

지방명	경 도 : E		동일권 지역
	127도 : 가평기준	135도 : 동경	동일권 지역
가 평	127도 (동경보다 30분 늦다)	12:30 (정오)	12:00 (정오)
서 울	126도 58분 46초	+ 2분 05초 (12:32분05초)	02분 05초	평택, 이리, 광주
울릉도	130도 50분	− 13분 20초 (12:16분40초)	16분 40초	
청 진	129도 50분	− 9분 20초 (12:20분40초)	20분 40초	
포 항	129도 21분 42초	− 7분 27초 (12:23분33초)	22분 33초	구룡포
경 주	129도 13분 18초	− 6분 53초 (12:23분17초)	23분 07초	
부 산	129도 02분 53초	− 6분 12초 (12:23분48초)	23분 48초	묵호, 삼척, 성진
강 릉	128도 54분 11초	− 5분 37초 (12:24분23초)	24분 23초	영천, 김해
대 구	128도 37분 05초	− 4분 28초 (12:25분32초)	25분 32초	마산, 영월
춘 천	127도 44분 02초	− 0분 56초 (12:29분04초)	29분 04초	삼천포, 음성, 여수
대 전	127도 25분 23초	− 0분 41초 (12:29분19초)	29분 19초	천주, 양평, 순천, 원산
전 주	127도 08분 55초	− 1분 24초 (12:28분32초)	29분 36초	
광 주	126도 55분 39초	+ 2분 17초 (12:32분17초)	32분 17초	중강진
인 천	126도 37분 07초	+ 3분 32초 (12:33분32초)	33분 32초	홍성, 군산
제 주	126도 31분 56초	+ 3분 52초 (12:33분52초)	33분 52초	강화
목 포	126도 23분 27초	+ 4분 26초 (12:34분26초)	34분 26초	태안
평 양	125도 45분	+ 7분 00초 (12:37분00초)	37분 00초	
신의주	124도 30분	+ 12분 00초 (12:42분00초)	42분 00초	

일본 동경은 135도가 기준이고, 한국은 가평기준 127도가 기준인데, 예를 들면, 서울에서 12시00분에 출생한 사람의 실제 출생시간은 02분05초를 추기한 12시32분06초가 되고, 울릉도에서 12:00에 출생한 사람의 출생시간은 13분 20초를 뺀 12:26분 40초가 된다.

12. 12띠와 계절의 변화

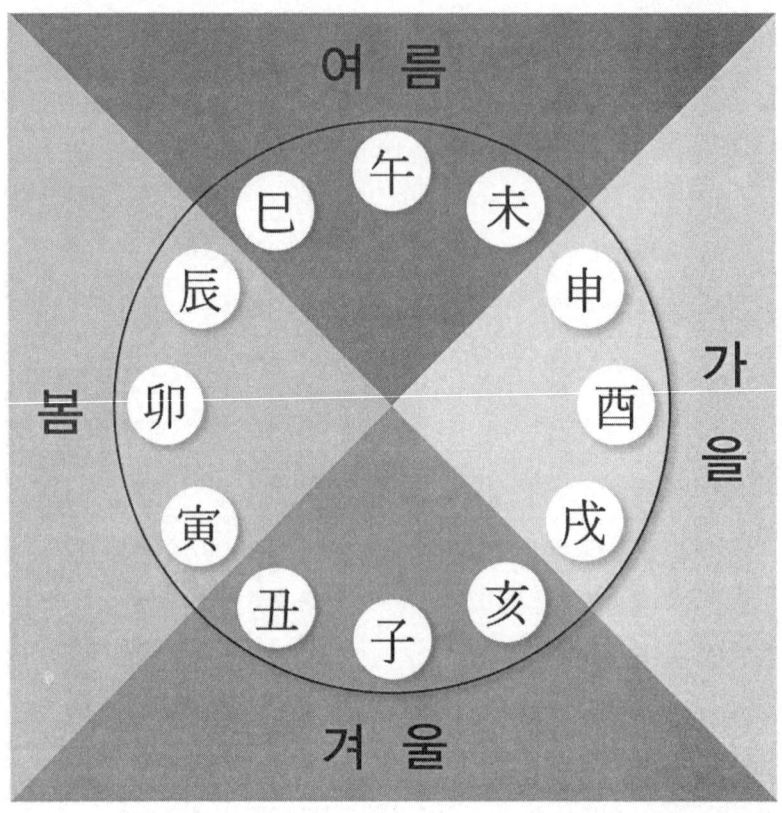

寅 : 초봄,	卯 : 중봄,	辰 : 늦봄
巳 : 초여름,	午 : 한여름,	未 : 늦여름
申 : 초가을,	酉 : 한가을,	戌 : 늦가을
亥 : 초겨울,	子 : 한겨울,	丑 : 늦겨울

13. 오행의 상생상극

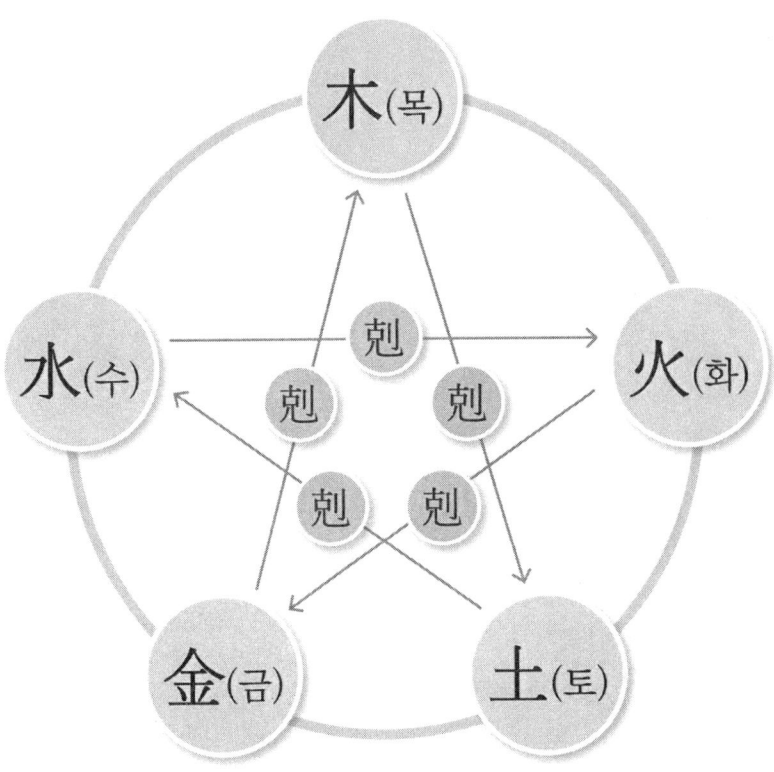

필자 |

손님 |

필자 |

손님 |

필자 |